Söffing/Söffing • Leitfaden
der steuerlichen
Gewinnermittlung

Leitfaden der steuerlichen Gewinnermittlung

Von
Professor Dr. Günter Söffing
Richter am Bundesfinanzhof, München
und
Matthias Söffing
Richter am Finanzgericht, Düsseldorf

VERLAG NEUE WIRTSCHAFTS-BRIEFE
HERNE/BERLIN

CIP-Titelaufnahme der Deutschen Bibliothek

Söffing, Günter:
Leitfaden der steuerlichen Gewinnermittlung / von Günter
Söffing und Matthias Söffing. — Herne; Berlin: Verl.
Neue Wirtschafts-Briefe, 1990
  ISBN 3-482-43561-8
NE: Söffing, Matthias:

ISBN 3-482-**43561**-8—1990
© Verlag Neue Wirtschafts-Briefe GmbH & Co., Herne/Berlin, 1990
Alle Rechte vorbehalten.
Dieses Buch und alle in ihm enthaltenen Beiträge und Abbildungen sind urheberrechtlich geschützt.
Mit Ausnahme der gesetzlich zugelassenen Fälle ist eine Verwertung ohne Einwilligung des Verlages
strafbar.
Druck: H. Rademann GmbH, Lüdinghausen

Vorwort

Art. 31 Abs. 1 des Vertrags über die Schaffung einer Währungs-, Wirtschafts- und Sozialunion zwischen der Bundesrepublik Deutschland und der Deutschen Demokratischen Republik vom 18. Mai 1990 in Verbindung mit der Anlage IV zum Staatsvertrag (dort III. 5.) bestimmt: Die Deutsche Demokratische Republik regelt durch Gesetz, daß mit Wirkung ab Errichtung der Währungsunion die in der Bundesrepublik Deutschland geltenden Regelungen über die steuerliche Gewinnermittlung in Kraft treten. Demgemäß hat die Deutsche Demokratische Republik das Gesetz zur Änderung und Ergänzung steuerlicher Rechtsvorschriften bei der Einführung der Währungsunion mit der Bundesrepublik Deutschland — sog. Steueranpassungsgesetz — vom 22. Juni 1990 (Sonderdruck des GBl. DDR Nr. 1427 vom 25. 6. 1990, NWB-DDR F 3 S. 1) erlassen. Somit gelten ab dem 1. Juli 1990 mit wenigen Ausnahmen für alle Unternehmen, Genossenschaften, Gewerbetreibenden einschließlich Handwerker und selbständig Tätigen die gegenwärtig in der Bundesrepublik Deutschland bereits angewandten Gewinnermittlungsvorschriften.

Abweichungen bestehen nur in einzelnen Bereichen, die aber nicht die Systematik der Gewinnermittlung betreffen. So sind in das EStG-DDR folgende bundesdeutschen Gewinnermittlungsvorschriften nicht übernommen worden: § 4 Abs. 5 Nr. 9 EStG (Ausgleichszahlungen an außenstehende Anteilseigner gemäß §§ 14, 17 und 18 KStG); § 4 Abs. 8 EStG (betrieblicher Erhaltungsaufwand in den Fällen der §§ 11a und 11b EStG); § 4b EStG (Direktversicherung); § 4c EStG (Zuwendungen an Pensionskassen); § 4d EStG (Zuwendungen an Unterstützungskassen); § 6 Abs. 1 Nr. 2a EStG (Bewertung des Vorratsvermögens mit der Lifo-Methode); § 6 Abs. 1 Nr. 4 Satz 4 EStG (Buchwertentnahme von Gebäuden in besonderen Fällen); § 6a EStG (Pensionsrückstellung) und §§ 6b und 6c EStG (Veräußerungsgewinne bei bestimmten Anlagegütern).

Bereits jetzt und in Zukunft werden sich daher viele Unternehmen, Gewerbetreibende und selbständig Tätige mit der komplexen Materie der bundesdeutschen Gewinnermittlung beschäftigen müssen. Eine Materie, die sich von den früher in der DDR geltenden stark vereinfachten bzw. planungsorientierten Rechnungsführungsvorschriften wesentlich unterscheidet. Der vorliegende Leitfaden hat sich daher zur Aufgabe gemacht, den das Neuland der ertragsteuerlichen Gewinnermittlung betretenden Personen eine Führungshilfe in die zum Teil eigenwillige Begriffswelt des Bilanzsteuerrechts zu geben. Schwerpunkte des Leitfadens sind folgegemäß Begriffsdefinitionen und Darstellungen von Zusammenhängen im Rahmen der Gewinnermittlung. Dieser Zielsetzung entsprechend ist auf die Darstellung von einzelnen Problemen, Meinungsstreitigkeiten und Rechtsprechungs- oder Literaturnachweisen weitestgehend abgesehen worden.

München/Düsseldorf, im Oktober 1990

Professor Dr. Günter Söffing
Matthias Söffing

Inhaltsverzeichnis

Vorwort 5

I. **Einführung** 17
   1. Grundlagen des deutschen Einkommensteuerrechts 17
   2. Systematischer Aufbau des EStG 17
   3. Die sieben Einkunftsarten 18
      a) Allgemeines 18
      b) Wesentliche Unterschiede zwischen Gewinn- und
         Überschußeinkünften 19
   4. Der Weg von den Einkünften zur Einkommensteuer 20
   5. Die Gewinnermittlungsvorschriften des EStG 21
   6. Arten der Gewinnermittlung 22

II. **Buchführungspflichtige Steuerpflichtige** 23
   1. Allgemeines 23
   2. Handelsrechtliche Buchführungspflicht 23
   3. Steuerrechtliche Buchführungspflicht 25

III. **Die grundlegende Gewinnermittlungsvorschrift
     des § 4 Abs. 1 EStG** 26
   1. Allgemeines 26
   2. Betriebsvermögen 26
      a) Allgemeines 26
      b) Notwendiges Betriebsvermögen 27
      c) Gewillkürtes Betriebsvermögen 27
      d Notwendiges Privatvermögen 28
      e) Der bilanzielle Ausweis des Betriebsvermögens 28
      f) Betriebsvermögen i.S. von § 4 Abs. 1 EStG 29

3. Wirtschaftsjahr 29
   a) Allgemeines 29
   b) Land- und Forstwirte 30
   c) Gewerbetreibende 30
   d) Selbständig Tätige 31
   e) Umstellung auf ein abweichendes Wirtschaftsjahr 31
   f) Umrechnung 32
      aa) Allgemeines 32
      bb) Land- und Forstwirte 32
      cc) Gewerbetreibende 32
4. Einlagen und Entnahmen 33
   a) Begriff der Einlage 33
   b) Begriff der Entnahme 33
   c) Zweck der Einlage- und Entnahmeberücksichtigung 33
   d) Gegenstand von Einlagen und Entnahmen 34
5. Betriebseinnahmen und Betriebsausgaben 34
   a) Allgemeines 34
   b) Betriebseinnahmen 34
   c) Betriebsausgaben 34
   d) Nichtabziehbare Betriebsausgaben 35
6. Geschäftsvorfälle und Wertänderungen bei Wirtschaftsgütern des Betriebsvermögens 35
   a) Geschäftsvorfälle 35
   b) Wertänderungen bei Wirtschaftsgütern des Betriebsvermögens 36
7. Bilanz und Gewinn- und Verlustrechnung 36
8. Inventur, Inventar und Bilanz 37
   a) Inventur und Inventar 37
   b) Bilanz 37
9. Die Buchführung 38
   a) Eröffnungsbilanz oder Schlußbilanz des vorangegangenen Wirtschaftsjahrs 38
   b) Die Auflösung der Eröffnungsbilanz bzw. der Schlußbilanz des vorangegangenen Wirtschaftsjahres 38
   c) Verbuchung der Geschäftsvorfälle 39
   d) Das Kapitalkonto 41
   e) Gemischte Konten 42

10. Sachkontenhauptbuch, Grundbuch, Belege 42
    a) Sachkontenhauptbuch 42
    b) Grundbuch 42
    c) Belege 43
    d) Reihenfolge bei der Verbuchung eines Geschäftsvorfalles ... 43
11. Der Buchungssatz 44
12. Eröffnungsbilanzkonto 45
13. Der Abschluß 46
    a) Ermittlung der tatsächlichen Bestände 46
    b) Abschluß der Konten 46
        aa) Allgemeines 46
        bb) Reine Bestandskonten 47
        cc) Gemischte Konten 47
        dd) Reine Erfolgskonten 48
        ee) Entnahme- und Einlagekonto 48
14. Buchführungsbeispiel 50
15. Hauptabschlußübersicht 57
    a) Allgemeines 57
    b) Summenbilanz 58
    c) Saldenbilanz 58
    d Inventurbilanz 59
    e) Die Erfolgsrechnung 59
        aa) Reine Bestandskonten 59
        bb) Erfolgskonten 59
        cc) Gemischte Konten 60
16. Abschlußbuchungen anhand der Hauptabschlußübersicht 60
17. Vorbereitende Abschlußbuchungen 61
    a) Abschreibungen 61
    b) Entnahmen und Einlagen 61
    c) Rechnungsabgrenzungsposten 61
18. Nebenbücher und Hilfsbücher 61
    a) Allgemeines über Bücher der doppelten Buchführung 61
    b) Die Personenbücher 62
    c) Das Sammeljournal 63
    d) Inventar- und Bilanzbuch 63
    e) Weitere Hilfsbücher 63

IV. Bilanzberichtigung, Bilanzänderung, Bilanzenzusammenhang .. 64
   1. Bilanzberichtigung 64
   2. Bilanzenzusammenhang 65
   3. Bilanzänderung 65

V. Maßgeblichkeitsgrundsatz und umgekehrte Maßgeblichkeit ... 66

VI. Grundsätze ordnungsmäßiger Buchführung 69
   1. Allgemeines 69
   2 Grundsatz der Wahrheit 70
   3. Grundsatz der Vollständigkeit 71
   4. Grundsatz einer zeitgerechten (fortlaufenden) Verbuchung 72
   5. Grundsatz der Klarheit 73
   6. Unveränderbarkeit der Buchführung 74
   7. Grundsatz der Wirtschaftlichkeit 75
   8. Ort der Buchführung 75

VII. Grundsätze ordnungsmäßiger Bilanzierung 76
   1. Allgemeines 76
   2. Grundsatz der Wahrheit 76
   3. Grundsatz der Klarheit 77
   4. Grundsatz der Vollständigkeit 77
   5. Grundsatz der Vorsicht 77
   6. Grundsatz der formellen Bilanzkontinuität 78
   7. Grundsatz der materiellen Bilanzkontinuität 78
   8. Realisationsprinzip 79
   9 Imparitätsprinzip 79
   10. Grundsatz der Periodenabgrenzung 80
   11. Stichtagsprinzip 81

VIII. Aktivierung ... 82
1. Allgemeines ... 82
2. Wirtschaftsgut ... 82
3. Zurechnung der Wirtschaftsgüter ... 84
4. Aktivierungsverbot ... 85
5. Aktive Rechnungsabgrenzung ... 85
6. Zölle und Verbrauchsteuern ... 86
7. Umsatzsteuer auf Anzahlungen ... 87
8. Bilanzierungshilfen ... 87

IX. Passivierung ... 89
1. Allgemeines ... 89
2. Verbindlichkeiten ... 90
3. Rückstellungen ... 91
   a) Allgemeines ... 91
   b) Rückstellungen für ungewisse Verbindlichkeiten ... 93
   c) Rückstellungen für drohende Verluste aus schwebenden Geschäften ... 95
   d) Rückstellungen für unterlassene Instandhaltungsaufwendungen ... 96
   e) Rückstellungen für Abraumbeseitigung ... 96
   f) Rückstellungen für Gewährleistungen ohne rechtliche Verpflichtung ... 97
   g) Rückstellungen für Patentverletzungen ... 97
   h) Jubiläumsrückstellungen ... 98
4. Passive Rechnungsabgrenzung ... 99
5. Eigenkapital, Rücklagen ... 100

X. Gewinnverwirklichung ... 102
1. Allgemeines ... 102
2. Veräußerung von Wirtschaftsgütern ... 102
3. Tauschgeschäfte ... 103
4. Schuldenerlaß ... 104
5. Entnahmen ... 104

XI. Die Überschußrechnung nach § 4 Abs. 3 EStG 105
   1. Allgemeines und Inhalt des § 4 Abs. 3 EStG 105
   2. Der Kreis der unter § 4 Abs. 3 EStG fallenden Steuerpflichtigen 106
   3. Der Grundsatz der Überschußrechnung 106
      a) Allgemeines 106
      b) Geldrechnung 107
      c) Einzelne in Geld bestehende Betriebseinnahmen und
         Betriebsausgaben 107
         aa) Anzahlungen und Vorschüsse 107
         bb) Forderungen und Schulden 107
         cc) Damnum und Geldbeschaffungskosten 107
      d) Ausnahmen vom Grundsatz der Geldrechnung 108
         aa) Durchlaufende Posten 108
         bb) Anschaffungs- und Herstellungskosten bei abnutzbaren
            Wirtschaftsgütern des Anlagevermögens 108
         cc) Anschaffungs- und Herstellungskosten bei nicht
            abnutzbaren Wirtschaftsgütern des Anlagevermögens .. 109
         dd) Darlehen 109
         ee) Unentgeltliche Sachzuwendungen 110
      e) Tauschgeschäfte 110
      f) Einlagen, Entnahmen 111
      g) Nicht abziehbare Betriebsausgaben 111
      h) Tausch zwischen Betriebsvermögen und Privatvermögen ... 112
   4. Aufzeichnungspflicht 113
   5. Gewillkürtes Betriebsvermögen 114

XII. Wechsel der Gewinnermittlungsart 115

XIII. Bewertung 116
   1. Allgemeines 116
   2. Grundsätze der Bewertung 118
      a) Grundsatz der Einzelbewertung 118
      b) Grundsatz der Bewertungsstetigkeit 119
      c) Grundsatz des Wertzusammenhangs 119

Inhaltsverzeichnis 13

3. Bewertungsgegenstand 120
   a) Wirtschaftsgut 120
   b) Inventur 120
4. Bewertungszeitpunkt 121
   a) Bewertungsstichtag 121
   b) Wertaufhellende Umstände 121
   c) Wertverändernde Umstände 122
5. Bewertungsmethoden 123
   a) Allgemeines 123
   b) Einzelwertfeststellung 123
   c) Sammelbewertung 124
   d) Festwertverfahren 125
   e) Durchschnittsbewertung 126
   f) Lifo-Methode 126
6. Bewertungsmaßstäbe 127
   a) Allgemeines 127
   b) Buchwert 128
   c) Anschaffungskosten 128
   d) Herstellungskosten 130
   e) Teilwert 135
   f) Zwischenwert 137
7. Bewertung abnutzbarer Wirtschaftsgüter des Anlagevermögens . 138
   a) Allgemeines 138
   b) Maschinen und maschinelle Anlagen 138
   c) Werkzeuge, Betriebs- und Geschäftsausstattung 139
   d) Gebäude 139
   e) Immaterielle Wirtschaftsgüter 141
      aa) Geschäftswert 141
      bb) Praxiswert 144
      cc) Sonstige abnutzbare immaterielle Anlagegüter 144
   f) Geringwertige Wirtschaftsgüter 145
8. Bewertung nichtabnutzbarer Wirtschaftsgüter des Anlagevermögens 146
   a) Allgemeines 146
   b) Grund und Boden 146

c) Beteiligungen 147
   aa) Beteiligung an einer Kapitalgesellschaft 147
   bb) Beteiligung an Personengesellschaften 149
   cc) Beteiligung an einer stillen Gesellschaft 149
d) Wertpapiere 150
9. Bewertung von Wirtschaftsgütern des Umlaufvermögens 151
   a) Allgemeines 151
   b) Vorratsvermögen 151
   c) Forderungen 154
10. Bewertung von Verbindlichkeiten 156
11. Bewertung von Entnahmen 157
12. Bewertung von Einlagen 158
13. Bewertung bei entgeltlichem Betriebserwerb 159

XIV. **Absetzung für Abnutzung und Substanzverringerung, Abschreibungsvergünstigungen** 160
1. Einführung 160
2. Absetzung für Abnutzung 160
   a) Überblick 160
   b) Bemessungsgrundlage für die AfA 161
      aa) Grundsatz 161
      bb) Unentgeltlicher Erwerb 161
      cc) Zuschüsse zu den Anschaffungs- oder Herstellungskosten 161
      dd) Übertragung stiller Reserven 162
      ee) Nachträgliche Anschaffungs- oder Herstellungskosten . 162
      ff) Einlage eines Wirtschaftsguts 162
   c) AfA bei beweglichen Wirtschaftsgütern und unbeweglichen Wirtschaftsgütern, die keine Gebäude oder Gebäudeteile sind 163
      aa) Die lineare AfA nach § 7 Abs.1 Sätze 1 bis 3 EStG .. 163
         (1) Grundsätzliches 163
         (2) Anwendungsbereich 163
         (3) Betriebsgewöhnliche Nutzungsdauer 164
         (4) Zwang zur Vornahme der linearen AfA 164

Inhaltsverzeichnis 15

      bb) Die degressive AfA nach § 7 Abs.2 EStG 164
      cc) AfA im Wirtschaftsjahr der Anschaffung oder
           Herstellung und im Wirtschaftsjahr des Ausscheidens
           eines Wirtschaftsguts 165
      dd) Unterlassene AfA 166
      ee) Leistungs-AfA 167
      ff) Wahl und Wechsel der AfA-Methode 167

  d) AfA bei Gebäuden und Gebäudeteilen 168
      aa) Die lineare Gebäude-AfA nach § 7 Abs.4 EStG 168
          (1) Grundsätzliches 168
          (2) Zwang zur Vornahme der linearen Gebäude-AfA . 169
          (3) AfA bis zur vollen Absetzung 169
          (4) Bauantrag 169
          (5) Kein Wohngebäude 170
      bb) Die degressive Gebäude-AfA nach § 7 Abs.5 EStG ... 170
          (1) Grundsätzliches 170
          (2) Besondere Voraussetzungen für die degressive
              Gebäude-AfA 170
          (3) Die verschiedenen Arten der degressiven
              Gebäude-AfA 171
          (4) Im Inland belegenes Gebäude 172
          (5) Anschaffung bis zum Ende des Jahres der
              Fertigstellung 172
      cc) AfA im Wirtschaftsjahr der Anschaffung oder
           Herstellung und im Wirtschaftsjahr des Ausscheidens
           des Wirtschaftsguts 172
          (1) Lineare Gebäude-AfA 172
          (2) Degressive Gebäude-AfA 173
      dd) Wahlrecht hinsichtlich der AfA-Methode 173
      ee) Wechsel der AfA-Methode 174

  e) Selbständige Gebäudeteile, Eigentumswohnungen und im
     Teileigentum stehende Räume 175
      aa) Allgemeines 175
      bb) Eigentumswohnungen und im Teileigentum stehende
           Räume 176

cc) Selbständige Gebäudeteile, die keine Eigentumswohnungen oder im Teileigentum stehende Räume sind 176
(1) Grundsätzliches 176
(2) Betriebsvorrichtungen 176
(3) Einbauten zu vorübergehenden Zwecken 177
(4) Ladeneinbauten u.s.w. 177
(5) Sonstige selbständige Gebäudeteile 178
(6) Mietereinbauten 178

3. Absetzungen für außergewöhnliche technische und wirtschaftliche Abnutzung 179
   a) Begriff 179
   b) Bemessung der Höhe der Absetzung für außergewöhnliche Abnutzung 179
   c) Zwang zur Absetzung und Zeitpunkt der Absetzung 180
   d) AfA-Bemessung nach Vornahme einer Absetzung für außergewöhnliche Abnutzung 180

4. Absetzungen für Substanzverringerung 180

5. Abschreibungsvergünstigungen 180

XV. Die Durchschnittsgewinnermittlung nach § 13a EStG 184

XVI. Gewinnschätzung 185

Stichwortverzeichnis 187

I. Einführung 17

I. Einführung

1. Grundlagen des deutschen Einkommensteuerrechts

Das deutsche Einkommensteuerrecht hat seine gesetzliche Grundlage im **Ein-** 1
kommensteuergesetz (EStG). Dieses Gesetz wird jährlich mehrmals geändert.
Dadurch wird es laufend an die wirtschaftliche Fortentwicklung angepaßt.

Ergänzt wird das EStG durch die **Einkommensteuer-Durchführungsverordnung (EStDV)**, die **Lohnsteuer-Durchführungsverordnung (LStDV)** und in gewisser Weise auch durch die **Einkommensteuer-Richtlinien (EStR)**.

Bei den **EStDV** handelt es sich um eine Verordnung der Bundesregierung, die mit Zustimmung des Bundesrates ergangen ist. Die in ihr enthaltenen Regelungen beruhen auf einer in einem Gesetz enthaltenen Ermächtigung. Sie haben allgemeinverbindliche Wirkung. Entsprechendes gilt für die **LStDV**. Auch die EStDV und die LStDV werden häufig geändert.

Die **EStR** werden auch von der Bundesregierung mit Zustimmung des Bundesrates erlassen. Sie haben grundsätzlich jedoch nur die Bedeutung von Anweisungen an die Finanzverwaltungsbehörden. Die EStR werden etwa alle zwei bis drei Jahre geändert.

2. Systematischer Aufbau des EStG

Das deutsche EStG ist in IX. Abschnitte eingeteilt: 2
    I. Steuerpflicht (§ 1 EStG),
   II. Einkommen (§ 2 bis § 24 b EStG),
  III. Veranlagung (§ 25 bis 31 EStG),
  IV. Tarif (§ 32 bis § 34 b EStG),
   V. Steuerermäßigungen (§ 34c bis § 35 EStG),
  VI. Steuererhebung (§ 36 bis § 47 EStG),
 VII. (weggefallen),
VIII. Besteuerung beschränkt Steuerpflichtiger (§ 49 bis § 50a EStG) und
  IX. Sonstige Vorschriften, Ermächtigungen und Schlußvorschriften (§ 50 b bis § 55 EStG)

3   Uns interessiert im Rahmen dieser Darstellung nur der II. Abschnitt: Einkommen.
Er ist in folgende Unterabschnitte gegliedert:
1. Sachliche Voraussetzungen für die Besteuerung (§ 2 und § 2a EStG)
2. Steuerfreie Einnahmen (§ 3 bis § 3c EStG)
3. Gewinn (§ 4 bis § 7k EStG)
4. Überschuß der Einnahmen über die Werbungskosten (§ 8 bis § 9a EStG)
4a. Umsatzsteuerrechtlicher Vorsteuerabzug (§ 9b EStG)
5. Sonderausgaben (§ 10 bis § 10f EStG)
6. Vereinnahmung und Verausgabung (§ 11 EStG)
7. Nicht abzugsfähige Ausgaben (§ 12 EStG)
8. Die einzelnen Einkunftsarten (§ 13 bis § 24b EStG)

3. Die sieben Einkunftsarten

a) Allgemeines

4   Wie sich aus § 2 Abs. 1 EStG ergibt, kennt das deutsche Einkommensteuerrecht sieben Einkunftsarten, nämlich
- Einkünfte aus Land- und Forstwirtschaft,
- Einkünfte aus Gewerbebetrieben,
- Einkünfte aus selbständiger Arbeit,
- Einkünfte aus nichtselbständiger Arbeit,
- Einkünfte aus Kapitalvermögen,
- Einkünfte aus Vermietung und Verpachtung und
- sonstige Einkünfte.

Einzelregelungen zu den einzelnen Einkunftsarten befinden sich — wie bereits erwähnt — in den §§ 13 bis 24b EStG

5   Der Umfang der Einkünfte der ersten drei Einkunftsarten (Land- und Forstwirtschaft, Gewerbebetrieb und selbständige Arbeit) bestimmt sich nach dem Gewinn (§ 2 Abs, 2 Nr. 1 EStG). Deshalb sprich man hier auch von den **Gewinneinkünften**. Bei den restlichen vier Einkunftsarten ergibt sich die Höhe der Einkünfte eines Steuerpflichtigen durch Ermittlung des Überschusses der Einnahmen über die Werbungskosten (§ 2 Abs. 2 Nr. 2 EStG). Hier wird daher von den **Überschußeinkünften** gesprochen.

I. Einführung 19

b) Wesentliche Unterschiede zwischen Gewinn- und Überschußeinkünften

Der wesentliche Unterschied zwischen den Gewinneinkünften und den Überschußeinkünften besteht in folgendem: 6

aa) Bei den Gewinneinkünften ist die Grundlage für die Ermittlung der Einkünfte der **Betrieb** und zwar je nach Einkunftsart ein land- und forstwirtschaftlicher Betrieb, ein gewerblicher Betrieb oder ein Betrieb der selbständigen Arbeit. Das finanzielle Ergebnis eines jeden solchen Betriebs ist entweder ein **Gewinn** oder ein **Verlust**. Dabei wird üblicherweise unter Gewinn oder Verlust das **Betriebsergebnis** verstanden, was in einem Betrieb während einer bestimmten Periode, die meist ein Jahr beträgt **(Wirtschaftsjahr)** erzielt wird.

Alle Wirtschaftsgüter und Schulden, die bei der Erzielung des vorbezeichneten Ergebnisses eines Betriebs mitwirken, werden unter dem Begriff **Betriebsvermögen** zusammengefaßt. Die Wertsteigerung und Wertverminderung dieser Wirtschaftsgüter (Substanzveränderungen des Betriebsvermögens) werden bei der Gewinnermittlung im Prinzip miterfaßt.

bb) Bei den Überschußeinkünften (nichtselbständige Arbeit, Kapitalvermögen, 7
Vermietung und Verpachtung und sonstige Einkünfte gibt es kein Betriebsvermögen. Die Substanzveränderungen der WG, die hier der Einkunftserzielung dienen, unterliegen grundsätzlich nicht der Einkommensteuer.

Beispiel:
A ist Eigentümer eines Mehrfamilienhauses. Er hat dieses im Jahr 1 für 800.000 DM erworben (angeschafft). Im Jahre 10 verkauft er es für 1.500.000 DM. In der Zwischenzeit hat A das Gebäude durch Vermietung genutzt.

Die Differenz zwischen dem Verkaufspreis von 1.500.000 DM und den Anschaffungskosten von 800.000 DM (= 700.000 DM Veräußerungsgewinn) unterliegt als **Substanzwertsteigerung** nicht der Einkommensteuer, weil A das Grundstück lediglich vermietet hatte und daher nur Einkünfte aus Vermietung und Verpachtung erzielte.

Anders wäre der Fall zu beurteilen, wenn das Mehrfamilienhaus zu einem Betriebsvermögen gehört hätte, also im Rahmen einer betrieblichen Einkunftsart genutzt worden wäre. In einem solchen Fall würde der Veräußerungsgewinn von 700.000 DM der Einkommensbesteuerung unterliegen.

4. Der Weg von den Einkünften zur Einkommensteuer

8 Jeder Betrieb ist im Rahmen der Gewinneinkünfte eine **Einkunftsquelle.** Das Ergebnis jeder solcher Quelle ist das **Betriebsergebnis** (Gewinn oder Verlust), wobei allerdings das EStG regelmäßig nicht vom Betriebsergebnis, sondern regelmäßig nur vom Gewinn spricht, dabei aber gleichzeitig auch den **Verlust** mitmeint.

Bei den Überschußeinkünften ist jedes einzelne Rechtsverhältnis (z.b. Arbeitsverhältnis, Mietverhältnis usw.) Einkunftsquelle. Das Ergebnis einer solchen Einkunftsquelle ist der **Überschuß** der Einnahmen über die Werbungskosten oder der Überschuß der Werbungskosten über die Einnahmen.

Die **Summe aller Einkünfte,** die ein Steuerpflichtiger während eines Kalenderjahres **(Veranlagungszeitraum)** erzielt, wird zunächst um den **Altersentlastungsbetrag** (§ 24a EStG), den **Ausbildungsplatz-Abzugsbetrag** (§ 24 b EStG) und die nach § 34 c Abs. 2 und 3 EStG abgezogene ausländische Steuer vermindert. Das Ergebnis ist der **Gesamtbetrag der Einkünfte** (§ 2 Abs. 3 EStG).

Zieht man von diesem Gesamtbetrag der Einkünfte die **Sonderausgaben** (§ 10 bis 10e EStG) und die **außergewöhnlichen Belastungen** (§ 33 bis 33c EStG) ab, so erhält man das **Einkommen** (§ 2 Abs.4 EStG).

Das Einkommen, vermindert um den **Kinderfreibetrag** nach § 32 Abs. 6 EStG, den **Haushaltsfreibetrag** nach § 32 Abs. 7 EStG und um die sonstigen vom Einkommen abziehbaren Beträge, ist das **zu versteuernde Einkommen,** also der Betrag, der die Bemessungsgrundlage für die Einkommensteuer bildet (§ 2 Abs. 5 EStG).

9 Das folgende, den EStR (Abschn. 3) entnommene Schema der Ermittlung des zu versteuernden Einkommens dient der Verdeutlichung und Präzisierung der vorstehenden Ausführungen.

1 Summe der Einkünfte aus den Einkunftsarten
2 + nachzuversteuernder Betrag (§10a EStG)
3 — Verlustabzugsbetrag (§ 2a Abs. 3 Satz 1 EStG)
4 + Hinzurechnungsbetag (§ 2 Abs. 1 Satz 3 AuslInvG, § 2a Abs. 3 Satz 3 EStG)
5 = Summe der Einkünfte

I. Einführung 21

6	—	Altersentlastungsbetrag (§ 24a EStG)
7	—	Ausbildungsplatz—Abzugsbetrag (§ 24b EStG)
8	—	Abzugsbetrag für Land- und Forstwirte (§ 13 Abs.3 EStG)
9	—	ausländische Steuern vom Einkommen (§ 34c Abs.2, 3 und 6 EStG)
10	=	Gesamtbetrag der Einkünfte (§ 2 Abs. 3 EStG)
11	—	Sonderausgaben (§ 10, 10b, 10c ESt)
12	=	Zwischensumme
13	—	steuerbegünstigter nicht entnommener Gewinn (§ 10a EStG)
14	—	außergewöhnliche Belastungen (§§ 33 bis 33c EStG, § 33a EStG 1953 iVm § 52 Abs. 22 EStG)
15	—	Steuerbegünstigung der zu eigenen Wohnzwecken genutzten Wohnung im eigenen Haus (§ 10e, § 10f und § 52 Abs. 21 Sätze 4 bis 6 EStG)
16	—	Verlustabzug (§§ 10d, 2a Abs.3 EStG, § 2 Abs. 1 Satz 2 AuslInvG)
17	=	Einkommen (§ 2 Abs. 4 EStG)
18	—	Kinderfreibetrag (§ 32 Abs. 6 EStG),
19	—	Haushaltsfreibetrag (§ 32 Abs. 7 EStG)
20	—	freibleibender Betrag nach § 46 Abs.3 EStG, § 70 EStDV
21	=	zu versteuerndes Einkommen (§ 2 Abs.5 EStG)

5. Die Gewinnermittlungsvorschriften des EStG

In der bereits erwähnten grundlegenden Vorschrift des § 2 Abs. 2 Nr. 1 EStG, 10 wonach Einkünfte bei den Einkunftsarten Land- und Forstwirtschaft, Gewerbebetrieb und selbständige Arbeit der Gewinn ist, wird hinsichtlich des Begriffs „Gewinn" auf die §§ 4 bis 7g (muß heute eigentlich heißen bis 7k) EStG verwiesen.

Diese Regelungen lassen sich in drei Gruppen aufteilen:

- die Regelungen über die Grundlagen der Gewinnermittlung (§§ 4 bis 5 EStG),
- die Bewertungsvorschriften (§ 6 — § 6d EStG) und
- die Abschreibungsvorschriften (§ 7 bis § 7k EStG).

Diese Regelungen gelten nicht nur für die Einkommensteuer, sondern auch für die Körperschaftsteuer (§ 8 Abs. 2 KStG) und die Gewerbesteuer (§ 7 GewStG).

6. Arten der Gewinnermittlung

11 Das EStG kennt verschiedene Arten der Gewinnermittlung.
a) den **Betriebsvermögensvergleich** nach §§ 4 Abs. 1, 5 EStG
b) Die **Überschußrechnung** nach § 4 Abs. 3 EStG, die aber keinesfalls mit der Ermittlung des Überschusses der Einnahmen über die Werbungskosten nach § 2 Abs. 2 Nr. 2 EStG zu verwechseln ist und
c) für bestimmte Land- und Forstwirte durch **Durchschnittssatzgewinnermittlung** nach § 13 a EStG.

12 Die grundlegenden Vorschriften für den Betriebvermögensvergleich sind in § 4 Abs. 1 EStG enthalten. Sie werden in § 5 Abs. 1 EStG lediglich dahingehend ergänzt, daß Gewerbetreibende, die aufgrund gesetzlicher Vorschriften verpflichtet sind Bücher zu führen und regelmäßig Abschlüsse zu machen oder die dies freiwillig tun, bei der Aufstellung der für den Betriebsvermögensvergleich auf den Schluß eines jeden Wirtschaftsjahrs aufzustellenden Vermögensübersicht (Bilanz) das Betriebsvermögen anzusetzen haben, daß nach den handelsrechtlichen **Grundsätzen ordnungsmäßiger Buchführung** auszuweisen ist (§ 5 Abs. 1 EStG).

13 Durch diese Gesetzesformulierung kommt zum Ausdruck, daß beim Betriebsvermögensvergleich nach § 5 EStG der Grundsatz der **Maßgeblichkeit der Handelsbilanz** für die Steuerbilanz gilt.

14 Die Überschußrechnung nach § 4 Abs. 3 findet für alle Steuerpflichtigen Anwendung, die nicht verpflichtet sind Bücher zu führen und regelmäßig Abschüsse zu machen und die auch nicht als Land- und Forstwirte die Voraussetzung für die Ermittlung des Gewinns nach Durchschnittssätzen gem. § 13a EStG erfüllen.

II. Buchführungspflichtige Steuerpflichtige

1. Allgemeines

Wie bereits vorstehend dargestellt worden ist, ist eine Art der Gewinnermittlung 15
der sog. Betriebsvermögensvergleich. Der Vergleich des Betriebsvermögens am
Schluß des Wirtschaftsjahres mit dem Betriebsvermögen am Schluß des vorangegangenen Wirtschaftsjahres ergibt, bereinigt um einige Korrekturposten, den Gewinn bzw. den Verlust eines Wirtschaftsjahres (§ 4 Abs. 1 Satz 1 EStG). Ein derartiger Betriebsvermögensvergleich ist aber nur dann durchführbar, wenn alle im Laufe eines Wirtschaftsjahres erfolgten Vermögensänderungen in einer Buchführung erfaßt werden. Daher können nur Steuerpflichtige von dem Betriebsvermögensvergleich Gebrauch machen, die entweder verpflichtet sind, Bücher zu führen und regelmäßig Abschlüsse zu machen oder die dies freiwillig tun. Wer verpflichtet ist Bücher zu führen und regelmäßig Abschlüsse zu machen muß seinen Gewinn durch Betriebsvermögensvergleich ermitteln. Die **Buchführungspflicht** muß sich aus gesetzlichen Vorschriften ergeben (§§ 5 Abs. 1 Satz 1 und 4 Abs. 3 Satz 1 EStG)

2. Handelsrechtliche Buchführungspflicht

§ 140 AO bestimmt: „Wer nach anderen Gesetzen als den Steuergesetzen Bücher 16
und Aufzeichnungen zu führen hat, die für die Besteuerung von Bedeutung sind, hat die Verpflichtungen, die ihm nach den anderen Gesetzen obliegen, auch für die Besteuerung zu erfüllen." Andere Gesetze in diesem Sinne sind vornehmlich die handelsrechtlichen Vorschriften. Aufgrund des § 238 Abs. 1 Satz 1 HGB ist jeder Kaufmann verpflichtet, Bücher zu führen und in diesen seine Handelsgeschäfte und die Lage seines Vermögens nach den Grundsätzen ordnungsmäßiger Buchführung ersichtlich zu machen. Ferner hat der Kaufmann gemäß § 242 Abs. 1 Satz 1 HGB zu Beginn seines Handelsgewerbes und für den Schluß eines jeden Geschäftsjahrs einen das Verhältnis seines Vermögens und seiner Schulden darstellenden Abschluß aufzustellen.

Die handelsrechtlichen Vorschriften begründen damit primär für Kaufleute, also 17
für **natürliche Personen** eine Buchführungspflicht. Voraussetzung für die Buch-

führungspflicht ist mithin, daß der jeweilige Steuerpflichtige die Kaufmannseigenschaft besitzt. Es gilt dabei im einzelnen:
- Buchführungspflichtig sind der Mußkaufmann (§ 1 HGB), der Sollkaufmann (§ 2 HGB) und der Kannkaufmann (§ 3 HGB).
- Nicht betroffen von der Buchführungspflicht ist allein der Minderkaufmann im Sinne des § 4 HGB.
- Ebenfalls unterliegt der Scheinkaufmann im Sinne des § 5 HGB keiner Buchführungspflicht; denn diese Personen sind keine Kaufleute, sie treten lediglich nach außen hin als solche auf.

18 Über die Verweisungsnorm des § 6 Abs. 1 HGB findet die Buchführungspflicht auch auf die Handelsgesellschaften Anwendung, so daß die **Offene Handelsgesellschaft** und die **Kommanditgesellschaft** zum buchführungspflichtigen Kreis gehören.

Ferner gibt es Gesellschaften, die kraft Gesetzes als Handelsgesellschaften gelten und somit auch buchführungspflichtig sind. Zu nennen sind die **Aktiengesellschaft** (§ 3 AktG i.V.m. §§ 6, 238, 242, 264 HGB) und die **Gesellschaft mit beschränkter Haftung** (§ 13 Abs. 3 GmbHG i.V.m. §§ 6, 238, 242, 264 HGB).

Gemäß § 17 Abs. 2 GenG gelten die **Genossenschaften** als Kaufleute, so daß auch sie von der Buchführungspflicht der §§ 238, 242 HGB erfaßt werden.

19 **Juristische Personen des Privatrechts** (z.B. der eingetragene Verein oder die Stiftung) und **des öffentlichen Rechts** (wie z.B. die Gemeinden und Kreis als Gebietskörperschaften) sind nur dann verpflichtet Bücher zu führen, wenn sie als Muß- oder Sollkaufmann (§§ 1, 2 HGB) tätig sind (s. aber auch §§ 36, 263 HGB).

20 Der **Beginn** der handelsrechtlichen Buchführungspflicht ist für Mußkaufleute mit dem „Beginn des Handelsgewerbes" gegeben (§§ 240 Abs. 1, 242 Abs. 1 HGB). Zum Beginn eines Gewerbebetriebes gehören die Gründung, Vorbereitung und Ingangsetzung desselben. Mithin besteht die Buchführungspflicht von der ersten Vorbereitung an, wenn der Betrieb auf ein vollkaufmännisches Gewerbe angelegt ist. Sollkaufleute sind mit dem Zeitpunkt buchführungspflichtig, von dem an die Verpflichtung zur Eintragung in das Handelsregister besteht (§ 262 HGB). Die Verpflichtung zur Eintragung ist gegeben, wenn ein gewerbliches Unternehmen vorliegt und dieses nach Art und Umfang einen in kaufmännischer Weise eingerichteten Geschäftsbetrieb erfordert.

II. Buchführungspflichtige Steuerpflichtige

Eine Regelung hinsichtlich des **Endes** der handelsrechtlichen Buchführungspflicht gibt es nicht. Aus § 242 HGB, wo der Beginn der Buchführungspflicht geregelt ist, ergibt sich im Umkehrschluß, daß die Buchführungspflicht immer dann endet, wenn der Kaufmann seine geschäftliche Tätigkeit endgültig einstellt. Es muß also eine Betriebsaufgabe oder Betriebsveräußerung vorliegen. Die Buchführungspflicht endet aber auch dann, wenn sich das Unternehmen des Steuerpflichtigen zu einem minderkaufmännischen Unternehmen entwickelt hat. Im Falle des **Konkurses** geht die Buchführungspflicht des Kaufmanns auf den Konkursverwalter über und endet erst mit dem Abschluß des Konkursverfahrens.

3. Steuerrechtliche Buchführungspflicht

Soweit keine handelsrechtliche Buchführungspflicht eingreift, sieht § 141 Abs. 1 AO, also eine steuerrechtliche Vorschrift, eine Pflicht zur Buchführung vor. Danach sind Gewerbetreibende (natürliche oder juristische Personen oder Gesellschaften bürgerlichen Rechts und Erbengemeinschaften) und Land- und Forstwirte buchführungspflichtig, wenn sie

- Umsätze einschließlich der steuerfreien Umsätze, ausgenommen der Umsätze nach § 4 Nr. 8 bis 10 UStG, von mehr als 500 000 DM im Kalenderjahr oder
- ein Betriebsvermögen von mehr als 125 000 DM oder
- selbstbewirtschaftete land- und forstwirtschaftliche Flächen mit einem Wirtschaftswert (§ 46 BewG) von mehr als 40 000 DM oder
- einen Gewinn aus Gewerbebetrieb von mehr als 36 000 DM im Wirtschaftsjahr oder
- einen Gewinn aus Land- und Forstwirtschaft von mehr als 36 000 DM im Kalenderjahr

gehabt haben. Es genügt, daß eine der Voraussetzungen erfüllt ist, um die Buchführungspflicht zu begründen. Hat der Steuerpflichtige mehrere Betriebe, so ist auf die Verhältnisse des einzelnen Betriebs abzustellen (§ 141 Abs. 1 Satz 1 AO „für diesen Betrieb"). Unter den Voraussetzungen des § 148 AO ist eine Erleichterung von der Buchführungspflicht möglich.

Die Buchführungspflicht **beginnt** aber erst mit dem Wirtschaftsjahr, das auf die Bekanntgabe der Mitteilung folgt, durch die die Finanzbehörde auf den Beginn dieser Verpflichtung hingewiesen hat (§ 141 Abs. 2 Satz 1 AO). Die Buchführungspflicht **endet** mit dem Ablauf des Wirtschaftsjahrs, das auf das Wirtschaftsjahr folgt, in dem die Finanzbehörde feststellt, daß die Voraussetzungen nach § 141 Abs. 1 AO nicht mehr vorliegen.

III. Die grundlegende Gewinnermittlungsvorschrift des § 4 Abs. 1 EStG

1. Allgemeines

24 Beim **Betriebsvermögensvergleich** (nach § 4 Abs, 1 EStG und § 5 EStG) der auf dem System der **doppelten Buchführung** beruht, ist Gewinn der Unterschiedsbetrag zwischen dem Betriebsvermögen am Schluß des Wirtschaftsjahres und dem Betriebsvermögen am Schluß des vorangegangenen Wirtschaftsjahres, vermehrt um den Wert der Entnahmen und vermindert um den Wert der Einlagen (§ 4 Abs. 1 Satz 1 EStG).

Schaubild:

    Betriebsvermögen am Schluß des Wirtschaftsjahrs
./. Betriebsvermögen am Schluß des vorangegangenen Wirtschaftsjahrs
+ Wert der Entnahmen während des Wirtschaftsjahrs
./. Wert der Einlagen während des Wirtschaftsjahrs

= Gewinn

25 Aus der Gewinndefinition des § 4 Abs. 1 Satz 1 EStG ergibt sich, daß für die Gewinnermittlung u.a. folgende Begriffe von Bedeutung sind:

- Betriebsvermögen
- Wirtschaftsjahr
- Entnahme und Einlage.

26 Beachtet werden muß außerdem, daß nach § 4 Abs. 1 Satz 6 EStG bei der Ermittlung des Gewinns die Vorschriften über die Betriebsausgaben (§ 4 Abs. 4 und 5 EStG) über die Absetzungen für Abnutzung oder Substanzverringerung (§§ 7 bis 7g EStG) zu befolgen sind.

2. Betriebsvermögen

a) Allgemeines

27 Das EStG verwendet den Begriff „Betriebsvermögen" ohne ihn zu definieren. Zu einem Betriebsvermögen gehören alle im Eigentum des Betriebsinhabers (des

III. Die grundlegende Gewinnermittlungsvorschrift des § 4 Abs. 1 EStG 27

Unternehmers stehenden Wirtschaftsgüter, die in einem tatsächlichen oder wirtschaftlichen Förderzusammenhang zum Betrieb gestellt sind.

Wirtschaftsgüter im vorstehenden Sinn sind alle aktiven Wirtschaftsgüter und alle passiven Wirtschaftsgüter (Schulden) einschließlich Rückstellungen, Wertberichtigungen und Rechnungsabgrenzungsposten, die beim Betriebvermögensvergleich als Bilanzierungshilfen wie Wirtschaftsgüter behandelt werden. 28

Im Gegensatz zum Betriebsvermögen steht das Privatvermögen. Es umfaßt alle Wirtschaftsgüter, die nicht in einem Förderzusammenhang mit einem Betrieb stehen. Jedes Wirtschaftsgut kann nur einheitlich zu einem Betriebsvermögen oder zum Privatvermögen gehören. Das gilt im Prinzip auch für Gebäude. Allerdings kann ein Gebäude aus mehreren selbständigen Wirtschaftsgütern bestehen (vgl. Abschn. 13b Abs. 2 EStR). 29

Das deutsche Einkommensteuerrecht unterscheidet beim Betriebsvermögen zwei Arten: Das notwendige Betriebsvermögen und das gewillkürte. 30

b) Notwendiges Betriebsvermögen

Als notwendiges Betriebsvermögen werden die Wirtschaftsgüter bezeichnet, die dem Betrieb in dem Sinne unmittelbar dienen, daß sie objektiv erkennbar zum unmittelbaren Einsatz im Betrieb selbst bestimmt sind (BFH-Urteil vom 30. 4. 1975, BStBl II 1975, 582). Wirtschaftsgüter des notwendigen Betriebsvermögens gehören auch dann zum Betriebsvermögen, wenn sie nicht in der Buchführung ausgewiesen werden und auch sonst keine Erklärung des Steuerpflichtigen vorliegt, daß sie Betriebsvermögen sein sollen. 31

c) Gewillkürtes Betriebsvermögen

Zum gewillkürten Betriebsvermögen werden die Wirtschaftsgüter gerechnet, die objektiv geeignet und bestimmt sind, den Betrieb zu fördern. Es handelt sich hier also um Wirtschaftsgüter, die sowohl zum Privatvermögen als auch zu einem Betriebsvermögen gehören können. Zum Betriebsvermögen gehören sie nur, wenn eine besondere Einlagehandlung des Steuerpflichtigen vorliegt. Diese kommt regelmäßig durch das Einbuchen des betreffenden Wirtschaftsguts zum Ausdruck. 32

Beispiel:

A hat eine Bäckerei: Ihm gehört außerdem ein Mietwohnhaus.

A kann das Mietwohnhaus zum gewillkürten Betriebsvermögen machen, weil das Mietwohnhaus in der Weise den Betrieb des A fördert, daß es das Betriebskapital verstärkt und zur Absicherung von Betriebskrediten verwendet werden kann.

d) Notwendiges Privatvermögen

33 Zum notwendigen Privatvermögen werden die Wirtschaftsgüter gerechnet, die — wie z.B. Schmuck, das zu eigenen Wohnzwecken dienende Einfamilienhaus — nicht geeignet sind, den Betrieb zu fördern.

e) Der bilanzielle Ausweis des Betriebsvermögens

34 Alle aktiven Wirtschaftsgüter, also alle Wirtschaftsgüter des Anlagevermögens und des Umlaufvermögens und aktive Rechnungsabgrenzungsposten werden auf der Aktivseite der **Bilanz** ausgewiesen. Alle passiven Wirtschaftsgüter wie Rückstellungen, Verbindlichkeiten und passive Rechnungsabgrenzungsposten werden auf der Passivseite der Bilanz ausgewiesen (vgl. Gliederungsschema in § 266 HGB).

Die Differenz zwischen beiden Seiten der Bilanz ist das **Kapital,** das der Unternehmer seinem Betrieb zur Verfügung gestellt hat. Steht diese Differenz, also steht das **Kapitalkonto** des Unternehmers auf der Passivseite der Bilanz, dann überwiegen die aktiven Wirtschaftsgüter die passiven. Das Kapitalkonto ist positiv.

aktive Wirtschaftsgüter	100.000	Kapital	40.000
		Passive Wirtschaftsgüter	60.000
	100.000		100.000

35 Steht das Kapitalkonto auf der Aktivseite, dann sind mehr passive Wirtschaftsgüter (mehr Schulden) als aktive Wirtschaftsgüter vorhanden. Das Kapitalkonto ist negativ.

Allerdings muß dabei bedacht werden, daß ein negatives Kapitalkonto nicht unbedingt zum Ausdruck bringt, daß der Betrieb überschuldet ist. Denn bei den Wertansätzen in der Bilanz handelt es sich nicht um die wirklichen Werte (Verkehrswerte) der einzelnen Wirtschaftsgüter, sondern nur um deren **Buchwerte.** Beide Werte stimmen nicht überein, wenn bei dem betreffenden Wirtschaftsgut **stille Reserven** vorhanden sind.

III. Die grundlegende Gewinnermittlungsvorschrift des § 4 Abs. 1 EStG

f) Betriebsvermögen i.S. von § 4 Abs. 1 EStG

Wichtig ist für die Gewinnermittlung, daß die Differenz zwischen den auf der Aktivseite der Bilanz ausgewiesenen Wirtschaftsgüter und den auf der Passivseite der Bilanz ausgewiesenen negativen Wirtschaftsgütern gleich dem Betriebsvermögen i.S. des § 4 Abs. 1 EStG ist, also gleich dem Betriebsvermögen ist, das für die Ermittlung des Gewinns durch Betriebsvermögensvergleich heranzuziehen ist.

36

Da andererseits die Differenz zwischen der Summe der auf der Aktivseite ausgewiesenen Wirtschaftsgüter (**Rohvermögen**) und der Summe der auf der Passivseite ausgewiesenen Wirtschaftsgüter (**Schulden** oder **Fremdkapital**) gleich dem Kapitalkonto des Unternehmers (**Eigenkapital**) ist, findet der Wert des Betriebsvermögens seinen Ausdruck im **Kapitalkonto** des Unternehmers.

37

Unter Betriebsvermögen i.S. des § 4 Abs. 1 EStG ist also nicht das gesamte Rohbetriebsvermögen, sondern nur das Eigenkapital zu verstehen, so daß sich unter Berücksichtigung dieses Umstandes folgende Formel ergibt:

Eigenkapital am Schluß des Wirtschaftsjahrs
./. Eigenkapital am Schluß des vorangegangenen Wirtschaftsjahr
+ Entnahmen
./. Einlagen
= Gewinn

3. Wirtschaftsjahr

a) Allgemeines

Die deutsche Einkommensteuer beruht auf dem Prinzip der **Abschnittsbesteuerung**, d.h. daß die Einkommensteuer jeweils für einen bestimmten Abschnitt festgesetzt und erhoben wird. Der maßgebende Abschnitt (**Veranlagungszeitraum**) ist das Kalenderjahr (§ 25 Abs. 1 EStG). Die Grundlagen für die Festsetzung der Jahressteuer werden jeweils für ein Kalenderjahr ermittelt (§ 2 Abs. 7 Satz 2 EStG). Das gilt auch für die Gewinneinkünfte (§ 2 Abs. 2 Nr. 1 EStG). Bei ihnen besteht jedoch eine Besonderheit, nämlich die, daß der Jahresgewinn in bestimmten Fällen zunächst nach den Verhältnissen eines vom Kalenderjahr abweichenden Wirtschaftsjahrs ermittelt und erst dann auf einen Jahresgewinn umgerechnet wird. Wirtschaftsjahr ist also der steuerrechtliche Gewinnermittlungszeitraum.

38

39 Das Wirtschaftsjahr umfaßt ebenso wie das Kalenderjahr grundsätzlich einen Zeitraum von 12 Monaten (§ 8b Satz 1 EStDV).

40 Es darf in den folgenden Fällen einen Zeitraum von weniger als 12 Monaten umfassen:

aa) ein Betrieb wird eröffnet, erworben, aufgegeben oder veräußert (§ 8b Satz 2 Nr. 1 EStDV) oder

bb) ein Steuerpflichtiger stellt sein Wirtschaftsjahr um (§ 8b Satz 2 Nr. 2 EStDV).

Ist das Wirtschaftsjahr kürzer als ein Kalenderjahr spricht man von einem **Rumpfwirtschaftsjahr**.

41 Das Wirtschaftsjahr kann den Zeitraum vom 1.1. bis zum 31. 12. umfassen. Es ist dann mit dem Kalenderjahr identisch. Das Wirtschaftsjahr kann aber auch vom Kalenderjahr abweichen (**abweichendes Wirtschaftsjahr**).

b) Land- und Forstwirte

42 Bei Land- und Forstwirten ist der Gewinn nach dem Wirtschaftsjahr zu ermitteln. Bei ihnen umfaßt das Wirtschaftsjahr den Zeitraum vom 1. 7. bis zum 30. 6. (§ 4a Abs. 1 Satz 2 Nr. 1 EStG). Ein hiervon abweichendes Wirtschaftsjahr ist grundsätzlich nicht zulässig. Lediglich durch Rechtsverordnung kann für einzelne Gruppen von Land- und Forstwirten ein anderer Zeitraum bestimmt werden. Solche Ausnahmeregelungen bestehen für folgende Fälle:

aa) Bei Betrieben mit einem Futterbauanteil von 80 v.H. und mehr der Fläche der landwirtschaftlichen Nutzung umfaßt das Wirtschaftsjahr den Zeitraum vom 1. 5. bis 30. 4. (§ 8c Satz 1 Nr. 1 EStDV).

bb) Bei **reiner Forstwirtschaft** umfaßt das Wirtschaftsjahr den Zeitraum vom 1. 10. bis 30. 9. (§ 8c Abs. 1 Satz 1 Nr. 2 EStDV). Betriebe dieser Art können aber auch das Kalenderjahr als Wirtschaftsjahr wählen (§ 8c Abs. 2 EStDV).

cc) **Gartenbaubetriebe** und **Baumschulunternehmen** können abweichend von dem Wirtschaftsjahr 1. 7. bis 30. 6. auch das Kalenderjahr als Wirtschaftsjahr wählen (§ 8c Abs. 2 EStDV).

c) Gewerbetreibende

43 Auch bei Gewerbetreibenden ist der Gewinn nach dem Wirtschaftsjahr zu ermitteln (§ 4a Abs. 1 Satz 1 EStG).

III. Die grundlegende Gewinnermittlungsvorschrift des § 4 Abs. 1 EStG   31

Handelt es sich bei den Gewerbetreibenden um solche, deren Firma im Handelregister eingetragen ist, so ist das Wirtschaftsjahr der Zeitraum, für den sie regelmäßig Abschlüsse machen (§ 4a Abs. 1 Satz 2 Nr. 2 Satz 1 EStG). Sie können also jeden Zeitraum, der 12 Jahre umfaßt als Wirtschaftsjahr wählen.   44

Bei anderen Gewerbetreibenden, also solchen die keine ins Handelsregister eingetragene Firma haben, ist das Wirtschaftsjahr gleich dem Kalenderjahr (§ 4a Abs. 1 Satz 2 Nr. 3 Satz 1 EStG). Etwas anderes gilt nur dann, wenn solche Gewerbetreibenden gleichzeitig buchführende Land- und Forstwirte sind. Sie können mit Zustimmung des Finanzamtes den nach § 4a Abs. 1 Satz 2 Nr. 1 EStG maßgebenden Zeitraum (s. Tz 42) als Wirtschaftsjahr für den Gewerbebetrieb bestimmen, wenn sie für den Gewerbebetrieb Bücher führen und für diesen Zeitraum regelmäßig Abschlüsse machen. **Buchführende Land- und Forstwirte** in diesem Sinn sind nach § 8c Abs. 3 EStDV solche, sie aufgrund einer gesetzlichen Verpflichtung oder ohne eine solche Bücher führen und regelmäßig Abschlüsse machen   45

d) Selbständig Tätige

Bei selbständig tätigen Steuerpflichtigen (§ 2 Abs. 1 Nr. 3 EStG) ist das Wirtschaftsjahr gleich dem Kalenderjahr.   46

e) Umstellung auf ein abweichendes Wirtschaftsjahr

Ein Wirtschaftsjahr wird umgestellt, wenn ein Steuerpflichtiger zulässigerweise innerhalb eines bestehenden Betriebs den Zeitraum wechselt, für den er den Gewinn ermittelt. Die Umstellung auf ein anderes Wirtschaftsjahr setzt also ein **Wahlrecht** voraus.   47

Dieses Wahlrecht steht nach § 4a Abs. 1 Satz 2 Nr. 2 Satz 2 EStG allen Gewerbetreibenden zu, deren Firma ins Handelsregister eingetragen ist.   48

Ein eingeschränktes Wahlrecht steht auch anderen Gewerbetreibenden zu, wenn sie gleichzeitig buchführende Land- und Forstwirte sind (§ 4a Abs. 1 Satz 2 Nr. 3 Satz 2 EStG). Auch Gartenbaubetriebe, Baumschulbetriebe und reine Forstbetriebe haben ein eingeschränktes Wahlrecht (§ 8c Abs. 2 EStG).   49

Um eine willkürliche Umstellung von Wirtschaftsjahren zu vermeiden, setzt diese die **Zustimmung des Finanzamts** voraus (§ 4a Satz 2 Nr. 2 Satz 2 EStG, § 8b Satz 2 Nr. 2 Satz 2 EStDV).   50

f) Umrechnung

aa) Allgemeines

51 Der nach einem abweichenden Wirtschaftsjahr ermittelte Gewinn muß auf das Kalenderjahr als dem Veranlagungszeitraum umgerechnet werden. Diese Umrechnung geschieht bei Land- und Forstwirten und bei Gewerbetreibenden unterschiedlich.

bb) Land- und Forstwirte

52 Bei den Einkünften aus Land- und Forstwirtschaft ist der Gewinn eines Wirtschaftsjahrs aufzuteilen auf das Kalenderjahr, in dem das Wirtschaftsjahr beginnt und auf das Kalenderjahr, in dem das Wirtschaftsjahr endet. Die Aufteilung hat zeitanteilig zu erfolgen (§ 4a Abs. 2 Nr. 1 Satz 1 EStG). Gewinne, die durch die Veräußerung eines land- und forstwirtschaftlichen Betriebs oder Teilbetriebs oder eines Anteils an einem land- und forstwirtschaftlichen Betriebsvermögen erzielt werden (= **Veräußerungsgewinne** im Sinne des § 14 EStG), sind bei der Aufteilung auszuscheiden und dem Gewinn des Kalenderjahrs hinzuzurechnen, in dem sie entstanden sind.

Beispiel:
A ist Inhaber eines reinen forstwirtschaftlichen Betriebs. Im Wirtschaftsjahr 1. 10. 01 bis 30. 9. 02 erzielt A einen Gewinn in Höhe von 60.000 DM. Im Wirtschaftsjahr 1. 10. 02 bis 30. 9. 03 erzielt A einen laufenden Verlust von 36.000. Zum 30. 9. 03 hat er seinen Betrieb mit einem Gewinn von 600.000 veräußert.

A hat im Kalenderjahr 02 einen Gewinn von 45.000 (3/4 von 60.000) ./. 9.000 (1/4 von ./. 36.000) = 36.000 erzielt. Im Wirtschaftsjahr 3 hat A einen Verlust von 27.000 (3/4 von ./. 36.000) und einen tarifbegünstigten Veräußerungsgewinn (§§ 14, 34 Abs. 2 Nr. 1 EStG) von 600.000 erzielt. Er muß mithin im Kalenderjahr 03 einen Veräußerungsgewinn von 600.000 ./. 27.000 = 573.000 versteuern.

cc) Gewerbetreibende

53 Bei Gewerbetreibenden wird der Gewinn eines vom Kalenderjahr abweichenden Wirtschaftsjahres nicht aufgeteilt. Bei ihnen gilt vielmehr der Gewinn eines abweichenden Wirtschaftsjahrs als in dem Kalenderjahr bezogen, in dem das Wirtschaftsjahr endet (§ 4a Abs. 2 Nr. 2 EStG).

III. Die grundlegende Gewinnermittlungsvorschrift des § 4 Abs. 1 EStG   33

4. Einlagen und Entnahmen

a) Begriff der Einlage

Nach der Legaldefinition in § 4 Abs. 1 Satz 5 EStG sind Einlagen alle Wirtschaftsgüter (Bareinzahlungen und sonstige Wirtschaftsgüter), die der Steuerpflichtige dem Betrieb im Laufe des Wirtschaftsjahres aus seinem Privatvermögen zugeführt hat. Eine Einlage ist also ein nicht betrieblicher Anlaß der Wertzugang im Betriebsvermögen. Durch ihn wird das Betriebsvermögen vermehrt. 54

b) Begriff der Entnahme

Entnahmen sind nach § 4 Abs. 1 Satz 2 EStG alle Wirtschaftsgüter (Barentnahmen, Waren, Erzeugnisse, Nutzungen und Leistungen) die der Steuerpflichtige seinem Betrieb für sich, für seinen Haushalt oder für andere betriebsfremde Zwecke im Laufe des Wirtschaftsjahrs entnommen hat. Eine Entnahme ist also ein nicht betrieblich veranlaßter Wertabgang im Betriebsvermögen. Durch ihn wird das Betriebsvermögen vermindert. 55

Zu beachten ist, daß der im Gesetz hinter den Worten „aller Wirtschaftsgüter" stehende Klammerzusatz „(Barentnahmen, Waren, Erzeugnisse, Nutzungen und Leistungen)" keine Definition des Begriffs „alle Wirtschaftsgüter" darstellt, sondern zum Ausdruck bringt, daß die ebenfalls als Entnahmen zu wertenden „**Nutzungen** und **Leistungen**" häufig keine Wirtschaftsgüter sind, sondern ihnen nur ein tatsächliches Geschehen zugrunde liegt. 56

Beispiel:
Eine Nutzungsentnahme liegt vor, wenn der Steuerpflichtige den zu seinem Betriebsvermögen gehörende PKW zu privaten Zwecken nutzt. Eine Leistungsentnahme liegt vor, wenn ein Arbeitnehmer des Betriebs des Steuerpflichtigen dafür eingesetzt wird, den Privatgarten des Steuerpflichtigen in Ordnung zu bringen.

c) Zweck der Einlage- und Entnahmeberücksichtigung

Da das für die Gewinnermittlung durch Betriebsvermögensvergleich notwendige Betriebsvermögen i.S. des § 4 Abs. 1 EStG (= Eigenkapital) durch Einlagen in das Betriebsvermögen vermehrt und durch Entnahmen aus dem Betriebsvermögen vermindert wird, sind in der Differenz zwischen dem Betriebsvermögen am Schluß des Wirtschaftsjahrs und dem am Schluß des vorangegangenen Wirtschaftsjahrs die Einlagen und Entnahmen, also nicht betrieblich veranlaßte Wertänderungen des Betriebsvermögens enthalten. 57

34 *III. Die grundlegende Gewinnermittlungsvorschrift des § 4 Abs. 1 EStG*

Sie müssen aus der Differenz herausgerechnet werden, da der Gewinn ja nur die betrieblich veranlaßten Wertänderungen des Betriebsvermögens erfassen soll. Dieses für die Ermittlung des Gewinns notwendige Herausrechnen erfolgt durch die in § 4 Abs.1 EStG angeordnete Hinzurechnung der Entnahmen und der Abrechnung der Einlagen.

d) Gegenstand von Einlagen und Entnahmen

58 Gegenstand von Einlagen und Entnahmen können Wirtschaftsgüter jeder Art sein. Beispiele: Geld, Waren, Grundstücke, Wertpapiere, Forderungen, Verbindlichkeiten, Patente, Nutzungsrechte und Bodenschätze. Entnommen werden können auch bloße Nutzungen und Leistungen.

5. Betriebseinnahmen und Betriebsausgaben

a) Allgemeines

59 Im Gegensatz zu den Entnahmen und Einlagen, durch die das Betriebsvermögen durch nicht betrieblich veranlaßte Umstände verändert wird, stehen die Betriebseinnahmen und Betriebsausgaben. Sie führen zu einer betrieblich veranlaßten Änderung des Betriebsvermögens.

b) Betriebseinnahmen

60 Betriebseinnahmen sind alle in Geld oder Geldeswert bestehenden Wirtschaftsgüter, die dem Steuerpflichtigen im Rahmen seines Betriebs zufließen, d.h. die durch den Betrieb veranlaßt sind (BFH-Urteile vom 14. 4. 1988, BStBl II 1988, 633 und vom 22. 7. 1988, BStBl II 1988, 995).

Beispiele:
Entgelt für den Verkauf von Waren des Betriebs — Entgelt für Dienstleistungen des Betriebs — Einnahmen aus der Veräußerung von Betriebsvermögensgegenstände — Zinsen für betriebliche Forderungen.

c) Betriebsausgaben

61 Betriebsausgaben sind nach der Legaldefinition in § 4 Abs. 4 EStG Aufwendungen, die durch den Betrieb veranlaßt sind.

III. Die grundlegende Gewinnermittlungsvorschrift des § 4 Abs. 1 EStG

Beispiele:
Entgelt für den Verkauf von Waren — Entgelt für den Verkauf von Anlagegütern — Entgelt für die Inanspruchnahme von Dienstleistungen durch den Betrieb — Mietzinsen für im Rahmen des Betriebs angemietete Wirtschaftsgüter — Zinsen für Betriebskredite.

d) Nichtabziehbare Betriebsausgaben

In § 4 Abs. 5 EStG werden eine Reihe von Betriebsausgaben genannt, die nicht abgezogen werden dürfen. Es handelt sich hierbei um solche betrieblich veranlaßten Aufwendungen, die auch die private Lebenssphäre des Steuerpflichtigen berühren.   62

6. Geschäftsvorfälle und Wertänderungen bei Wirtschaftsgütern des Betriebsvermögens

a) Geschäftsvorfälle

Geschäftsvorfälle sind betrieblich veranlaßte Ereignisse, die eine Veränderung des Betriebsvermögens in Höhe und/oder Struktur bewirken. Im allgemeinen werden vier Arten von Geschäftsvorfällen unterschieden: 63

aa) Solche durch die Betriebsvermögen nur in seiner Struktur, nicht aber in seiner Höhe verändert wird (gewinneutrale oder vermögensumschichtende Geschäftsvorfälle).   64

Beispiel:
A zahlt aus seiner Barkasse 1.000 auf sein Bankkonto ein.

bb) Bei der zweiten Art handelt es sich um erfolgsrelevante (vermögensändernde) Geschäftsvorfälle. Durch sie wird die Höhe des Betriebsvermögens verändert.   65

Beispiel:
Der Mieter eines Betriebsgrundstücks zahlt 500 Miete

cc) Die gemischten Geschäftsvorfälle bilden die dritte Art. Sie sind teils erfolgsrelevant, teils erfolgsneutral.   66

Beispiel:
A veräußert eine Ware, die er für 1.000 erworben hatte, für 1.200. Der Geschäftsvorfall ist in Höhe von 1.000 erfolgsneutral und in Höhe von 200 erfolgswirksam, denn in Höhe von 200 tritt eine Erhöhung des Betriebsvermögens ein.

dd) Die vierte Art der Geschäftsvorfälle umfaßt die Entnahmen und Einlagen.   67

36 *III. Die grundlegende Gewinnermittlungsvorschrift des § 4 Abs. 1 EStG*

68 Um die durch Geschäftsvorfälle eintretenden Veränderungen des Betriebsvermögens feststellen zu können, müssen alle Geschäftsvorfälle eines Wirtschaftsjahrs aufgezeichnet werden. Diese Aufzeichnungen nennt man **Buchführung.**

b) Wertänderungen bei Wirtschaftsgütern des Betriebsvermögens

69 Betrieblich veranlaßte Wertänderungen im Betriebsvermögen können auch ohne das Vorliegen eines Geschäftsvorfalls vorliegen.

Beispiel:
A hat eine Maschine für 5.000 gekauft, die infolge Benutzung während des Wirtschaftsjahrs 1/5 ihres Wertes verliert.

Derartige Änderungen im Wert eines zum Betriebsvermögen gehörenden Wirtschaftsguts kommen, weil hier keine Geschäftsvorfälle vorliegen, in der Buchführung nicht zum Ausdruck. Deshalb muß jeder Kaufmann bei Betriebsbeginn und am Ende eines jeden Wirtschaftsjahrs sein gesamtes Rohvermögen und seine gesamten Schulden feststellen, in ein Verzeichnis eintragen und bewerten. Die Feststellung des vorhandenen Rohvermögens (= aller Aktivwerte) und aller Schulden nennt man **Inventur.** Das Verzeichnis, in das diese festgestellten Vermögenswerte und Schulden einzeln eingetragen werden, ist das **Inventar** (§ 240 HGB). Die Differenz zwischen den Werten im Inventar am Schluß des Wirtschaftsjahres und den Werten im Inventar am Schluß des vorangegangenen Wirtschaftsjahrs ist der Gewinn bzw. Verlust, der bei den einzelnen Wirtschaftsgütern des Betriebsvermögens eingetreten ist.

7. Bilanz und Gewinn- und Verlustrechnung

70 Die beiden sich aus der Buchführung und dem Vergleich der Werte des Inventars vom Ende des Wirtschaftsjahrs mit denen des Inventars vom Ende des vorangegangenen Wirtschaftsjahrs ergebenden Ergebnisse werden — dem Wesen der doppelten Buchführung entsprechend —
- einmal in der Gewinn- und Verlustrechnung und
- zum anderen in der Bilanz

vereinigt.

71 Die Gewinn- und Verlustrechnung dient dabei ausschließlich dem Zweck der Gewinn- bzw. Verlustermittlung. Die Bilanz hat darüberhinaus noch die Aufgabe, das Verhältnis des aktiven Betriebsvermögens und der Schulden darzustellen. Dabei ist jedoch zu beachten, daß dieser Vergleich sich nur auf die Buchwerte bezieht; denn in der Buchführung und im Inventar kommen nur diese zum

III. Die grundlegende Gewinnermittlungsvorschrift des § 4 Abs. 1 EStG

Ausdruck. Die höheren Verkehrswerte finden in der Buchführung und im Inventar wegen des Verbots des Ausweises nicht realisierter Gewinne keinen Ausdruck.

8. Inventur, Inventar und Bilanz
a) Inventur und Inventar

Nach § 240 Abs. 1 HGB hat jeder Kaufmann zu Beginn seines Handelsgewerbes 72
seine Grundstücke, seine Forderungen und Schulden, den Betrag seines baren Geldes sowie seiner sonstigen Vermögensgegenstände (= Wirtschaftsgüter) genau zu verzeichnen und dabei den Wert der einzelnen Vermögensgegenstände und Schulden anzugeben.

Es muß also jedes Wirtschaftsgut und jede Schuld im Inventar einzeln unter Angabe der Menge und des Wertes aufgeführt werden. Ausnahmen gelten nur für die Fälle des § 240 Abs. 3 und 4 HGB.

Das Inventar ist für den Schluß eines jeden Wirtschaftsjahrs aufzustellen (§ 240 73
Abs. 2 Satz 1 HGB). Die Aufstellung ist innerhalb der einem ordnungsmäßigen Geschäftsgang entsprechenden Zeit zu bewirken (§ 240 Abs. 2 Satz 3 HGB).

Inventur und Inventar sind unentbehrliche Voraussetzung für die Ordnungsmäßig- 74
keit der Buchführung. Fehlt des Inventar zum Schluß eines Wirtschaftsjahrs, so ist die Buchführung sowohl für das abgelaufene als auch für das folgende Wirtschaftsjahr nicht ordnungsmäßig (BFH-Urteil vom 25. 3. 1954, BStBl III 1954, 195).

Steuerpflichtige, die keine Kaufleute sind, die aber trotzdem Bücher führen und 75
regelmäßig Abschlüsse machen müssen oder dies freiwillig tun, müssen ebenfalls Inventur machen und ein Inventar aufstellen.

b) Bilanz

Die Bilanz dient — wie bereits erwähnt — einmal der Zusammenfassung der 76
durch die Buchführung und das Inventar ermittelten Gewinne (Verluste) und zum anderen der Darstellung des Verhältnisses von aktivem Betriebsvermögen und Schulden.

Wie das Inventar enthält auch die Bilanz sämtliche Wirtschaftsgüter und sämtliche Schulden des Betriebsvermögens. Diese werden jedoch in der Bilanz nicht wie in dem Inventar einzeln und unter Angabe der Menge aufgeführt, sondern in Gruppen mit Wertangabe zusammengefaßt und als Aktiva und Passiva gegen-

38   *III. Die grundlegende Gewinnermittlungsvorschrift des § 4 Abs. 1 EStG*

übergestellt. Beide Seiten der Bilanz müssen wertmäßig gleich sein, weil die Aktiva = den Passiva + dem Eigenkapital sind.

Wegen des Unterschieds zwischen Handelsbilanz und Steuerbilanz s. Tz 160.

9. Die Buchführung

a) Eröffnungsbilanz oder Schlußbilanz des vorangegangenen Wirtschaftsjahrs

77 Bei einem neu eröffneten Betrieb ist Ausgangspunkt für die Buchführung eines Wirtschaftsjahrs die Eröffnungsbilanz. Bei einem Betrieb, der bereits im vorausgegangenen Wirtschaftsjahr bestanden hat, tritt an die Stelle der Eröffnungsbilanz die Schlußbilanz des vorangegangenen Wirtschaftsjahrs.

78 Auch bei Betrieben, die bereits im vorangegangenen Wirtschaftsjahr bestanden haben, kann es eine Eröffnungsbilanz geben, wenn eine **Währungsumstellung** erfolgt ist. So waren auf den 21. 6. 1948 nach dem D-Markbilanzgesetz vom 24. 6. 1948 für alle Betriebe DM-Eröffnungsbilanzen aufzustellen. Entsprechendes galt nach dem D-Markbilanzgesetz für das Saarland vom 30. 6. 1959 für alle saarländischen Betriebe. Alle DDR-Betriebe müssen ebenfalls wegen der Währungsumstellung auf DM eine DM-Eröffnungsbilanz aufstellen.

b) Die Auflösung der Eröffnungsbilanz bzw. der Schlußbilanz des vorangegangenen Wirtschaftsjahres

79 Die Buchführung eines Wirtschaftsjahrs beginnt mit der Auflösung der Eröffnungsbilanz (der Schlußbilanz des vorangegangenen Wirtschaftsjahres). Dies geschieht in der Weise, daß für jede einzelne Bilanzposition eine besondere Rechnung aufgemacht wird. Diese wird als **Konto** (italienisch il conto = die Rechnung) bezeichnet.

80 Die äußere Form eines Kontos entspricht der äußeren Form der Bilanz. Jedes Konto hat also zwei Seiten. Die rechte Seite wird als Habenseite bezeichnet.

Soll	Konto	Haben

81 In jedes Konto wird die entsprechende Bilanzposition eingetragen. Die Beantwortung der Frage, auf welcher Seite des Kontos der Anfangsbestand einzutragen ist,

III. Die grundlegende Gewinnermittlungsvorschrift des § 4 Abs. 1 EStG 39

ergibt sich aus der Bilanz. Da die Aktivwerte in der Bilanz links stehen, werden auch die diesen entsprechenden Anfangsbestände auf der linken Seite (**Sollseite**) der entsprechenden Konten eingebucht. Die den Passivposten entsprechenden Anfangsbestände sind auf der **Habenseite** des Kontos auszuweisen.

Beispiel:

Eröffnungsbilanz

Grundstücke	100	Kapital	240
Maschinen	60	Schulden	300
Vorräte	200		
Forderungen	60		
Kasse	80		
	540		540

Konto Grundstücke		Kapitalkonto	
100			240

Maschinenkonto		Konto Schulden	
60			300

Konto Vorräte	
200	

Konto Forderungen	
60	

Kassa Konto	
80	

Jedes **Bilanzkonto** kann in **Unterkonten** aufgegliedert werden. So kann z. B. das Maschinenkonto zerlegt werden in ein Maschinenkonto I, auf dem alle Maschinen mit einer kürzeren Nutzungsdauer als fünf Jahren, und ein Maschinenkonto II, auf dem alle Maschinen mit einer längeren Nutzungsdauer als fünf Jahre verbucht werden, zerlegt werden. 82

c) Verbuchung der Geschäftsvorfälle

Für die Verbuchung der laufenden Geschäftsvorfälle gelten folgende Grundsätze: 83

aa) Auf den **Aktivkonten** (den Konten, auf denen das aktive Betriebvermögen verbucht worden ist) sind auf der Sollseite Anfangsbestand und Zugänge, auf der Habenseite die Abgänge zu verbuchen.

bb) Auf den **Passivkonten** sind auf der Habenseite der Anfangsbestand und die Zugänge, auf der Sollseite die Abgänge zu verbuchen.

cc) Die Differenz zwischen der Sollseite und der Habenseite (= der Saldo) ist der jeweilige **Endbestand.**

84 **Beispiel für Aktivkonten:**

A veräußert die mit 200 zu Buche stehenden Vorräte für 200. Auf dem Konto Vorräte ist auf der Habenseite ein Abgang von 200 einzutragen. Auf dem Kassa-Konto ist auf Sollseite ein Zugang von 200 zu verbuchen.

Im Ergebnis stehen jetzt also auf dem Vorrätekonto auf der Sollseite 200 und auf der Habenseite 200. Das Konto ist ausgeglichen was bedeutet, daß keine Vorräte mehr vorhanden sind. Auf dem Kassa-Konto stehen auf der Sollseite 200 + 200 = 400. Es ist also ein Kassenbestand von 400 vorhanden.

85 Wenn man die verschiedenen denkbaren Geschäftsvorfälle unter Anwendung der unter a) und b) genannten Grundsätze zusammenstellt, dann ergibt sich folgendes Schema:

Soll	**Aktivkonto**	Haben	Soll	**Passivkonto**	Haben
1. Zunahme eines Aktivkontos	1. Abnahme eines Aktivkontos				
2. Zunahme eines Aktivkontos					2. Zunahme eines Passivkontos
		3. Abnahme eines Aktivkontos	3. Abnahme eines Passivkontos		
			4. Zunahme eines Passivkontos		4. Abnahme eines Passivkontos
			Bei der Veränderung der Passivkonten kann es sich sowohl um Veränderungen des Kapitals als auch der Schulden handeln		

d) Das Kapitalkonto

Um eine bessere Übersichtlichkeit über die verschiedenen Arten der Vermögensänderungen zu erlangen, ist es erforderlich, das Kapitalkonto in Unternehmerkonten aufzuteilen. Üblich ist die Aufteilung in ein **Entnahme- und Einlagekonto** und in ein **Gewinn- und Verlustkonto**. Dieses ist je nach Bedarf in einzelne Aufwandskonten und einzelne Ertragskonten aufzugliedern.

86

Schema:

```
                            Kapitalkonto
         ┌──────────────────────┴──────────────────────┐
Entnahme- und Einlagekonto              Gewinn- und Verlustkonto
                                    ┌──────────┴──────────┐
                              Aufwandskonten          Ertragskonten
                                    │                      │
                                  z. B.                   z.B.
                    ┌───────────────┼──────────┐     ┌─────┴──────┐
               Zinskonto      Steuerkonto  Lohnkonto
                                               Warenertragskonto  Mietertragskonto
```

Wenn man die oben unter c) dargestellten Buchungssätze:

87

- Anfangsbestände + Zugänge bei Aktivkonten im Soll, bei Passivkonten im Haben und
- Abgänge bei Aktivkonten im Haben, bei Passivkonten im Soll

auf die Unterkonten des Kapitalkontos anwendet, dann ergibt sich folgendes Schema:

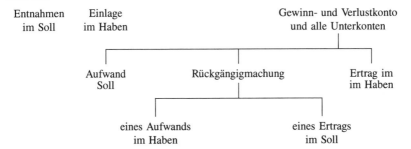

e) Gemischte Konten

88 Ein gemischtes Konto ist z.b. das Warenkonto, weil auf ihm der Anfangsbestand und alle Zugänge mit den Einkaufspreisen und alle Abgänge mit den Verkaufspreisen (Einkaufspreis + Rohgewinn) verbucht werden. Die Entmischung der gemischten Konten erfolgt im Rahmen der Abschlußbuchungen.

10. Sachkontenhauptbuch, Grundbuch, Belege

a) Sachkontenhauptbuch

89 Das Buch, in dem die vorstehend besprochenen einzelnen Konten geführt werden, bezeichnet man als Sachkontenhauptbuch. Dieses muß nicht in gebundener Form geführt werden. Die Führung des Sachkontenhauptbuches in **Karteiform** ist zulässig. Zulässig ist heute auch die Führung der Bücher auf **Datenträgern** (§ 147 Abs. 5 AO, § 239 Abs. 4 HGB).

b) Grundbuch

90 Nach § 146 Abs. 1 Satz 1 AO sind die Buchungen vollständig, richtig, zeitgerecht und geordnet vorzunehmen. Die Buchungen müssen danach auch in zeitlicher Reihenfolge durchgeführt werden. Die Geschäftsvorfälle müssen nach dem Prinzip der doppelten Buchführung in den Büchern also nicht nur — wie dies im Sachkontenhauptbuch, also auf den Konten geschieht — hinsichtlich ihrer sachlichen Auswirkung auf die Bilanz, sondern auch in zeitlicher Reihenfolge, in der sie sich ereignet haben, aufgezeichnet werden. Dies geschieht im Grundbuch, das auch als **Journal, Tagbuch, Memorial, Primanota** oder **Kladde** bezeichnet wird.

91 Jeder Geschäftsvorfall wird also nach zeitlichen Gesichtspunkten geordnet zunächst im Grundbuch eingetragen und erst von hier aus — nach sachlichen Gesichtpunkten geordnet — in den Sachkonten verbucht.

92 Bei der doppelten Buchführung besteht also ein doppeltes Ordnungsprinzip: Das zeitliche im Grundbuch und das sachliche im Sachkontenhauptbuch.

93 Das Grundbuch, das ebenfalls wie das Sachkontenhauptbuch in gebundener Form, oder soweit es üblich ist, in Loseblattform oder auf Datenträgern geführt werden kann, enthält im Prinzip eine Spalte für die laufende Nummer der Eintragung, eine Datumspalte für die Angabe des Zeitpunktes in dem sich der Geschäftsvorfall ereignet hat, eine Textspalte in der der Geschäftsvorfall zu bezeich-

III. Die grundlegende Gewinnermittlungsvorschrift des § 4 Abs. 1 EStG 43

nen ist, eine Hinweisspalte, in der die Seite des Sachkontenhauptbuchs oder die Bezeichnung des Kontos anzugeben ist, auf dem die Verbuchung erfolgt und zwei Betragsspalten. Diesen kann einmal die Bedeutung von Soll und Haben beigemessen werden. In diesem Falle ist bzw. sind hinsichtlich eines jeden Geschäftsvorfalles in der Sollspalte der Betrag bzw. die Beträge einzutragen, die auf einem Konto bzw. mehreren Konten im Soll zu verbuchen sind. Entsprechendes gilt für Eintragungen in der Habenspalte. Die erste Betragsspalte kann aber auch nur die Bedeutung einer Vorspalte haben. Hier werden in ihr nur dann Beträge eingeschrieben, wenn der Betrag eines Geschäftsvorfalles aufgeteilt auf verschiedenen Konten im Soll bzw. im Haben zu verbuchen ist. In der zweiten Spalte wird immer der Gesamtbetrag des Geschäftsvorfalles vermerkt.

c) Belege

Da kein Steuerpflichtiger in der Lage ist, alle Geschäftsvorfälle im Gedächtnis zu behalten und aus dem Gedächtnis heraus die Eintragungen vorzunehmen und weil bei einem solchen Verfahren auch nicht nachgeprüft werden könnte, ob alle Geschäftsvorfälle vollständig und richtig in der Buchführung erfaßt worden sind, darf eine Eintragung im Grundbuch nur aufgrund eines Belegs über den einzutragenden Geschäftsvorfall vorgenommen werden. 94

Es gilt also der Grundsatz: **Keine Buchung ohne Beleg.** 95

Als Belege kommen in Betracht: 96

aa) Eingehende Belege (z.B. Originalschreiben der Geschäftsfreunde, Wechsel, Schecks, Postabschnitte, Gutschriftanzeigen, Lastschriftanzeigen, Bank- und Postscheckauszüge, Frachtbriefe, Lieferscheine, Rechnungen, Quittungen.

bb) Ausgehende Belege (z.B. Durchschriften von abgesandten Schreiben)

cc) Eigenbelege (eigengefertigte Belege z.B. eine Entnahme aus der Geschäftskasse).

d) Reihenfolge bei der Verbuchung eines Geschäftsvorfalles

Als erstes werden auf dem Beleg in kurzer Form die Sachkonten bezeichnet, auf denen der Geschäftsvorfall zu verbuchen ist. Man bezeichnet diese Tätigkeit als **Kontieren.** 97

Aufgrund der kontierten Belege werden dann die Geschäftsvorfälle in zeitlicher Reihenfolge in das Grundbuch eingetragen. 98

99 Die Eintragungen im Sachkontenhauptbuch werden aufgrund der Eintragungen im Grundbuch vorgenommen.

11. Der Buchungssatz

100 Für die Eintragungen im Grundbuch ist es üblich, die Geschäftsvorfälle in einer bestimmten abgekürzten Form darzustellen. Diese Kurzform nennt man den Buchungssatz. Er wird in der Weise gebildet, daß zuerst das Konto genannt wird auf dem eine Eintragung im Soll erfolgen soll. Als zweites wird im Buchungssatz das Konto angesprochen, bei dem auf der Habenseite eine Eintragung erfolgen soll. Außerdem wird vor das zuerstgenannte Konto das Wort „per" und vor das zuletzt genannte Konto das Wort „an" gesetzt. Das Wort „per" vor dem zuerst angesprochenen Konto wird heute vielfach auch weggelassen.

101 Beispiele:
- Vom Bankkonto werden 2.000 DM abgehoben und in die Geschäftskasse gelegt:
  per Kassakonto an Konto Bankguthaben 2.000 DM
- Die Sparkasse löst den am 15.2.1961 fälligen Wechsel über 2.500 DM ein:
  per Konto Schuldwechsel an Konto Bank 2.500 DM
- 1000 Flaschen Wein werden für 4.000 DM auf Kredit eingekauft:
  per Warenkonto an Kreditorenkonto 4.000 DM
- Ein Mieter zahlt bei der Bank 1000 DM Miete ein:
  per Konto Bank an Konto Mieterträge 1.000 DM
- Von den in der Bilanz mit 4 DM/Flasche ausgewiesenen 18 Flaschen Kanzemer Sonnenberg werden 100 Flaschen für 500 DM gegen bar verkauft:
  per Kassakonto an   Verschiedene   500 DM
                       Warenkonto   400 DM
                       Warenertragskonto   100 DM

102 Im letzten Geschäftsvorfall müssen nicht nur auf einem, sondern auf zwei Konten Buchungen auf der Habenseite vorgenommen werden. Hinter dem Wort „an" wird deshalb durch das Wort „Verschiedene" angegeben, daß durch den Geschäftsvorfall mehrere Konten, auf denen im Haben Buchungen vorzunehmen sind, angesprochen werden. Unter dem Wort „Verschiedene" werden dann die entsprechenden Konten im einzelnen mit den auf ihnen zu buchende Beträgen bezeichnet.

103 Eine entsprechende Aufgliederung kann auch hinsichtlich des ersten Teils eines Buchungssatzes notwendig werden.

III. Die grundlegende Gewinnermittlungsvorschrift des § 4 Abs. 1 EStG

Beispiel:
A bezahlt seine Warenschulden in Höhe von 1000 DM und seine Mietschulden in Höhe von 500 DM durch Lieferung einer Rechenmaschine für 1.200 und 300 DM Barzahlung.
Der Buchungssatz lautet:

Verschiedene:		an Verschiedene	
Konto Büroeinrichtung	1200	Debitorenkonto	1.000
Kassenkonto	300	Konto Mieterträge	500

12. Eröffnungsbilanzkonto

Bei der Darstellung der Auflösung der Eröffnungsbilanz bzw. der Schlußbilanz der vorangegangenen Wirtschaftsjahre (s. oben Tz. 77f.) ist so verfahren worden, daß ohne Buchungssatz die sich aus der Bilanz ergebenden Anfangsbestände einfach in die betreffenden Konten übertragen worden sind und zwar soweit es sich um Aktivkonten handelte auf die Sollseite, soweit es sich um Passivkonten handelte, auf die Habenseite.

Dieses Verfahren wird auch in der Praxis weitgehend geübt und ist an und für sich auch richtig. Es entspricht aber nicht der formalen Handhabung, wie sie die doppelte Buchführung gebietet; denn bei der Übertragung eines Bilanzpostens in das entsprechende Konto fehlt es an einer entsprechenden Buchung auf der Habenseite eines anderen Kontos.

Um diesen Mangel abzustellen muß ein Konto geschaffen werden, auf dem die Gegenbuchungen für die aus der Bilanz auf die einzelnen Konten übertragenen Anfangsbestände gebucht werden. Dies Konto nennt man das Eröffnungsbilanzkonto.

Beispiel:

Aktiva		Eröffnungsbilanz		Passiva
Grundstücke	80.000	Kapital		100.000
Waren	60.000	Schulden		50.000
Kasse	10.000			
	150.000			150.000

Die Buchungssätze für die Eröffnungsbuchungen lauten:

Grundstückskonto an Eröffnungsbilanzkonto	80.000
Waren an Eröffnungsbilanzkonto	60.000
Kasse an Eröffnungsbilanzkonto	10.000
Eröffnungsbilanzkonto an Kapital	100.000
Eröffnungsbilanzkonto an Schulden	50.000

Soll	Eröffnungsbilanzkonto		Haben
Kapital	100.000	Grundstücke	80.000
Schulden	50.000	Waren	60.000
		Kasse	10.000
	150.000		150.000

13. Der Abschluß

a) Ermittlung der tatsächlichen Bestände

106 Der Abschluß beginnt mit der Ermittlung der tatsächlichen Bestände durch die **Inventur** (s. oben Tz. 72 ff.). Aufgrund der Inventur wird das **Inventar** (s. oben Tz. 72 ff.) erstellt. Dabei sind die Bewertungsvorschriften (§ 6 ff EStG) zu beachten.

b) Abschluß der Konten

aa) Allgemeines

107 Wie bereits erwähnt stellt der Saldo eines Kontos (Differenz zwischen Sollseite und Habenseite) den jeweiligen Endbestand dar.

Beispiel:

Soll	Konto X		Haben
Anfangsbestand	1.500	1. Abgang	3.000
1. Zugang	700	2. Abgang	50
2. Zugang	4.000	Saldo	3.150
	6.200		6.200

Je nachdem, ob der Saldo auf der Soll- oder Habenseite steht, spricht man von einem **Soll-** oder **Habensaldo**.

108 Die Eintragung des Saldos auf der Soll- oder Habenseite eines Kontos ist eine Buchung innerhalb des Kontensystems. Für die Eintragung der Salden müssen mithin auch Gegenbuchungen erfolgen. Diese sind:
- hinsichtlich der Aufwands- und Ertragskonten (s. Tz. 86 f.) auf dem Gewinn- und Verlustkonto
- hinsichtlich des Entnahmekontos, des Einlagekontos (s. Tz. 86 f.) und des Gewinn- und Verlustkontos auf dem Kapitalkonto und

- hinsichtlich aller übrigen Konten auf dem Schlußbilanzkonto, das dem bei der Konteneröffnung zu errichtenden Eröffnungsbilanzkonto (s. Tz. 104) entspricht,

vorzunehmen.

Beispiel:
Auf dem Konto X ist ein Habensaldo von 3.150 vorhanden. Buchungssatz: Gewinn- und Verlustkonto an Konto X

bb) Reine Bestandskonten

Bei den reinen Bestandskonten stimmt der Buchsaldo mit dem im Inventar ausgewiesenen tatsächlichen Bestand überein. Die reinen Bestandskonten können daher wie folgt abgeschlossen werden: 109

- Aktivkonten durch den Buchungssatz: Schlußbilanzkonto an das betreffende Aktivkonto und
- Passivkonten durch den Buchungssatz: Passivkonto an Schlußbilanzkonto

cc) Gemischte Konten

In den sog. gemischten Konten (vgl. Tz. 88) sind sowohl tatsächliche Bestände als auch Gewinne oder Verluste enthalten. Das hat zur Folge, daß hier die Buchsalden nicht mit den tatsächlichen Beständen identisch sind. Die Abweichungen können die verschiedensten Ursachen haben. 110

Beispiel:
Auf dem Warenkonto sind der Anfangsbestand und der Zugang mit dem Einkaufspreisen, der Abgang hingegen mit den Verkaufspreisen verbucht worden. Bei Gebäuden und Maschinen sind Wertminderungen durch Abnutzung eingetreten. Wertpapiere haben durch Kursverluste eine Wertminderung erfahren.

Da aus den gemischten Konten die Abweichungen zwischen dem Buchsaldo und den tatsächlichen Endbeständen nicht ersichtlich sind, müssen diese mit Hilfe der Inventur ermittelt und im Inventar bewerteten Beständen zunächst von dem Buchsaldo abgezogen werden. Diese tatsächlichen in den gemischten Konten abgezogenen tatsächlichen Bestände werden ebenso wie die tatsächlichen Bestände der reinen Bestandskonten in der Schlußbilanz zusammengefaßt. Das Ergebnis der Buchführung ist dafür nicht erforderlich; denn — wie bereits erwähnt — steht die Bilanz — mit Ausnahme des Kapitalkontos — außerhalb des Systems der Buchführung. 111

48   *III. Die grundlegende Gewinnermittlungsvorschrift des § 4 Abs. 1 EStG*

Das **Kapitalkonto** steht deshalb außerhalb der Buchführung, weil sich das im Betrieb eingesetzte Kapital, also das für die Gewinnermittlung nach § 4 Abs. 1 EStG maßgebende Betriebsvermögen der Höhe nach nicht durch messen, wägen, zählen und bewerten, sondern nur durch Gegenüberstellen von Aufwand und Ertrag ermitteln läßt.

112   Nach Abzug der tatsächliche Bestände von den Buchsalden der gemischten Konten, handelt es sich bei diesen nicht mehr um gemischte Konten, sondern nur noch um reine Erfolgskonten. So verkörpert z.b. der um die tatsächlichen Warenbestände verminderte Buchsaldo des Warenkontos nur noch den Warenertrag.

113   Die Subtraktion eines tatsächlichen Bestandes von dem betreffenden Buchsaldo geschieht durch folgende Buchungssätze:
- bei Aktivkonten: Schlußbilanzkonto an das betreffende Aktivkonto und
- bei Passivkonten: Passivkonto an Schlußbilanzkonto.

dd) Reine Erfolgskonten

114   Die reinen Erfolgskonten (einschließlich der durch Subtraktion der tatsächlichen Bestände zu reinen Erfolgskonten gewordenen ehemaligen gemischten Konten) werden nunmehr durch folgende Buchungen des sich auf ihnen ergebenden Saldos abgeschlossen:
- bei einem Sollsaldo: Gewinn- und Verlustkonto an das betreffende Erfolgskonto bzw. entmischtes Konto
- bei einem Habensaldo: Erfolgskonto bzw. entmischtes Konto an Gewinn- und Verlustkonto.

115   Anschließend wird der Saldo auf dem Verlust- und Gewinnkonto, dem Entnahmekonto und dem Einlagekonto ermittelt und entsprechend den vorstehenden Buchungssätzen auf das Kapitalkonto übertragen.

116   Das Kapitalkonto selbst wird endlich nach dem Schlußbilanzkonto hin abgeschlossen.

Damit ist auch die Buchführung abgeschlossen worden.

ee) Entnahme- und Einlagekonto

117   Da Einlagen und Entnahmen immer erfolgsneutral behandelt werden müssen, wird für sie je ein besonderes Konto geführt. Ausreichend ist auch, wenn nur ein

III. Die grundlegende Gewinnermittlungsvorschrift des § 4 Abs. 1 EStG 49

Privatkonto geführt wird, auf dem im Soll die Entnahmen und im Haben die Einlagen verbucht werden.

Der korrekteste Abschluß des Entnahmekontos und des Einlagekontos ist der über das **Kapitalkonto**. Bei diesem Verfahren wird auch buchtechnisch das Endkapital so dargestellt, wie es tatsächlich ist, nämlich vermindert um die Entnahmen und vermehrt um die Einlagen. Der sich aus Gewinn- und Verlustrechnung ergebende Erfolg hingegen wird von den Entnahmen und Einlagen nicht berührt, weil diese in die Gewinn- und Verlustrechnung nicht eingestellt werden. 118

In der Praxis findet man teilweise auch die Behandlung, daß das Entnahme- und Einlagekonto über das **Gewinn- und Verlustkonto** abgeschlossen wird. Der Saldo des Gewinn- und Verlustkontos ist hier nicht gleich dem Reingewinn. Der Saldo ist vielmehr der um die Entnahmen verminderte und um die Einlagen vermehrte Reingewinn. Hier muß also zur Ermittlung des Reingewinns der Habensaldo des Gewinn- und Verlustkontos (bei Verlusten der Sollsaldo) um den Betrag der Entnahmen vermehrt und um den Betrag der Einlagen vermindert werden. 119

Schließlich kann das Entnahme- und Einlagekonto auch über das **Bilanzkonto** abgeschlossen werden. Bei dieser Möglichkeit werden weder der Erfolgssaldo des Gewinn- und Verlustkontos noch der Kapitalsaldo von den Entnahmen und Einlagen berührt. Der Erfolgssaldo des Gewinn- und Verlustkontos ist also gleich dem Gewinn. Auch die Differenz zwischen Kapitalsaldo und Anfangskapital ergibt hier ohne Hinzurechnung der Entnahmen und ohne Abrechnung der Einlagen den Gewinn. Der Kapitalsaldo stellt jedoch nicht das Endkapital dar, weil er dafür um die Entnahmen zu groß und um die Einlagen zu klein ist. Der Kapitalsaldo muß deshalb, um das Anfangskapital bei der Eröffnung der Buchführung für das folgende Jahr zu ergeben, bei den Eröffnungsbuchungen um die Entnahmen des vergangenen Jahres vermindert und um die Einlagen des vergangen Jahres erhöht werden. Diese Verfahren kann man daran erkennen, daß sowohl die Entnahmen als auch die Einlagen in der Schlußbilanz als Bilanzpositionen ausgewiesen werden. 120

14. Buchführungsbeispiel

Aktiva		Eröffnungsbilanz per 1. 1. 1960		Passiva
Bebaute Grundstücke			Kapital	97.300
Grund u. Boden	20.000		Hypothekenschulden	50.000
Gebäude	80.000		Kundenanzahlungen	4.000
Maschinen	45.000		Kreditoren	20.000
Geschäftsausstattung	4.000		Darlehnsschulden	30.000
Waren	21.000			
Debitoren	13.000			
Kasse	1.300			
Bank	17.000			
	201.300			201.300

Geschäftsvorfälle des Jahres 1990:

1. Der Kunde, der 4.000 DM angezahlt hat, erhält unter Anrechnung auf die Anzahlung am 3. 1. 1990 für 6.000 DM Waren.
2. Am 15. 1. 1990 überweist ein Debitor unter Abzug von 2% Skonto (40 DM) 1.960 DM an die Bank.
3. 1.200 DM Miete für einen Lagerraum werden am 28. 2. durch die Bank an den Vermieter überwiesen.
4. Für die Geschäftskasse werden am 7. 3. 1990 2.500 DM vom Bankkonto abgehoben.
5. Am 13. 4. 1990 werden aus der Geschäftskasse 600 DM für eine Ferienreise entnommen.
6. Am 28. 5. 1990 werden 1.000 DM Lohn an die Arbeiter in bar ausgezahlt.
7. Für 18.000 DM werden am 2. 6. 1990 Waren gegen bar unter Abzug von 2 % Skonto (360) DM verkauft.
8. Auf Kredit werden am 10. 7. 1990 für 20.000 DM Waren eingekauft.
9. Am 11. 7. 1990 wird eine Kreditorenrechnung über 20.000 DM unter Abzug von 3 % Skonto (600 DM) durch Postüberweisung bezahlt.
10. Durch die Bank werden am 19. 8. 1990 an einen Kreditor 10.000 DM überwiesen.
11. Am 2. 9. 1990 überweist ein Debitor auf das Bankkonto 9.000 DM.
12. Durch die Bank werden an den Hypothekengläubiger am 30. 9. 1990 2.500 DM Hypothekenzinsen und 2.500 DM Tilgungsbetrag überwiesen.

III. Die grundlegende Gewinnermittlungsvorschrift des § 4 Abs. 1 EStG

13. Am 21. 10. 1990 werden für 11.000 DM Waren auf Kredit verkauft.
14. Am 30. 11. 1990 gehen auf dem Bankkonto 100 DM ein. Es handelt sich um eine Rückvergütung der Krankenkasse des Unternehmers.
15. Am 15. 12. 1960 werden für 500 DM Waren für private Zwecke entnommen.
16. Ein Debitor überweist am 30. 12. 1990 6.000 DM auf das Bankkonto.

Aus dem Inventar per 31. 12. 1990 ergeben sich folgende Werte:

Grund und Boden		20.000 DM
Gebäude	80.000 ./. 2% AfA auf 100.000	78.000 DM
Maschinen	45.000 ./.10% AfA auf 50.000	40.000 DM
Geschausstatt.	4.000 ./.10% AfA auf 40.000	1 DM
Waren		20.200 DM
Debitoren		9.000 DM
Kasse		440 DM
Bank		15.360 DM
Hypothekenschulden		47.500 DM
Kreditoren		10.000 DM
Darlehnsschulden		30.000 DM

Journal

Lfd. Nr.	Datum	Text	Hinw.	Soll	Haben
I.	1990 1. 1.	Verschiedene Grund und Boden Gebäude Maschinen Geschäftsausstattung Waren Debitoren Kasse Bank an Eröffnungsbilanzkonto		20.000 80.000 45.000 4.000 21.000 13.000 1.300 17.000	201.300
II.		Eröffnungsbilanzkonto an Verschiedene Kapital Hypothekenschulden Kundenanzahlungen Kreditoren Darlehnsschulden		201.300	97.300 50.000 4.000 20.000 30.000

Lfd. Nr.	Datum	Text	Hinw.	Soll	Haben
1.	1990 3. 1.	Verschiedene Kundenanzahlung Debitoren an Waren		4.000 2.000	6.000
2.	15. 1.	Verschiedene Bank Skonto an Debitoren		1.960 40	2.000
3.	28. 2.	Mietaufwand an Bank		1.200	1.200
4.	7. 3.	Kasse an Bank		2.500	2.500
5.	13. 4.	Privatentnahme an Kasse		600	600
6.	28. 5.	Lohnkonto an Kasse		1.000	1.000
7.	2. 6.	Verschiedene Kasse Skonto an Waren		17.640 360	18.000
8.	10. 7.	Waren an Kreditoren		20.000	20.000
9.	11. 7.	Kreditoren an Verschiedene Kasse Skonto		20.000	19.400 600
10.	19. 8.	Kreditoren an Bank		10.000	10.000
11.	2. 9.	Bank an Debitoren		9.000	9.000
12.	30. 9.	Verschiedene Zinsaufwand Hypothekenschuld an Bank		2.500 2.500	5.000
13.	21. 10.	Debitoren an Waren		11.000	11.000
14.	30. 11.	Bank an Einlage		100	100

III. Die grundlegende Gewinnermittlungsvorschrift des § 4 Abs. 1 EStG 53

Lfd. Nr.	Datum	Text	Hinw.	Soll	Haben
	1990				
15.	15. 12.	Privatentnahme		500	
		an Waren			500
16.	30. 12.	Bank		6.000	
		an Debitoren			6.000
17.	31. 12.	Schlußbilanzkonto		183.001	
		an Verschiedene			
		Grund & Boden			20.000
		Gebäude			78.000
		Maschinen			40.000
		Geschäftsausstattung			1
		Waren			20.200
		Debitoren			9.000
		Kasse			440
		Bank			15.360
18.	31. 12.	Verschiedene			
		Hypothekenschulden		47.500	
		Kreditoren		10.000	
		Darlehnsschulden		30.000	
		an Schlußbilanzkonto			87.500
19.	31. 12.	V + G		16.099	
		an Verschiedene			
		Gebäude			2.000
		Maschinen			5.000
		Geschäftsausstattung			3.999
		Skontoaufwand			400
		Mietaufwand			1.200
		Lohnaufwand			1.000
		Zinsaufwand			2.500
20.	31. 12.	Verschiedene			
		Waren		14.700	
		Skontoertrag		600	
		an G + V			15.300
21.	31. 12.	Kapital		1.899	
		an Verschiedene			
		G + V			799
		Privatentnahme			1.100
22.	31. 12.	Einlage		100	
		an Kapital			100
23.	31. 12.	Kapital		95.501	
		an Schlußbilanzkonto			95.501

54 III. Die grundlegende Gewinnermittlungsvorschrift des § 4 Abs. 1 EStG

Sachkontenhauptbuch

Soll		Eröffnungsbilanzkonto		Haben
Kapital	97.300	Grund und Boden		20.000
Hypothekenschulden	50.000	Gebäude		80.000
Kundenanzahlungen	4.000	Maschinen		45.000
Kreditoren	20.000	Gesch.-Ausstattung		4.000
Darlehnsschulden	30.000	Waren		21.000
		Debitoren		13.000
		Kasse		1.300
		Bank		17.000
	201.300			201.300

Soll		Grund und Boden		Haben
Anfangsbestand	20.000	17.		20.000
	20.000			20.000

Soll		Gebäude		Haben
Anfangsbestand	80.000	17.		78.000
		19.		2.000
	80.000			80.000

Soll		Maschinen		Haben
Anfangsbestand	45.000	17.		40.000
		19.		5.000
	45.000			45.000

Soll		Geschäftsausstattung		Haben
Anfangsbestand	4.000	17.		1
		19.		3.999
	4.000			4.000

Soll		Waren		Haben
Anfangsbestand	21.000	1.		6.000
8.	20.000	7.		18.000
20.	14.700	13.		11.000
		15.		500
		17.		20.200
	55.700			55.700

III. Die grundlegende Gewinnermittlungsvorschrift des § 4 Abs. 1 EStG

Soll	Debitoren		Haben
Anfangsbestand	13.000	2.	2.000
1.	2.000	11.	9.000
13.	11.000	16.	6.000
		17.	9.000
	26.000		26.000

Soll	Kasse		Haben
Anfangsbestand	1.300	5.	600
4.	2.500	6.	1.000
7.	17.640	9.	19.400
		17.	440
	21.440		21.440

Soll	Bank		Haben
Anfangsbestand	17.000	3.	1.200
2.	1.960	4.	2.500
11.	9.000	10.	10.000
14.	100	12.	5.000
16.	6.000	17.	15.360
	34.060		34.060

Soll	Kapital		Haben
21.	1.899	Anfangsbestand	97.300
23.	95.501	22.	100
	97.400		97.400

Soll	Hypothekenschulden		Haben
12.	2.500	Anfangsbestand	50.000
18.	47.500		
	50.000		50.000

Soll	Kundenanzahlungen		Haben
1.	4.000	Anfangsbestand	4.000
	4.000		4.000

Soll	Kreditoren		Haben
9.	20.000	Anfangsbestand	20.000
10.	10.000	8.	20.000
18.	10.000		
	40.000		40.000

Soll	Darlehnsschulden		Haben
18.	30.000	Anfangsbestand	30.000
	30.000		30.000

Soll	Skontoaufwendungen		Haben
2.	40	19.	400
7.	360		
	400		400

Soll	Mietaufwand		Haben
3.	1.200	19.	1.200
	1.200		1.200

Soll	Privatentnahme		Haben
5.	600	21.	1.100
15.	500		
	1.100		1.100

Soll	Einlage		Haben
22.	100	14	100
	100		100

Soll	Lohnaufwand		Haben
6.	1.000	19	1.000
	1.000		1.000

Soll	Skontoertrag		Haben
20.	600	9.	600
	600		600

III. Die grundlegende Gewinnermittlungsvorschrift des § 4 Abs. 1 EStG 57

Soll	Zinsaufwand		Haben
12.	2.500	19.	2.500
	2.500		2.500

Soll	G + V (Gewinn und Verlust)		Haben
AfA Gebäude	2.000	Rohgewinn	14.700
AfA Maschinen	5.000	Skontoertrag	600
AfA Gesch.Ausstattg	3.999	21. (Verlust)	799
Skontoaufwand	400		
Mietaufwand	1.200		
Lohnaufwand	1.000		
Zinsaufwand	2.500		
	16.099		16.099

Soll	Schlußbilanzkonto		Haben
Grund und Boden	20.000	Kapital	95.501
Gebäude	78.000	Hypothekenschulden	47.500
Maschinen	40.000	Kreditoren	10.000
Gesch.Ausstattung	1	Darlehnsschuld	30.000
Waren	20.200		
Debitoren	9.000		
Kasse	440		
Bank	15.360		
	183.001		183.001

15. Hauptabschlußübersicht

a) Allgemeines

In der bisherigen Darstellung ist beim Abschluß so verfahren worden, daß 122

a) die durch die Inventur ermittelten und im Inventar festgehaltenen Endbestände auf den jeweiligen Bestandskonten bzw. gemischten Konten und dem Schlußbilanzkonto,

b) die restlichen Salden der gemischten Konten und die Salden der Erfolgskonten auf diesen Konten und dem Gewinn- und Verlustkonto,

c) die Salden der Konten Entnahme, Einlage und Gewinn- und Verlust auf dem Kapitalkonto und

d) der sich anschließend ergebende Kapitalsaldo auf dem Schlußbilanzkonto verbucht wurden. Erst nach dieser letzten Buchung kann bei diesem Verfahren festgestellt werden, ob das Rechenwerk stimmt oder ob Fehler in der Buchführung vorhanden sind. Letzteres ist dann der Fall, wenn die Summe der Sollseite des Schlußbilanzkontos nicht mit der Summe der Habenseite dieses Kontos übereinstimmt. Der Fehler, der darin liegen kann, daß man sich in der Buchführung irgendwo verrechnet hat oder daß einer Sollbuchung keine entsprechende Habenbuchung gegenübersteht, muß gesucht werden. Die fehlerhafte Buchung und die dadurch fehlerhaften Abschlüsse der Konten müssen berichtigt werden. Auch die Berichtigung eines Teiles der Abschlußbuchungen wird meist notwendig werden.

123 Um diese Berichtigung zu vermeiden, um eventuell in der Buchführung vorhandene Fehler schon vor dem Abschluß der Konten erkennen zu können, wird nach der Verbuchung des letzten Geschäftsvorfalls und vor Beginn der Abschlußbuchungen eine sogenannte Hauptabschlußübersicht erstellt. Diese besteht aus einer Textspalte und vier Bilanzspalten.

124 In der Textspalte werden alle Konten untereinander aufgeführt und zwar in folgender Reihenfolge: Aktivkonten: Anlagekonten, Umlaufkonten — Passivkonten: Schuldkonten, Erfolgskonten, Kapitalkonten — Gewinnausweis.

125 In den vier Bilanzspalten werden in der folgenden Reihenfolge erstellt: Summenbilanz, Saldenbilanz, Inventurbilanz, Erfolgsrechnung.

b) Summenbilanz

126 Nach der Verbuchung des letzten Geschäftsvorfalles des Jahres wird bei jedem Konto die Summe seiner Sollseite und die Summe seiner Habenseite ermittelt. Diese Summen werden in die Summenbilanz eingetragen. Liegt kein Buchungsfehler vor, so stimmt in der Summenbilanz die Summe der Sollseite mit der Habenseite überein.

Stimmt die Summe der Sollposten mit der Summe der Habenposten in der Summenbilanz nicht überein, so liegt ein Buchungsfehler vor, der zunächst gesucht und berichtigt werden muß.

c) Saldenbilanz

127 Anschließend werden die ermittelten Buchsalden aller Konten in die Saldenbilanz eingetragen und zwar auf der Sollseite die Sollsalden und auf der Habenseite die Habensalden.

Die Ermittlung der Buchsalden erfolgt aus der Summenbilanz. Das ist möglich, weil in dieser für jedes Konto die Summe seiner Sollseite und die seiner Habenseite vermerkt ist. Die Differenz zwischen der für ein bestimmtes Konto in der Summenbilanz vorgenommenen Soll- und Habeneintragung ist mithin der Buchsaldo des betreffenden Kontos.

128

Auch in der Saldenbilanz muß die Summe der Sollseite gleich der Summe der Habenseite sein, wenn kein Fehler enthalten ist.

d) Inventurbilanz

Die Inventurbilanz ist mit der Schlußbilanz identisch. Sie wird also nach den durch die Inventur ermittelten Beständen aufgestellt. Das Kapitalkonto wird allerdings nur mit dem Wert: Anfangskapital ./. Privatentnahme + Einlagen ausgewiesen. Dieser falsche Ausweis wird dadurch korrigiert, daß der Jahresgewinn in der Inventurbilanz gesondert aufgeführt wird. Dieser Gewinn bzw. Verlust ist gleich dem Saldo, der sich in der Inventurbilanz ergibt. Steht er auf der Habenseite, dann liegt ein Gewinn vor. Steht er auf der Sollseite, dann handelt es sich um einen Verlustsaldo.

129

e) Die Erfolgsrechnung

Vergleicht man jetzt die Saldenbilanz mit der Inventurbilanz in Bezug auf jedes einzelne Konto, so ergibt sich:

130

aa) Reine Bestandskonten

Stimmt in Bezug auf ein bestimmtes Konto die Eintragung in der Saldenbilanz mit der in der Inventurbilanz überein, stimmt also der Buchsaldo mit dem tatsächlichen Bestand überein, dann handelt es sich um ein reines Bestandskonto. Der Buchbestand kann hier ohne weiteres in das Schlußbilanzkonto übertragen werden. In der Erfolgsrechnung, die gleich dem Gewinn- und Verlustkonto ist, erfolgt hinsichtlich dieser Konten keine Eintragung.

131

bb) Erfolgskonten

Steht einer Eintragung in der Saldenbilanz keine Eintragung in der Inventurbilanz gegenüber, ist also nur ein Buchsaldo aber kein tatsächlicher Bestand vorhanden, so ist das betreffende Konto ein reines Erfolgskonto. Der in der Saldenbilanz eingetragene Buchsaldo des betreffenden Kontos ist mithin in voller Höhe Aufwand

132

(wenn er auf der Sollseite steht) bzw. Ertrag (wenn er auf der Habenseite steht). Ein solcher Saldo ist in die Erfolgsrechnung zu übernehmen.

cc) Gemischte Konten

133 Steht einem in der Saldenbilanz eingetragenem Buchsaldo in der Inventurbilanz ein der Höhe nach anderer tatsächlicher Bestand gegenüber, so handelt es sich um ein gemischtes Konto. Es muß die Differenz zwischen beiden Salden ermittelt werden; d.h. es muß der tatsächliche Bestand von dem Buchsaldo abgezogen werden. Was verbleibt ist der reine Erfolgssaldo, der, wenn es sich um einen Aufwand handelt, auf der Sollseite, wenn es sich um einen Ertrag handelt, auf der Habenseite der Erfolgsrechnung, einzutragen ist.

134 Wenn alle Erfolgssalden in der Erfolgsrechnung eingetragen sind, so ergibt sich in dieser Rechnung ein Saldo. Dieser Saldo ist der Gewinn oder Verlust, jenachdem, ob er auf der Soll- oder Habenseite steht. Ist in der Hauptabschlußübersicht kein Fehler gemacht worden, so muß dieser Saldo mit dem in der Inventurbilanz errechneten Saldo übereinstimmen.

16. Abschlußbuchungen anhand der Hauptabschlußübersicht

135 Stimmt die Hauptabschlußübersicht, so steht fest, daß weder in der Buchführung noch bei der Ermittlung der Salden Fehler gemacht worden sind. Die noch offenen Konten können jetzt deshalb anhand der Hauptabschlußübersicht abgeschlossen werden.

136 Zuerst werden alle Erfolgsposten auf das Gewinn- und Verlustkonto übertragen. Die Buchungssätze lauten: Gewinn- und Verlustkonto an verschiedene Erfolgskonten (= Aufwand) und verschiedene Erfolgskonten an Gewinn- und Verlustkonto (= Ertrag).

Buchungssätze: Gewinn- und Verlustkonto an verschiedene Erfolgskonten (Aufwand)
Verschiedene Erfolgskonten an Gewinn- und Verlustkonto (= Ertrag).

137 Nach dieser Übertragung sind alle Erfolgskonten ausgeglichen und können abgeschlossen werden. Von den gemischten Konten sind die Erfolge abgebucht, so daß der auf ihnen noch vorhandene Saldo der reine Bestandssaldo ist.

138 Als nächstes werden das Entnahmekonto, das Einlagekonto und das Gewinn- und Verlustkonto auf das Kapitalkonto abgeschlossen.

III. Die grundlegende Gewinnermittlungsvorschrift des § 4 Abs. 1 EStG

Buchungssätze: Kapitalkonto an Schlußbilanzkonto
Schlußbilanzkonto an verschiedene Besitzkonten
Verschiedene Schuldkonten an Schlußbilanzkonto

Die Buchführung ist jetzt hinsichtlich aller Konto ausgeglichen.

17. Vorbereitende Abschlußbuchungen

Wir haben bisher die Hauptabschlußübersicht unmittelbar nach der Verbuchung des letzten Geschäftsvorfalls erstellt. Dadurch ist es erforderlich, alle Konten der Buchführung in der Hauptabschlußübersicht aufzuführen. Das ist umständlich und bei größeren Buchhaltungen nicht möglich. Außerdem sind dabei bestimmte Umstände, wie z.B. die Abschreibungen nicht zusammengefaßt erkennbar. Deshalb werden in der Praxis nach der Verbuchung des letzten Geschäftsvorfalles und vor der Aufstellung der Hauptabschlußübersicht verschiedene Konten zusammengefaßt. Die gilt insbesondere für folgende Konten: 139

a) Abschreibungen

Alle Abschreibungen werden auf einem besonderen Konto zusammengefaßt. Buchungssatz: Abschreibungskonto an Maschinenkonto, Fuhrparkkonto usw. 140

b) Entnahmen und Einlagen

Die Entnahmen und Einlagen werden auf das Kapitalkonto übertragen. Buchungssatz: Kapitalkonto an Privatkonto und Einlagekonto an Kapitalkonto. 141

c) Rechnungsabgrenzungsposten

Etwaige Rechnungsabgrenzungsposten werden gebucht. 142

18. Nebenbücher und Hilfsbücher

a) Allgemeines über die Bücher der doppelten Buchführung

Die bisher hauptsächlich erwähnten Bücher, das Grundbuch und das Sachkontenhauptbuch bezeichnet man auch als **Systembücher,** weil sie für das System der doppelten Buchführung unentbehrlich sind. Zu diesen Systembüchern gehören selbstverständlich auch die besonderen Grundbücher, wie das **Kassebuch,** das **Debitorenbuch** und das **Kreditorenbuch.** 143

Neben diesen Systembüchern werden in der doppelten Buchführung aber auch noch andere Bücher geführt, die teils ebenfalls unabdingbar sind, teils aber auch nur der Erleichterung dienen.

b) Die Personenbücher

144 Die Konten, die im Sachkontenhauptbuch geführt werden, sind nach einem sachlichen Ordnungsprinzip gegliedert. Sie werden daher auch als Sachkonten bezeichnet. Irgendwelche Hinweise darauf, wer der Geschäftspartner eines Geschäftsvorfalles ist, lassen sich aus diesen Konten nicht entnehmen. Das gilt auch für das Debitoren- und Kreditorenkonto. Auf diesen Konten sind zwar alle Kundenforderungen und Lieferantenschulden verbucht. Wer Schuldner oder Gläubiger ist, läßt sich aus diesen Sachkonten aber nicht erkennen.

145 Für einen Betriebsinhaber aber ist es von großer Wichtigkeit zu wissen, wieviel er von dem einen oder anderen Geschäftsfreund zu fordern hat oder wieviel er ihm schuldet. Es muß deshalb ein sogenanntes **Geschäftsfreundebuch** führen, in dem er — getrennt für einen jeden Geschäftsfreund — kontokorrentmäßig die Geschäftsvorfälle aufzeichnet, die den betreffenden Geschäftsfreund berühren.

146 Das Geschäftsfreundebuch, das wegen seiner kontokorrentmäßigen Führung auch **Kontokorrent** genannt wird, steht außerhalb des Systems der doppelten Buchführung; denn es enthält keine Sachkonten, sondern nur Personenkonten. Die Eintragungen im Kontokorrent brauchen daher auch nicht aufgrund der Eintragungen im Grundbuch zu erfolgen. Sie können unmittelbar aufgrund der Belege vorgenommen werden. Trotzdem aber ist nach der Rechtsprechung des BFH eine Buchführung beim Vorliegen eines Kontokorrentverkehrs in größerem Umfange dann nicht ordnungsmäßig, wenn kein Kontokorrent geführt wird. Dies folgt aus dem Umstand, daß bei größerem Kontokorrentverkehr die auf den Sachkonten Debitoren und Kreditoren ausgewiesenen Forderungen und Schulden nur mit Hilfe des Geschäftsfreundebuches kontrollierbar sind.

147 Am Jahresende werden die Personenkonten durch Einsetzen des Saldos auf der entgegengesetzten Seite abgeschlossen. Für das folgende Jahr wird der Saldo vorgetragen. Buchungssätze hierfür werden nicht aufgestellt. Die Summe aller Salden der Personenkonten, die am Jahresende in einer Saldenlisten zusammengestellt werden, müssen mit dem Saldo des Debitoren- bzw. Kreditorenkontos übereinstimmen.

III. Die grundlegende Gewinnermittlungsvorschrift des § 4 Abs. 1 EStG

c) Das Sammeljournal

Das Sammeljournal ist kein Grundbuch, sondern ein Hilfsbuch, das der Vereinfachung der Führung der Sachkonten dient. Wenn jeder einzelne Geschäftsvorfall auf den Sachkonten verbucht würde, dann würden diese Konten vielfach unübersichtlich werden. Um dies zu vermeiden, können einmal für bestimmte Gruppen von Geschäftsvorfällen besondere Grundbücher eingeführt werden. z.B. das Kassebuch. Wie bereits erwähnt, brauchen hier nicht mehr die einzelnen Geschäftsvorfälle auf das Kassekonto übertragen zu werden. Es genügt, wenn alle Geschäftsvorfälle eines Monats betragsmäßig zusammengefaßt im Kassekonto verbucht werden. Auf den Gegenkonten des Kassekontos müssen jedoch die Geschäftsvorfälle einzeln eingetragen werden; es sei denn, man sammelt diese auf einem Gegenkonto zu verbuchenden Vorfälle in einem für dieses Konto geführten Sammeljournal und überträgt unter Bezugnahme auf das Sammeljournal nur den so gefundenen zusammengefaßten Betrag auf das betreffende Gegenkonto. 148

d) Inventar- und Bilanzbuch

Ein solches Buch ist nicht unbedingt erforderlich. 149

Ist ein Inventar- und Bilanzbuch vorhanden, dann muß auch die Gewinn- und Verlustrechnung dort eingetragen werden.

Wird kein Inventar- und Bilanzbuch geführt, müssen die Inventarverzeichnisse und Bilanzen nebst den Gewinn- und Verlustrechnungen gesammelt und in zusammenhängender Reihenfolge geordnet aufbewahrt werden. 150

e) Weitere Hilfsbücher

Je nach Umfang und Bedarf eines Betriebes findet man noch weitere Hilfsbücher. Sie alle haben den Zweck, die Jahresabschlußarbeiten möglichst zu erleichtern. In den meisten von ihnen findet man Einzelnachweisungen zur Entlastung der Grundbücher und Sachkonten. So werden z.B. die einzelnen Lohnaufwendungen oder Spesenaufwendungen in **Lohnlisten** bzw. **Spesenbüchern** zusammengestellt. Nur die Summe dieser Hilfsbücher wird vom Kassebuch übernommen. Zu den Hilfsbüchern gehören auch die sogenannten **Skontren (Bestandsverzeichnisse)** (z.B. Mobiliarskontren, Geräteskontren und Warenskontren). Sie enthalten Einzelaufstellungen des Mobiliars, der Geräte und Waren und dienen zur Erleichterung der Bestandsaufnahmen. 151

Besondere Vorschriften über die Führung der Hilfsbücher gibt es nicht. Sie sind strukturlos und können je nach den Bedürfnissen eines Betriebes gestaltet werden. 152

IV. Bilanzberichtigung, Bilanzänderung, Bilanzenzusammenhang

1. Bilanzberichtigung

153 Die Ermittlung eines richtigen Gewinns durch Betriebsvermögensvergleich setzt voraus, daß die einzelnen Bilanzposten vollständig und der Höhe nach zutreffend angesetzt worden sind. Ist dies nicht der Fall, muß die Bilanz — auch wenn sie schon dem FA eingereicht worden ist — berichtigt werden (§ 4 Abs. 2 Satz 1 EStG).

154 „Berichtigen" im vorstehenden Sinn heißt, daß ein Bilanzansatz, der den Grundsätzen ordnungsmäßiger Buchführung unter Befolgung der Vorschriften des EStG nicht entspricht, also fehlerhaft ist — soweit dies nach den Grundsätzen des Bilanzenzusammenhangs (s. Tz. 157) möglich ist — an der **Fehlerquelle** durch den richtigen Bilanzansatz mit Gewinnauswirkung zu ersetzen ist.

155 Nach **bestandskräftiger Festsetzung** ist eine Berichtigung von Bilanzansätzen nur insoweit möglich, wie auch die entsprechende Veranlagung berichtigt werden kann. Da nach Ablauf der Festsetzungsfrist (§ 169 AO) eine solche Änderung nicht mehr möglich ist, kann nach Ablauf der Festsetzungsfrist auch eine Bilanzberichtigung nicht mehr durchgeführt werden. Ist die Berichtigung eines fehlerhaften Bilanzansatzes an der Fehlerquelle nicht möglich, so ist die Berichtigung in der Schlußbilanz des Jahres vorzunehmen, dessen Veranlagung noch geändert werden kann.

156 Eine Ausnahme von dem Verbot einer rückwirkenden Bilanzberichtigung bei nicht mehr abänderbarer Veranlagung gilt insbesondere in folgenden Fällen:

- Die Berichtigung des Bilanzierungsfehlers hat keine Auswirkungen auf die Höhe der festgesetzten Steuer.

- Nach Treu und Glauben ist die Berichtigung unter Durchbrechung des Bilanzenzusammenhangs geboten (vgl. z.B. BFH-Urteil vom 19. 1. 1982 unter 3c, BStBl II 1982, 456, 459).

2. Bilanzenzusammenhang

Der in § 4 Abs. 1 EStG zum Ausdruck kommende Bilanzenzusammenhang (Anfangsbilanz eines Wirtschaftsjahrs = Schlußbilanz des vorangegangenen Wirtschaftsjahrs) gebietet, daß alle fehlerhaften Bilanzansätze, die nicht an der **Fehlerquelle** richtig gestellt werden können, lückenlos fortzuführen sind. Die fehlerhaften Buchansätze sind — zugunsten wie zuungunsten des Steuerpflichtigen — für die Gewinnermittlung nicht nur des laufenden, sondern auch des folgende Wirtschaftsjahrs maßgebend **(Bilanzidentität, Zweischneidigkeit der Bilanz).** 157

Die Grenzen des Bilanzenzusammenhangs sind zweifelhaft und umstritten, weil das Verhältnis zur bestandskräftigen Steuerfestsetzung für die einzelnen Periodengewinne nicht geklärt ist. Der Meinungsstreit geht um die Frage, ob an die der Vorjahrsbesteuerung zugrunde gelegte „Veranlagungsbilanz" **(formeller Bilanzenzusammenhang)** oder an die materiell-rechtlich richtige Bilanz **(materieller Bilanzenzusammenhang)** anzuknüpfen ist. Die Rechtsprechung des BFH bejaht den formellen Bilanzenzusammenhang (vgl. u. a. BFH-Beschluß vom 29. 11. 1965, BStBl III 1966, 142). 158

3. Bilanzänderung

Eine Bilanzänderung liegt vor, wenn ein nicht fehlerhafter Bilanzansatz durch einen anderen **wahlweise** zulässigen Bilanzansatz ersetzt wird. Nach Einreichung der Bilanz beim FA kann der Steuerpflichtige eine solche Bilanzänderung nur mit **Zustimmung des FA** vornehmen (§ 4 Abs. 2 Satz 2 EStG). 159

V. Maßgeblichkeitsgrundsatz und umgekehrte Maßgeblichkeit

160 Der **Maßgeblichkeitsgrundsatz** besagt, daß die Handelsbilanz für die Steuerbilanz maßgeblich ist; d.h., die Ansätze dem Grunde und der Höhe nach in der Steuerbilanz sind abhängig von den Ansätzen in der Handelsbilanz. Der Maßgeblichkeitsgrundsatz gebietet mithin im allgemeinen eine Übereinstimmung von Handels- und Steuerbilanz. Dadurch wird die Aufstellung von sog. **Einheitsbilanzen** möglich, also die Aufstellung einer einzigen Bilanz, die sowohl Handelsbilanz als auch Steuerbilanz ist.

161 Unter **umgekehrter Maßgeblichkeit** versteht man, daß Handelsbilanz und Steuerbilanz auch dann übereinstimmen müssen, wenn der Ansatz in der Steuerbilanz auf einer steuerrechtlichen Vorschrift, z. B. einer steuerrechtlichen Abschreibung beruht.

162 Der Grundsatz der Maßgeblichkeit der Handelsbilanz für die Steuerbilanz ist in § 5 Abs. 1 Satz 1 EStG gesetzlich verankert. Hier wird bestimmt, daß in der Steuerbilanz das Betriebsvermögen anzusetzen ist, das nach handelsrechtlichen Grundsätzen ordnungsmäßiger Buchführung auszuweisen ist. Seinem Wortlaut nach findet § 5 Abs. 1 Satz 1 EStG nur auf den Ansatz von Wirtschaftsgütern in der Steuerbilanz Anwendung und nicht auch auf die Bewertung. Durch § 5 Abs. 1 Satz 2 EStG ist jedoch gesetzlich klargestellt worden, daß der **Anwendungsbereich** des Maßgeblichkeitsgrundsatzes sich auch auf die Bilanzansätze der Höhe nach erstreckt, also auch auf die Bewertung. Dies ergibt sich aus der Formulierung „steuerrechtliche Wahlrechte". Damit sind sowohl Ansatz- als auch Bewertungswahlrecht gemeint.

163 Eingeschränkt wird der Maßgeblichkeitsgrundsatz jedoch insoweit, wie der in § 5 Abs. 6 EStG niedergelegte **Bewertungsvorbehalt** zum Tragen kommt. Danach gehen zwingende steuerrechtliche Bewertungsvorschriften dem Maßgeblichkeitsgrundsatz vor.

164 Nach den vorstehenden Ausführungen ergeben sich damit folgende Anwendungsbereiche für den Maßgeblichkeitsgrundsatz und dem steuerrechtlichen Bewertungsvorbehalt:

V. Maßgeblichkeitsgrundsatz und umgekehrte Maßgeblichkeit 67

Das Handelsrecht enthält ein Ansatz- oder Bewertungsgebot, das Steuerrecht enthält hingegen keine Regelung oder ein Wahlrecht. Der Maßgeblichkeitsgrundsatz verlangt hier, daß das handelsrechtliche Ansatz- oder Bewertungsgebot auch im Steuerrecht beachtet wird. Das steuerrechtliche Wahlrecht kann nur im Sinne des handelsrechtlich gebotenen Ansatzes ausgeübt werden. Das schreibt der Maßgeblichkeitsgrundsatz vor. Handels- und Steuerbilanz sind deckungsgleich. 165

Beispiel:
Zum Umlaufvermögen des A gehören Waren, die A für 1 000 DM eingekauft hat. A kann die Waren aber höchstens für 400 DM verkaufen. Der Teilwert der Waren ist also um 600 DM gesunken.
Nach § 6 Abs. 1 Nr. 2 Satz 2 EStG kann A die Waren statt mit den Anschaffungskosten mit dem niedrigeren Teilwert ansetzen. A hat nach dem Steuerrecht also ein Bewertungswahlrecht. Handelsrechtlich muß A nach § 253 Abs. 3 Satz 1 HGB den niedrigeren Teilwert ansetzen. Es besteht mithin ein handelsrechtliches Bewertungsgebot. Der handelsrechtliche Zwang zum Ansatz des niedrigeren Teilwerts schlägt über den Maßgeblichkeitsgrundsatz auf das Steuerrecht durch, so daß auch hier der Ansatz des niedrigeren Teilwerts erfolgen muß.

Handelsrecht und Steuerrecht beinhalten inhaltsgleiche Ansatz- oder Bewertungswahlrechte. Diese Fallvariante betrifft den Grundsatz der umgekehrten Maßgeblichkeit. Nach § 5 Abs. 1 Satz 2 EStG kann das steuerrechtliche Wahlrecht nur in Übereinstimmung mit der handelsrechtlichen Jahresbilanz ausgeübt werden. Insofern wird das steuerrechtliche Wahlrecht durch den entsprechenden Ansatz in der Handelsbilanz ausgeübt. Handels- und Steuerbilanz sind deckungsgleich. 166

Beispiel:
A errichtet ein Wirtschaftsgebäude im Sinne von § 7 Abs. 4 Nr. 1 EStG. Er möchte die degressive Gebäude-Abschreibung nach § 7 Abs. 5 Nr. 1 EStG in Anspruch nehmen. Die degressive Gebäude-Abschreibung ist gemäß § 7 Abs. 5 Nr. 1 EStG möglich. Es besteht insoweit ein steuerrechtliches Bewertungswahlrecht. Handelsrechtlich besteht ein inhaltsgleiches Wahlrecht; denn in § 254 Satz 1 HGB wird bestimmt, daß Abschreibungen in der Handelsbilanz auch vorgenommen werden können, um Wirtschaftsgüter des Anlage- oder Umlaufvermögens mit dem niedrigeren Wert anzusetzen, der auf einer steuerrechtlich zulässigen Abschreibung beruht. Es stehen sich also im Beispielsfall inhaltsgleiche Wahlrechte gegenüber. Da das steuerrechtliche Wahlrecht gemäß § 5 Abs. 1 Satz 2 EStG nur in Übereinstimmung mit der Handelsbilanz ausgeübt werden darf, kann A die begehrte degressive Gebäude-Abschreibung in der Steuerbilanz nur in Anspruch nehmen, wenn er in der Handelsbilanz eine entsprechende degressive Abschreibung vornimmt.

167 Handelsrechtlich besteht ein Ansatz- oder Bewertungswahlrecht oder ein Ansatz- oder Bewertungsgebot und im Steuerrecht besteht ein Ansatz- oder Bewertungsgebot. Der Maßgeblichkeitsgrundsatz tritt aufgrund des steuerrechtlichen Bewertungsvorbehalts (§ 5 Abs. 6 EStG) zurück. Handels- und Steuerbilanz können in diesem Fall auseinandergehen.

Beispiel:
Zum Betriebsvermögen des A gehört ein Gebäude, daß die Voraussetzungen des § 7 Abs. 4 Nr. 1 EStG erfüllt und eine tatsächliche betriebsgewöhnliche Nutzungsdauer von 100 Jahren hat.
A muß in seiner Steuerbilanz das Gebäude mit 4 vom Hundert pro Jahr abschreiben. § 7 Abs. 4 Nr. 1 EStG zwingt ihn dazu, da es sich bei dieser Vorschrift um ein steuerrechtliches Bewertungsgebot handelt. Diesem Gebot steht ein handelsrechtliches Bewertungswahlrecht gegenüber. Zwar besagt § 253 Abs. 2 HGB, daß die Abschreibung mindestens 1 vom Hundert zu betragen hat. A kann aber auch gemäß § 254 HGB die steuerrechtlich vorgeschriebene Abschreibung von 4 vom Hundert in der Handelsbilanz berücksichtigen. In diesem Beispielsfall können also Handels- und Steuerbilanz von einander abweichen. Sie müssen es aber nicht. § 254 HGB bietet die Möglichkeit der Anpassung der Handelsbilanz an die Steuerbilanz. Ein Zwang zur Anpassung besteht hingegen nicht.

VI. Grundsätze ordnungsmäßiger Buchführung

1. Allgemeines

Die beiden zentralen Vorschriften über die Gewinnermittlung im EStG, § 4 und § 5 EStG, sprechen die **Grundsätze ordnungsmäßiger Buchführung** an. Auch in § 6 Abs. 1 Nr. 2 EStG findet man den Hinweis auf die ordnungsmäßigen Buchführungsgrundsätze. Das EStG bestimmt aber nicht näher, was hierunter zu verstehen ist. Die Grundsätze ordnungsmäßiger Buchführung sind vielmehr dem Handelsrecht zu entnehmen. Das verlangt in einer Reihe von Regelungen die Einhaltung dieser Grundsätze und setzt dabei die Kenntnis hierüber voraus. So ist z.B. gemäß § 238 Abs. 1 HGB jeder Kaufmann verpflichtet Bücher zu führen und in diesen seine Handelsgeschäfte und die Lage seines Vermögens nach den Grundsätzen ordnungsmäßiger Buchführung ersichtlich zu machen. Man findet jedoch vielfach Konkretisierungen der Buchführungsgrundsätze, so etwa in § 239 Abs. 2 und § 252 Abs. 1 HGB. Die Grundsätze ordnungsmäßiger Buchführung sind mithin teils ungeschrieben und teils gesetzlich formuliert.

168

Da der Begriff der Grundsätze ordnungsmäßiger Buchführung in seiner vollen Bandbreite gesetzlich nicht definiert ist, ist es zutreffend ihn als **unbestimmten Rechtsbegriff** zu qualifizieren (BFH-Urteil vom 12.5.1966, BStBl III 1966, 371). D.h., soweit dem Gesetz nicht genau zu entnehmen ist, was es unter den Grundsätzen ordnungsmäßiger Buchführung versteht, ist es Aufgabe des jeweiligen Rechtsanwenders, insbesondere der Rechtsprechung, Inhalt und Umfang dieser Grundsätze zu bestimmen. Dadurch, daß der Gesetzgeber die Grundsätze ordnungsmäßiger Buchführung nicht bis ins Kleinste gesetzlich fixiert hat, sondern sich eines unbestimmten Rechtsbegriffs bedient hat, ist es der Rechtsprechung möglich, die Grundsätze ordnungsmäßiger Buchführung ständig fortzuentwickeln, um sie an veränderte wirtschaftliche Verhältnisse anzupassen.

169

Vom **Umfang** her betreffen die Grundsätze ordnungsmäßiger Buchführung den gesamten Bereich der kaufmännischen Rechenschaftslegung. Es müssen mithin alle zu führenden Bücher (Journal, Sach- und Personenkonten, Nebenbücher, Inventar usw.) den ordnungsgemäßen Buchführungsgrundsätzen entsprechen. Die Grundsätze ordnungsmäßiger Buchführung sind deshalb bereits bei der Erfassung

170

der einzelnen Geschäftsvorfälle (ordnungsmäßige Buchführung im engeren Sinne) sowie der bestandsmäßigen Erfassung am Ende des Wirtschaftsjahrs (ordnungsmäßige Inventur) und schließlich bei der Aufstellung des Jahresabschlusses (ordnungsmäßige Bilanzierung) zu beachten. Dabei gelten einzelne Grundsätze regelmäßig für alle drei Anwendungsbereiche. So ist es z.b. selbstverständlich, daß der Grundsatz der Wahrheit (s. Tz. 173 f.) oder der Grundsatz der Klarheit (s. Tz. 182 f.) sich auf die gesamte Rechenschaftslegung bezieht. Jedoch ist zu beachten, daß einzelne Grundsätze sich in bezug auf einen der drei Anwendungsbereiche besonders entwickelt haben oder aber ein Bereich sogar spezielle Grundsätze ordnungsmäßiger Buchführung erfordert. Dies gilt vornehmlich für den Bereich des Jahresabschlusses. Daher werden im Folgenden nur die Grundsätze ordnungsmäßiger Buchführung in bezug auf die Erfassung der Geschäftsvorfälle und die Inventur dargestellt. Die Grundsätze ordnungsmäßiger Bilanzierung folgen in dem besonderen Abschnitt VII.

171 Es besteht kein Grundsatz ordnungsmäßiger Buchführung dahingehend, daß der Steuerpflichtige ein bestimmtes **Buchführungssystem** anwenden muß. Die Buchführung kann eine einfache, eine doppelte oder eine kameralistische sein. Der Steuerpflichtige hat eine freie Wahl des Buchführungssystems solange es die Anforderungen, die die Grundsätze ordnungmäßiger Buchführung allgemeinh aufstellen, erfüllt.

172 Es besteht ferner auch kein Grundsatz ordnungsmäßiger Buchführung insofern, als daß der Steuerpflichtige eine bestimmte **Buchführungstechnik** (Buchführungsform) zur Anwendung bringen muß. Es besteht mithin kein Zwang zur manuellen oder maschinellen Buchführung. Der Steuerpflichtige hat eine freie Wahl der Buchführungstechnik; sie muß nur den allgemeinen Erfordernissen Genüge tun; d.h., die Buchführung muß in jedem Fall aus zeitgerechten Grundaufzeichnungen (Journal) und einer sachlichen Aufteilung auf Vermögens- und Schuldposten sowie auf Ertrags- und Aufwandskonten bestehen. Die Buchführungstechniken sind heutzutage manigfaltig. Neben der einfachen manuellen Buchführung und der Maschinenbuchführung gibt es die konventionelle EDV-Buchführung bishin zur computergesteuerten Speicherbuchführung.

2. Grundsatz der Wahrheit

173 Gemäß § 239 Abs. 2 HGB müssen die Eintragungen in Büchern und die sonst erforderlichen Aufzeichnungen richtig vorgenommen werden. Hiermit spricht

VI. Grundsätze ordnungsmäßiger Buchführung 71

das Gesetz den Grundsatz der Wahrheit an. Auch aus § 240 Abs. 1 HGB, wonach jeder Kaufmann seine Grundstücke, seine Forderungen und Schulden, den Betrag seines baren Geldes sowie seine sonstigen Vermögensgegenstände genau zu verzeichnen hat, läßt sich ein Hinweis auf ein wahrheitsgetreues Inventar entnehmen. Ein Ausdruck des Grundsatzes der Wahrheit ist ferner in dem Gebot der Kontenwahrheit (§ 154 Abs. 1 AO) zu sehen.

Der Grundsatz der Wahrheit verlangt mithin eine richtige Verbuchung. Eine richtige Verbuchung bedeutet in erster Linie **sachliche Richtigkeit**. D.h., daß die durchgeführte Buchung den tatsächlichen Geschäftsvorfall dem Grunde und der Höhe nach wahrheitsgemäß wiedergeben muß. 174

Beispiel:
Geht ein Steuerpflichtiger mit seiner Familie, also privat, in einem Restaurant essen, und verbucht er diesen Geschäftsvorfall als Bewirtung von Geschäftsfreunden und damit als Betriebsausgabe anstatt über das Konto „Privatentnahme", so ist diese Verbuchung dem Grunde nach nicht richtig.

Eine richtige Verbuchung verlangt in zweiter Linie **formelle Richtigkeit**. D.h., es muß eine richtige Kontierung erfolgen. Es müssen also die richtigen Konten angesprochen sein. Die Konten müssen dabei verständige Bezeichnungen führen (vgl. § 154 Abs. 1 AO). Die Buchung auf einem Phantasiekonto, das den eigentlichen Geschäftsvorfall verdeckt, ist unzulässig. Ferner verlangt eine formell richtige Verbuchung, daß der Buchungstext in einer verständlichen Form erfolgt, und zumindest das Datum, einen Beleghinweis und die Angabe des Gegenkontos enthält. 175

Der Grundsatz der Wahrheit ist nicht absolut, sondern relativ zu begreifen. Dies bedeutet, daß dort, wo der Steuerpflichtige Wahlrechte hat, diese Wahlrechte auch ausüben darf. Damit aber kann eine Buchführung oder ein Inventar unterschiedliche Werte ausweisen, je nach dem wie der Steuerpflichtige seine Wahlrechte ausgeübt hat. Hieraus folgt, daß es nicht nur eine richtige Buchführung oder ein richtiges Inventar gibt, sondern daß die Richtigkeit (Wahrheit) nur im Verhältnis zu den ausgeübten Wahlrechten gesehen werden kann. Es ist daher zutreffend vom **Grundsatz der relativen Wahrheit** zu sprechen. 176

3. Grundsatz der Vollständigkeit

In dieselbe Richtung wie das Prinzip der Wahrheit (Tz. 173 ff.) zielt auch der **Grundsatz der Vollständigkeit**. § 239 Abs. 2 HGB verlangt, daß die Eintragungen in Büchern und die sonst erforderlichen Aufzeichnungen u.a. vollständig 177 vorgenommen werden müssen. Es müssen daher in der Buchführung alle Geschäftsvorfälle lückenlos erfaßt werden. Ebenso müssen alle im Inventar zu erfassende Posten aufgeführt sein; d.h., es müssen alle vorhandenen Vermögensgegenstände (Wirtschaftsgüter) im Inventar aufgenommen werden, selbst solche, die später nicht in den Jahresabschluß übernommen werden, z.b. weil sie dem Steuerpflichtigen nicht zuzurechnen sind (z.b. Kommissionsware, Treuhandgüter).

4. Grundsatz einer zeitgerechten (fortlaufenden) Verbuchung

178 Auch der **Grundsatz einer fortlaufenden Verbuchung** ist dem § 239 Abs. 2 HGB zu entnehmen, wonach die Eintragung in Bücher und die sonst erforderlichen Aufzeichnungen zeitgerecht und geordnet vorgenommen werden müssen. Dies besagt, daß die Verbuchung von Geschäftsvorfällen unverzüglich und chronologisch erfolgen muß. Insbesondere das Steuerrecht verlangt nach dem Grundsatz einer zeitgerechten Verbuchung, um eventuellen Mißbräuchen vorbeugen zu können. So ist es einem Steuerpflichtigen genommen, die Qualifizierung von Geschäften als privaten oder betrieblichen Vorgang offen zu lassen, da er sich aufgrund einer unverzüglichen Verbuchung entscheiden muß.

Beispiel:
Schafft ein Steuerpflichtiger ein Grundstück an, so ist die steuerliche Behandlung eines Veräußerungsgewinns bzw. -verlustes davon abhängig, ob das Grundstück dem Betriebs- oder dem Privatvermögen zuzurechnen ist. Gehört das Grundstück zum Betriebsvermögen, so ist ein möglicher Gewinn zu versteuern und ein etwaiger Verlust führt zur Steuerminderung. Ist hingegen das Grundstück dem Privatvermögen zuzuordnen, so ist ein Gewinn zwar nicht zu versteuern, andererseits kann sich ein möglicher Verlust auch nicht steuermindernd auswirken. Der Steuerpflichtige wird daher am liebsten mit der Zuordnung des Grundstücks zum Betriebs- oder Privatvermögen warten, bis er absehen kann, ob er bei der Veräußerung einen Gewinn oder einen Verlust erzielen wird. Dies ist ihm aber durch das Erfordernis einer zeitgerechten Verbuchung verwehrt.

179 Ein Verstoß gegen die Grundsätze ordnungsmäßiger Buchführung liegt vor, wenn die Verbuchung nicht unverzüglich erfolgt ist. Da es heute vielfach üblich ist, die Buchhaltung nicht mehr betriebsintern durchzuführen, sondern sich einer sog. **Fernbuchführung** zu bedienen, ist der Begriff „unverzüglich" nicht allzu eng auszulegen. Es ist daher nicht zu beanstanden, wenn die Geschäftsvorfälle zwar nicht täglich in das Grundbuch eingetragen werden aber eine entsprechende Organisation der Belegablage eine zeitgerechte Erfassung derselben gewährleistet. Auch die Finanzverwaltung ordnet in Abschn. 29 Abs. 2 Nr. 2 EStR eine großzügige Auslegung des Begriffs „unverzüglich" an.

VI. Grundsätze ordnungsmäßiger Buchführung

Lediglich die Führung des Kassenbuchs muß täglich erfolgen. Dies folgt aus § 146 Abs. 1 Satz 2 AO, wonach Kasseneinnahmen und Kassenausgaben täglich festgehalten werden sollen. Eine ordnungsmäßige **Kassenbuchführung** ist nur dann gegeben, wenn die sog. **Kassensturzfähigkeit** vorliegt. D.h., die Kassenaufzeichnungen müssen so beschaffen sein, daß jederzeit der Sollbestand mit dem Istbestand verglichen werden kann.

180

Daß die Geschäftsvorfälle grundsätzlich **chronologisch** erfaßt werden müssen, folgt aus dem in § 239 Abs. 2 HGB verwandten Begriff „geordnet". Dieser Begriff ist an die Stelle des früher verwandten Tatbestandsmerkmals „der Zeitfolge nach" getreten. Durch den Begriff „geordnet" hat der Gesetzgeber auf das Erfordernis „der Zeitfolge nach" verzichtet, um die Speicherbuchführung zu ermöglichen (vgl. zu den Voraussetzungen einer ordnungsgemäßen Speicherbuchführung BdF-Schreiben vom 5.7.1978, BStBl I 1978, 250 Tz. 3). Hieraus kann jedoch nicht geschlossen werden, daß der Gesetzgeber auf eine chronologische Erfassung der Geschäftsvorfälle insgesamt habe verzichten wollen. Vielmehr muß unter „geordnet" eine sinnvolle zeitliche Ordnung verstanden werden und diese Ordnung ist grundsätzlich in einer Verbuchung nach zeitlicher Reihenfolge zu sehen.

181

5. Grundsatz der Klarheit

Inhaltlich besagt der **Grundsatz der Klarheit**, daß die einzelnen Geschäftsvorfälle und die im Inventar aufzunehmenden Positionen eindeutig bezeichnet und geordnet sein müssen. Der Grundsatz der Klarheit verlangt nach Verständlichkeit und Übersichtlichkeit. Damit erfordert der Grundsatz der Klarheit auch ein Verrechnungsverbot (s. § 246 Abs. 2 HGB).

182

Der Grundsatz der Klarheit ist im engen Zusammenhang mit dem Grundsatz der Wahrheit (Tz. 173 f.) zu sehen. Sie sind jedoch nicht identisch. Der Grundsatz der Klarheit ist formeller Natur, wohingegen der Grundsatz der Wahrheit weitestgehend materieller Natur ist, also den einzelnen Geschäftsvorfall inhaltlich erfaßt. Der Grundsatz der Klarheit ist in § 243 Abs. 2 HGB bzgl. des Jahresabschlusses besonders genannt. Ein derartiger konkreter gesetzlicher Hinweis in bezug auf die Buchführung und die Inventur findet man nicht. Dennoch wäre eine Schlußfolgerung, daß die Buchführung und das Inventar nicht klar geführt zu werden brauchen, verfehlt. Wie sich z.B. aus § 239 Abs. 2 HGB ergibt, müssen die Eintragungen in Büchern und die sonst erforderlichen Aufzeichnungen geordnet vorgenommen werden. Auch § 240 Abs. 1 HGB spricht den Grundsatz der Klar-

183

heit an, wenn bestimmt wird, daß im Inventar die Vermögensgegenstände genau zu verzeichnen sind und dabei die Werte der einzelnen Vermögensgegenstände und Schulden anzugeben sind. Darüber hinaus verlangt § 238 Abs. 1 Satz 2 HGB, daß die Buchführung so beschaffen sein muß, daß sie einem sachverständigen Dritten innerhalb angemessener Zeit einen Überblick über die Geschäftsvorfälle und über die Lage des Unternehmens vermitteln kann. Diesen gesetzlichen Forderungen ist aber nur dann Genüge getan, wenn die Buchführung klar und übersichtlich ist.

6. Unveränderbarkeit der Buchführung

184 § 239 Abs. 3 Satz 1 HGB stellt das Prinzip auf, daß eine Eintragung oder eine Aufzeichnung nicht in einer Weise verändert werden darf, daß der ursprüngliche Inhalt nicht mehr feststellbar ist. Nach Satz 2 des § 239 Abs. 3 HGB dürfen auch solche Veränderungen nicht vorgenommen werden, deren Beschaffenheit es ungewiß läßt, ob sie ursprünglich oder erst später gemacht worden sind (vgl. auch § 146 Abs. 4 AO). Es gilt mithin ein **Grundsatz der Unveränderbarkeit der Buchführung.**

185 Konkret bedeutet der Grundsatz der Unveränderbarkeit der Buchführung bei manueller Buchführung folgendes:
- Eintragungen dürfen weder durch Durchstreichen, Überkleben, Überschreiben, Auslöschen und dergleichen geändert werden.
- Nachträgliche Eintragungen dürfen nicht möglich sein; d.h., es sind alle Stellen, die der Regel nach zu beschreiben sind, auszufüllen. Zwischenräume dürfen nicht gelassen werden.
- Eintragungen sind mittels unverlöschlichen Schreibmaterials, wie z.B. Tinte, auszuführen. Das Schreibmaterial muß dabei so beschaffen sein, daß die Eintragung solange leserlich ist, bis die Aufbewahrungsfrist abgelaufen ist.

186 Im Rahmen der EDV-Buchführung besagt der Grundsatz der Unveränderbarkeit der Buchführung im einzelnen:
- Die Datenträger müssen gegen nachträgliche Einschreibungen, Veränderungen und Löschungen gesichert sein.
- Die Datenträger müssen so beschaffen sein, daß der Inhalt bis zum Ende der Aufbewahrungsfrist gesichert und abrufbar ist.

VI. Grundsätze ordnungsmäßiger Buchführung

Soweit der Steuerpflichtige eine **Fehlbuchung** vorgenommen hat, ist diese allein durch eine Stornobuchung zu egalisieren. Auch für die Stornobuchung gilt dabei der Grundsatz „Keine Buchung ohne Beleg". 187

7. Grundsatz der Wirtschaftlichkeit

Sowohl die Buchführung im engeren Sinn als auch die Inventur stehen unter dem **Grundsatz der Wirtschaftlichkeit**. Dieser Grundsatz einer ordnungsmäßigen Buchführung führt auf Seiten des Steuerpflichtigen zu einer Entlastung. So sieht das Gesetz in § 240 Abs. 3 und 4 und § 241 HGB Vereinfachungen bei der Inventur vor, die allein ihre Rechtfertigung in der Wirtschaftlichkeit und Praktikabilität haben. 188

Bezüglich der Buchführung ist zwar dem Gesetz selbst nicht der Grundsatz der Wirtschaftlichkeit zu entnehmen. Dieses Prinzip muß aber deshalb auch hier gelten, da ein Steuerpflichtiger seinen Betrieb ausnahmslos mit Gewinnerzielungsabsicht betreibt, denn ohne eine solche hat er auch keine Gewinneinkünfte. Wer jedoch eine Tätigkeit mit Gewinnerzielungsabsicht betreibt wird auch immer bestrebt sein im Rahmen des Erlaubten seine Buchführung nach wirtschaftlichen Gesichtspunkten zu erstellen und zu organisieren. 189

8. Ort der Buchführung

Ein Grundsatz ordnungsmäßiger Buchführung verlangt, daß der Ort der Buchführung grundsätzlich im Inland belegen sein muß. Eine derartige ausdrückliche Regelung enthält § 146 Abs. 2 AO, wonach Bücher und die sonst erforderlichen Aufzeichnungen im Geltungsbereich dieses Gesetzes zu führen und aufzubewahren sind. Das Handelsrecht kennt zwar keine entsprechende gesetzliche Vorschrift, da aber die Buchführung so beschaffen sein muß, daß sich daraus jederzeit die Lage des Vermögens ergibt, wird man auch handelsrechtlich verlangen müssen, daß die Buchführung nur dann ordnungsgemäß ist, wenn sie im Inland geführt wird. 190

Nach § 146 Abs. 2 AO steht dem Steuerpflichtigen aber eine freie Wahl des **Ortes der Buchführung** und Aufbewahrung zu, solange sich der Ort im Inland befindet. Der Ort der Buchführung und der Aufbewahrung braucht nicht mit dem Ort oder dem Sitz des Unternehmens identisch zu sein. 191

VII. Grundsätze ordnungsmäßiger Bilanzierung

1. Allgemeines

192 Einen Teilaspekt der Grundsätze ordnungsmäßiger Buchführung (Tz. 168 ff.) bilden die **Grundsätze ordnungsmäßiger Bilanzierung**. Sie werden besonders behandelt, da sie den Jahresabschluß, also die Bilanz, d.h. das Ergebnis von Buchführung und Inventur betreffen. Darüber hinaus ist der Jahresabschluß in vielen Fällen Dokumentation und Rechenschaftslegung für Dritte.

193 Nach der für alle Kaufleute geltenden Regelung des § 243 Abs. 1 HGB ist der Jahresabschluß nach den Grundsätzen ordnungsmäßiger Bilanzierung von allen Kaufleuten zu beachten. Auch die Kapitalgesellschaften müssen diese Bilanzierungsgrundsätze berücksichtigen. Zwar formuliert der Gesetzgeber in § 264 Abs. 2 Satz 1 HGB „der Jahresabschluß der Kapitalgesellschaft hat unter Beachtung der Grundsätze ordnungsmäßiger Buchführung ein den tatsächlichen Verhältnissen entsprechendes Bild der Vermögens-, Finanz- und Ertragslage der Kapitalgesellschaft zu vermitteln". U. E. kann aus dieser Formulierung keine abgemilderte Anwendung der Grundsätze ordnungsmäßiger Bilanzierung gefolgert werden.

194 Die Grundsätze ordnungsmäßiger Bilanzierung sind teilweise identisch mit den bereits unter Tz. 168 ff dargestellten Grundsätzen ordnungsmäßiger Buchführung. Sie haben jedoch im Rahmen des Jahresabschlusses eine andere Gewichtung. Auch bestehen einzelne besondere Grundsätze ordnungsmäßiger Bilanzierung.

2. Grundsatz der Wahrheit

195 Ebenso wie bei der Erfassung der einzelnen Geschäftsvorfälle (Buchführung im engeren Sinn) und der Inventur gilt auch beim Jahresabschluß der Grundsatz der Wahrheit. Jedoch bestehen bei der Bilanzaufstellung häufig Bilanzierungs- und Bewertungswahlrechte. Diese Wahlrechte kann der Steuerpflichtige grundsätzlich nach seinem freien Ermessen ausüben. Lediglich das Willkürverbot bildet eine Beschränkung der Ermessensausübung. Da der Jahresabschluß je nach Ausübung der Wahlrechte niemals absolut richtig (wahr) sein kann, sondern die Richtigkeit

VII. Grundsätze ordnungsmäßiger Bilanzierung

immer nur im Verhältnis zu den ausgeübten Wahlrechten beurteilt werden kann, ist es zutreffend vom **Grundsatz der relativen Bilanzwahrheit** zu sprechen.

3. Grundsatz der Klarheit

Auch die Aufstellung der Jahresbilanz muß dem **Grundsatz der Klarheit** Rechnung tragen. § 243 Abs. 2 HGB bestimmt ausdrücklich, daß der Jahresabschluß klar und übersichtlich sein muß. Der Grundsatz der Klarheit ist formeller Natur und betrifft nicht die inhaltliche Richtigkeit einer Bilanzposition. Dies ist eine Frage nach der Richtigkeit (Wahrheit) der Bilanz. Ein Jahresabschluß ist klar, wenn die einzelnen Positionen der Art nach eindeutig bezeichnet und geordnet sind und er insgesamt verständlich und übersichtlich ist. Besonderen Ausdruck hat der Grundsatz der Klarheit in den Vorschriften über die Bilanzgliederung gefunden (§ 266 HGB). 196

Ausfluß des Grundsatzes der Klarheit ist das **Saldierungsverbot (Verrechnungsverbot), § 246 Abs. 2 HGB.** Durch das Verbot der Verrechnung mehrerer Positionen miteinander wird ausgeschlossen, daß einzelne Posten durch Saldierung mit anderen Positionen verdeckt, also unklar, werden. 197

4. Grundsatz der Vollständigkeit

Gemäß § 246 Abs. 1 HGB hat der Jahresabschluß sämtliche Vermögensgegenstände, Schulden, Rechnungsabgrenzungsposten, Aufwendungen und Erträge zu enthalten, soweit nichts anderes bestimmt ist. Damit ist der **Grundsatz der Vollständigkeit** gemeint. In der Bilanz sind daher grundsätzlich alle betrieblich genutzten Vermögensgegenstände (Wirtschaftsgüter) zu erfassen, die dem Steuerpflichtigen am Bilanzstichtag zuzurechnen sind (vgl. § 39 AO). 198

5. Grundsatz der Vorsicht

Der **Grundsatz der Vorsicht** entspringt dem im Handelsrecht herrschenden Gedanken des Gläubigerschutzes. Er besagt, daß der Kaufmann bei der Beurteilung seiner Vermögens-, Finanz- und Ertragslage die drohenden Risiken stärker zu berücksichtigen habe, als mögliche Chancen. Schlagwortartig ausgedrückt verlangt das Handelsrecht, daß sich ein Kaufmann nicht reicher machen darf als er tatsächlich ist. Der Grundsatz der Vorsicht beschränkt sich weitgehend auf Fragen von Aktivierungsrechten, Passivierungspflichten und Bewertungsproblemen 199 (vgl. z.B. § 252 Abs. 1 Nr. 4 HGB). Demgemäß findet der Grundsatz der Vorsicht seinen Ausdruck insbesondere in dem Bewertungsgrundsatz des Imparitätsprinzips (Tz. 205 ff.) und in gewisser Weise auch im Niederstwertprinzip. Ebenso dürfte das Realisations- und Anschaffungskostenprinzip in diesem Zusammenhang zu sehen sein.

6. Grundsatz der formellen Bilanzkontinuität

200 Der **Grundsatz der formellen Bilanzkontinuität,** auch als formeller Bilanzenzusammenhang oder als Bilanzidentität bezeichnet, ist ganz besonders für das Steuerrecht von Bedeutung. Denn der Gewinn wird im Rahmen des Betriebsvermögensvergleichs dadurch ermittelt, daß das Betriebsvermögen am Ende eines Wirtschaftsjahrs mit dem Betriebsvermögen zu Beginn desselben Wirtschaftsjahrs verglichen wird. Um die Vollständigkeit der Gewinnbesteuerung zu gewährleisten (Erfassung des **Totalgewinns**), d.h. von Betriebsbeginn an bis zur Betriebsbeendigung, muß daher die Schlußbilanz eines Wirtschaftsjahrs mit der Anfangsbilanz des folgenden Wirtschaftsjahrs identisch sein. Dieses Erfordernis der Bilanzkontinuität ist mithin dann erfüllt, wenn die Positionen und Werte der Schlußbilanz eines Wirtschaftsjahrs mit den Positionen und Werten der Anfangsbilanz des folgenden Wirtschaftsjahrs völlig übereinstimmen. Für das Handelsrecht folgt dies aus § 252 Abs. 1 Nr. 1 HGB.

7. Grundsatz der materiellen Bilanzkontinuität

201 Vorrangig betrifft der **Grundsatz der materiellen Bilanzkontinuität** das Prinzip der **Bewertungsstetigkeit.** Dies besagt, wie § 252 Abs. 1 Nr. 6 HGB zu entnehmen ist, daß die auf den vorhergehenden Jahresabschluß angewandten Bewertungsmethoden und -regeln beibehalten werden sollen. Hierdurch wird gewährleistet, daß Bilanzen mehrerer Perioden miteinander verglichen werden können. Ferner ist dem Steuerpflichtigen dadurch die Möglichkeit genommen, durch einen (willkürlichen) Wechsel der Bewertungsmethoden Gewinnverschiebungen vornehmen zu können.

202 Ferner folgt aus dem Grundsatz der materiellen Bilanzkontinuität das Prinzip der **Wertstetigkeit.** Dieser Grundsatz besagt, daß ein Wirtschaftsgut, das einmal in der Bilanz aufgenommen worden ist, in der Folgebilanz nicht mit einem höheren Wert angesetzt werden darf. Dieses **Wertaufholungsverbot** hat jedoch heute

VII. Grundsätze ordnungsmäßiger Bilanzierung

sowohl handels- als auch steuerrechtlich kaum noch Bedeutung. Gemäß § 6 Abs. 1 Nr. 1 und 2 EStG sind Wertzuschreibungen möglich, insofern die Anschaffungs- oder Herstellungskosten nicht überschritten werden. Ebenfalls besteht im Handelsrecht die Möglichkeit (Wahlrecht) einer Wertaufholung (§ 254 Abs. 5 HGB). Für Kapitalgesellschaften gilt nach § 280 Abs. 1 sogar grundsätzlich ein Wertaufholungsgebot.

8. Realisationsprinzip

Das **Realisationsprinzip** besagt, daß nur realisierte, also verwirklichte Gewinne im Jahresabschluß ausgewiesen werden dürfen. Dies schreibt ausdrücklich § 252 Abs. 1 Nr 4 letzter Teilsatz HGB vor. Dabei gelten Gewinne allgemeinhin erst dann als realisiert, wenn die eigene Leistung erbracht ist und der Geschäftspartner sie abgenommen hat. Wegen Einzelheiten zur Gewinnbesteuerung siehe unten unter Abschnitt X (Tz. 277 ff.). 203

Beispiel:
A schließt mit dem Steuerpflichtigen B einen Kaufvertrag über den Erwerb eines LKW in Höhe von 100 000 DM ab. B hatte diesen LKW hergestellt und gemäß § 6 Abs. 1 Nr. 2 als Umlaufvermögen mit den Herstellungskosten in Höhe von 80 000 DM aktiviert. Dieses Geschäft, daß mit Abschluß des Kaufvertrags von keiner Seite erfüllt ist, bewirkt weder bei A noch bei B eine Vermögensänderung. Es handelt sich um ein **schwebendes Geschäft,** das, da Rechte und Pflichten dieses Geschäfts gleichwertig gegenüberstehen, nicht bilanziert wird. Übergibt jedoch B an A den LKW, so tritt nunmehr bei B eine Gewinnrealisierung ein. Entweder erhält er im direkten Gegenzug den Kaufpreis von 100 000 DM oder aber er erhält zumindest aufgrund des Kaufvertrages gegen A eine Forderung in Höhe dieses Betrags.

Sinn und Zweck des Realisationsprinzips ist vornehmlich im Gläubigerschutz zu sehen. Durch diesen Grundsatz ist es dem Steuerpflichtigen verwehrt, noch nicht vorhandene Gewinne auszuweisen und sodann überhöhte Gewinnausschüttungen zu bewirken. Ebenso ist es dem Steuerpflichtigen nicht möglich, Gewinne willkürlich zu verlagern und damit eine vorzeitige Besteuerung herbeizuführen, die gegebenenfalls zu Steuervorteilen führen kann. 204

9. Imparitätsprinzip

Nach § 252 Abs. 1 Nr. 4 HGB ist vorsichtig zu bewerten, namentlich sind alle vorhersehbaren Risiken und Verluste, die bis zum Abschlußstichtag entstanden sind, zu berücksichtigen. Hieraus folgt, daß im Gegensatz zu nicht realisierten 205

Gewinnen nicht realisierte Verluste zu berücksichtigen sind. Dieser Grundsatz (**Imparitätsprinzip**) ist auch anderen Regelungen zu entnehmen:
- Bei Anlagegütern sind bei einer voraussichtlich dauernden Wertminderung außerplanmäßige Abschreibungen vorzunehmen (§ 253 Abs. 2 HGB).
- Bei Umlaufgütern ist ein niedrigerer Zeitwert anzusetzen, oder es dürfen Abschreibungen vorgenommen werden, um zu verhindern, daß in der nächsten Zukunft der Wertansatz dieser Umlaufgüter auf Grund von Wertschwankungen geändert werden muß (§ 253 Abs. 3 HGB).
- Bei drohenden Verlusten aus schwebenden Geschäften sind Rückstellungen zu bilden (§ 249 Abs. 1 Satz 1 HGB).

206 Ebenso wie beim Realisationsprinzip ist **Sinn und Zweck** des Imparitätsprinzips sowohl der Gläubigerschutz als auch die Verhinderung einer willkürlichen Gewinnverlagerung (Tz. 204).

207 **Voraussetzung** für den Ausweis nicht realisierter Verluste ist aber, daß der Verlust sich konkretisiert hat. Es genügt nicht das Vorhandensein allgemeiner Risiken (z.B. politische Ungewißheiten) oder rein subjektiv für möglich gehaltene in der Zukunft befürchtete Verluste.

10. Grundsatz der Periodenabgrenzung

208 Im Steuerrecht soll zwar letztendlich der Totalgewinn besteuert werden, also der Gewinn den ein Steuerpflichtiger vom Beginn bis Ende seines Unternehmens erwirtschaftet. Da das Einkommensteuerrecht sich jedoch des Mittels der Abschnittsbesteuerung bedient (s. § 4 EStG, Ermittlung des Gewinns eines Wirtschaftsjahrs) ist es notwendig, Geschäftsvorfälle den Abschnitten zuzuordnen, zu denen sie wirtschaftlich gehören. Eine derartige periodengerechte Zuordnung verlangt auch das Handelsrecht, da gemäß § 242 Abs. 2 HGB durch den Jahresabschluß der Gewinn eines jeden Geschäftsjahrs festgestellt werden soll. Dies zu gewährleisten ist Aufgabe des **Grundsatzes der Periodenabgrenzung,** der damit letztlich dem Vollständigkeitsgebot (Tz. 198) und dem Grundsatz der Bilanzwahrheit (Tz. 195) dient.

209 Die **Rechtsgrundlage** der Periodenabgrenzung findet sich in § 252 Abs. 1 Nr. 5 HGB. Danach sind Aufwendungen und Erträge des Geschäftsjahrs unabhängig von den Zeitpunkten der entsprechenden Zahlungen im Jahresabschluß zu berücksichtigen. Damit wird für die periodengerechte Abgrenzung auf die Verur-

VII. Grundsätze ordnungsmäßiger Bilanzierung

sachung des Geschäftsvorfalls abgestellt. Sofern Aufwendungen oder Erträge verausgabt bzw. vereinnahmt worden sind, obgleich sie ursächlich einer anderen Periode zuzurechnen sind, sind bilanzielle Korrekturmittel die Rechnungsabgrenzungsposten (§ 250 HGB).

11. Stichtagsprinzip

Für die Bilanzierung sind die am Bilanzstichtag vorliegenden Verhältnisse maßgeblich, die sich nach dem subjektiven Erkenntnisstand eines sorgfältigen Kaufmanns bei fristgerechter Bilanzaufstellung ergeben. Dies ist für die Bewertung, also der Bilanzierung der Höhe nach, ausdrücklich in § 252 Abs. 1 Nr. 3 und 4 HGB vorgeschrieben; gilt aber auch für die Bilanzierung dem Grunde nach. Die Frage, ob z.B. ein Wirtschaftsgut zu aktivieren ist, d.h. z.B. dem Steuerpflichtigen zuzurechnen ist, ist allein nach den Verhältnissen des Bilanzstichtages zu beurteilen.

210

VIII. Aktivierung

1. Allgemeines

211 Nach § 242 Abs. 1 HGB hat der Kaufmann regelmäßig einen das Verhältnis seines Vermögens (Aktiva) und seiner Schulden (Passiva) darstellenden Abschluß und damit eine Bilanz aufzustellen. Wie der für das Steuerrecht nicht bindenden Bilanzgliederung des § 266 HGB zu entnehmen ist, ist die Bilanz in Kontenform mit einer Aktiv- und einer Passivseite aufzustellen. Gemäß § 266 Abs. 2 HGB ist das Anlagevermögen, das Umlaufvermögen und die aktiven Rechnungsabgrenzungsposten auf der Aktivseite auszuweisen. Werden derartige Positionen auf der Aktivseite ausgewiesen, liegt **begrifflich** eine Aktivierung vor.

212 Der **Maßgeblichkeitsgrundsatz** (Tz. 160 ff.) wirkt sich im Rahmen der Aktivierung dahingehend aus, daß eine Bindung des Steuerrechts an das Handelsrecht nur im Hinblick auf handelsrechtliche Aktivierungsverbote besteht (BFH-Beschluß vom 3.2.1969, BStBl II 1969, 291, 293).

213 Die **Wirkung** einer Aktivierung, d.h. die Auswirkung auf das Kapitalkonto (Eigenkapital), kann unterschiedlicher Natur sein. Sie kann einerseits erfolgsneutral (z.B. Barkauf einer Maschine) oder andererseits erfolgswirksam sein. Erfolgswirksam ist eine Aktivierung dann, wenn sie eine Eigenkapitalmehrung und damit eine Gewinnrealisierung begründet, wie z.B. der Barverkauf von Waren zu einem Preis, der über den Anschaffungs- bzw. Herstellungskosten liegt.

214 **Voraussetzung** für eine Aktivierung ist:
- daß am Bilanzstichtag ein aktivierungsfähiges Wirtschaftsgut vorhanden ist (Tz. 215),
- dieses Wirtschaftsgut dem Steuerpflichtigen zuzurechnen ist (Tz. 222) und
- ferner kein Aktivierungsverbot eingreift (Tz. 224).

2. Wirtschaftsgut

215 Für die Bestimmung des **Begriffs** des Wirtschaftsguts sind neben zivilrechtlichen in erster Linie wirtschaftliche Gesichtspunkte maßgebend (BFH-Urteil vom

VIII. Aktivierung

12.4.1984, BStBl II 1984, 554). Als Wirtschaftsgut begreift die Rechtsprechung danach alle im wirtschaftlichen Verkehr nach den Gegebenheiten des Wirtschaftslebens und nach der Verkehrsanschauung selbständig bewertbare Güter jeder Art. Als Wirtschaftsgüter kommen danach nicht nur Sachen und Rechte in Betracht, sondern auch tatsächliche Zustände, konkrete Möglichkeiten, Chancen und Vorteile für den Betrieb, deren Erlangung sich der Kaufmann etwas kosten läßt und die nach der Verkehrsauffassung einer selbständigen Bewertung zugänglich sind und in der Regel einen Nutzen für mehrere Wirtschaftsjahre erbringen (BFH-Urteil vom 13.9.1988, BStBl II 1989, 37).

Ob die Voraussetzung der **selbständigen Bewertungsfähigkeit** gegeben ist, richtet sich danach, ob ein Erwerber des ganzen Unternehmens in dem vermögenswerten Vorteil einen greifbaren Wert sehen würde, für den er im Rahmen des Gesamtkaufpreises ein besonderes Entgelt ansetzen würde (BFH-Urteil vom 9.7.1986, BStBl II 1987, 14). 216

Wirtschaftsgüter können sowohl **materieller** als auch **immaterieller** Natur sein. Materielle, also körperlich faßbare Wirtschaftsgüter sind Sachen im Sinne von § 90 BGB, wie beispielsweise Gebäude, Maschinen und Waren. Immaterielle Wirtschaftsgüter sind hingegen Rechte, wie z.B. Urheberrechte und gewerbliche Schutzrechte, Rechte aus Wettbewerbsverboten, Belieferungsrechte, Nutzungsrechte (nicht aber bloße Nutzungsvorteile) und der Geschäfts- und Praxiswert. 217

Wirtschaftsgüter können sowohl **beweglich** als auch **unbeweglich** sein. Bewegliche Wirtschaftsgüter sind vornehmlich alle beweglichen Sachen oder Scheinbestandteile im Sinne von § 95 BGB. Abweichend von der zivilrechtlichen Beurteilung können aber auch wesentliche Bestandteile eines Gebäudes, die zivilrechtlich als unbeweglich gelten, als beweglich zu qualifizieren sein, wenn sie Betriebsvorrichtungen sind. Die Unterscheidung beweglich/unbeweglich betrifft nur materielle Wirtschaftsgüter. Immaterielle Wirtschaftsgüter sind weder beweglich noch unbeweglich. 218

Ferner können Wirtschaftsgüter sowohl **abnutzbar** als auch **nichtabnutzbar** sein. Abnutzbar ist ein Wirtschaftsgut, wenn sich seine Nutzung oder Verwendung durch den Steuerpflichtigen infolge wirtschaftlichen oder technischen Wertverzehrs erfahrungsgemäß auf einen begrenzten Zeitraum erstreckt. Demgemäß sind nichtabnutzbare Wirtschaftsgüter z.B. der Grund und Boden, Geldforderungen, Anteile an Kapitalgesellschaften, Wertpapiere und der Wald. Abnutzbare 219

Wirtschaftsgüter stellen hingegen Gebäude, Geschäftswert, Maschinen, Kraftfahrzeuge, Büroeinrichtungen usw. dar.

220 Weiterhin unterscheidet man zwischen Wirtschaftsgütern des **Anlagevermögens** und Wirtschaftsgüter des **Umlaufvermögens**. Zum Anlagevermögen gehören alle Wirtschaftsgüter, die am Bilanzstichtag dazu bestimmt sind, dem Betrieb dauernd zu dienen, wie beispielsweise Produktionsmaschinen (§ 247 Abs. 2 HGB; BFH-Urteil vom 5.2.1987, BStBl II 1987, 448, 450). In Abgrenzung hierzu besteht das Umlaufvermögen aus den Wirtschaftsgütern, die bestimmungsgemäß fortlaufend dem Verbrauch, dem Wechsel und der Veräußerung unterliegen. Zu nennen sind Waren, Roh-, Betriebs- und Hilfsstoffe.

221 Darüber hinaus kennt das Steuerrecht noch sog. **kurzlebige Wirtschaftsgüter.** Hierbei handelt es sich um Wirtschaftsgüter, deren Nutzungsdauer weniger als ein Jahr beträgt. Sie sind nicht zu aktivieren. Nicht zu verwechseln mit den kurzlebigen Wirtschaftsgütern sind die **geringwertigen Wirtschaftsgüter** im Sinne des § 6 Abs. 2 EStG. Um derartige Wirtschaftsgüter handelt es sich, wenn die Anschaffungs- oder Herstellungskosten, vermindert um einen darin enthaltenen Vorsteuerabzug 800 DM nicht übersteigen.

3. Zurechnung der Wirtschaftsgüter

222 Weitere Voraussetzung für die Aktivierung eines Wirtschaftsguts ist, daß es dem Steuerpflichtigen, der es in seiner Bilanz aktivieren will, **zuzurechnen** ist. Handelsrechtlich ergibt sich dieses Erfordernis aus den §§ 240, 242 Abs. 1 HGB, wonach der Kaufmann nur „seine" Vermögensgegenstände (Wirtschaftsgüter) aktivieren darf bzw. muß. Im Steuerrecht ist § 39 AO einschlägig. Danach sind Wirtschaftsgüter dem Betriebsvermögen des Steuerpflichtigen zuzurechnen, wenn sie sich entweder in seinem zivilrechtlichen oder in seinem wirtschaftlichen Eigentum befinden (BFH-Urteil vom 3.8.1988, BStBl II 1989, 21).

223 Die Zurechnung von Wirtschaftsgütern kann unter anderem in folgenden Fällen problematisch sein: Versendungskauf; Treuhandgüter; Sicherungsgüter; Kommissionsgüter; Wirtschaftsgüter, die unter Eigentumsvorbehalt veräußert werden; Wirtschaftsgüter, die Gegenstand einer Mietkaufvereinbarung sind; Nießbrauchsvorbehalt; Leasinggeschäfte und Erstellung eines Gebäudes auf fremden Grund und Boden.

4. Aktivierungsverbot

Sofern ein Aktivierungsverbot besteht, ist eine Aktivierung zu unterlassen, selbst wenn die anderen positiven Voraussetzungen gegeben sind. Ein **Aktivierungsverbot** ist in § 5 Abs. 2 EStG niedergelegt. Danach sind immaterielle Wirtschaftsgüter des Anlagevermögens nur zu aktivieren, wenn sie entgeltlich erworben wurden. D.h., unentgeltlich erworbene oder selbstgeschaffene immaterielle Wirtschaftsgüter dürfen nicht in der Bilanz angesetzt werden. Ferner kann sich ein Aktivierungsverbot nach den Grundsätzen ordnungsmäßiger Buchführung ergeben, wie dies z.B. der Fall bei der Bilanzierung schwebender Geschäfte ist.

224

5. Aktive Rechnungsabgrenzung

Gemäß § 5 Abs. 5 Satz 1 Nr. 1 EStG sind als Rechnungsabgrenzungsposten auf der Aktivseite nur Ausgaben vor dem Abschlußstichtag, soweit sie Aufwand für eine bestimmte Zeit nach diesem Tag darstellen anzusetzen. Sinn und Zweck dieses Rechnungsabgrenzungspostens ist eine zeitraumrichtige Periodenabgrenzung (s. Tz. 208 f.). Obgleich die Rechnungsabgrenzungsposten keine Wirtschaftsgüter sind, sind sie auf der Aktivseite der Bilanz anzusetzen. Dies ergibt sich steuerrechtlich aus § 5 Abs. 5 Satz 1 Nr. 1 EStG. Diese Vorschrift enthält ein steuerrechtliches Aktivierungsgebot.

225

Voraussetzungen: Wie der Definition des aktiven Rechnungsabgrenzungspostens in § 5 Abs. 5 Satz 1 Nr. 1 EStG zu entnehmen ist, muß der Steuerpflichtige im Wirtschaftsjahr der Bildung des Rechnungsabgrenzungspostens Ausgaben getätigt haben, er muß also in der Regel Bargeldzahlungen geleistet haben. Diese Ausgaben müssen sich als Aufwand für eine bestimmte Zeit nach dem Bilanzstichtag darstellen. Ob dies der Fall ist, ist im allgemeinen danach zu entscheiden, ob der wirtschaftliche Grund der Ausgaben in der Vergangenheit oder in der Zukunft liegt, insbesondere, ob die Ausgaben durch im abgelaufenen Wirtschaftsjahr empfangene oder durch künftig zu erwartende Gegenleistungen wirtschaftlich verursacht sind.

226

Beispiel:
A hat von B ein Betriebsgebäude angemietet. Die Miete hat A halbjährlich im Voraus zu zahlen. Daher zahlt A Ende Juni und Ende Dezember eines jeden Jahres die entsprechenden Mietzinsbeträge. Die Miete, die A jeweils im Dezember an B zahlt ist zwar Ausgabe dieses Jahres aber Aufwand (Gegenleistung) für die Anmietung des Gebäudes im Folgejahr. A muß hier also einen aktiven Rechnungsabgrenzungsposten in Höhe der Mietvorauszahlung bilden.

227 Die **Wirkung** eines aktiven Rechnungsabgrenzungspostens besteht darin, dies verdeutlicht das vorstehende Beispiel, daß Ausgaben, die sich vermögensmindernd auswirken, neutralisiert werden und mithin solange keine Gewinnauswirkung erzeugen bis der Rechnungsabgrenzungsposten aufgelöst wird.

228 Die **Höhe** und die **Auflösung** eines aktiven Rechnungsabgrenzungspostens richtet sich nicht nach den ertragsteuerrechtlichen Bewertungsvorschriften (§ 6 EStG), sondern ausschließlich danach, welchen Wert die noch ausstehende Gegenleistung hat (BFH-Urteil vom 12.7.1984, BStBl II 1984, 713).

6. Zölle und Verbrauchsteuern

229 Ein weiteres Aktivierungsgebot enthält § 5 Abs. 5 Satz 2 Nr. 1 EStG. Nach dieser Regelung sind auf der Aktivseite die als Aufwand berücksichtigten **Zölle** und **Verbrauchsteuern,** soweit sie auf am Abschlußstichtag auszuweisende Wirtschaftsgüter des Vorratsvermögens entfallen, auszuweisen. Das Aktivierungsgebot bezieht sich mithin nur auf Wirtschaftsgüter des Umlaufvermögens und hier nur auf die Vorratsgüter.

230 Handelsrechtlich wurden Zölle und Verbrauchsteuern nach h.M. als Teil der Herstellungskosten der Produkte behandelt. Bei dieser Handhabung führte die Zahlung von Zöllen und Verbrauchsteuern nicht zu einer Gewinnminderung, da die Ausgabe durch die Aktivierung als Teil der Herstellungskosten der Produkte neutralisiert wurde. Diese Aktivierung führt zu dem wirtschaftlich sinnvollen Ergebnis, daß die Abgaben in dem Wirtschaftsjahr als Aufwand wirken, in dem der Hersteller das belastete Produkt veräußert und die im Preis einkalkulierte Abgabe vom Abnehmer vergütet erhält. Der BFH folgte dieser handelsrechtlichen Beurteilung nicht und lehnte im Urteil vom 26.2.1975 (BStBl II 1976, 13) sowohl die Aktivierung von gezahlten Zöllen und Verbrauchsteuern als Herstellungskosten als auch als Rechnungsabgrenzungsposten ab. Da durch diese Rechtsprechung erhebliche Steuerausfälle befürchtet wurden, schuf der Gesetzgeber mit § 5 Abs. 5 Satz 2 Nr. 1 EStG für diese Fälle ein Aktivierungsgebot.

231 **Zölle** sind Abgaben, die nach Maßgabe des Zolltarifs (§ 21 Abs. 1 ZollG) von der Warenbewegung über die Zollgrenze erhoben werden (BFH-Urteil vom 12.2.1970, BStBl II 1970, 246, 250).

232 **Verbrauchsteuern** entstehen regelmäßig
- durch den tatsächlichen Übergang der mit der Verbrauchsteuer belasteten Ware aus dem Herstellungsbereich in den freien Verkehr,

VIII. Aktivierung 87

- durch Verbrauch der belasteten Ware im Betrieb und
- durch Einfuhr der belasteten Ware.

Verbrauchsteuern werden erhoben bei Branntwein, Bier, Kaffee, Tee, Leuchtmitteln, Mineralöl, Salz, Schaumwein, Tabak und Zucker.

7. Umsatzsteuer auf Anzahlungen

Ein weiteres Aktivierungsgebot stellt § 5 Abs. 5 Satz 2 Nr. 2 EStG auf. Diese Norm schreibt vor, daß auf der Aktivseite als Aufwand berücksichtigte Umsatzsteuer auf am Abschlußstichtag auszuweisende Anzahlungen auszuweisen ist. Diese Regelung ist nur von Bedeutung für die Umsatzsteuer auf erhaltene Anzahlungen, d.h., betroffen ist nur der Steuerpflichtige der eine **Anzahlung** empfängt, wie z.B. Lieferanten. 233

Ob und in welchem **Umfang** Umsatzsteuern auf Anzahlungen entfallen, richtet sich nach dem UStG. Dabei ist besonders § 13 Abs. 1 Nr. 1 a Sätze 4 und 5 UStG zu beachten. Diese Bestimmung unterwirft Anzahlungen ab 10 000 DM bei Besteuerung nach vereinbarten Entgelten bereits mit dem Zahlungsvorgang der Umsatzsteuer (Mindest-Ist-Besteuerung). 234

Hintergrund dieser gesetzlichen Regelung ist folgendes: Der BFH hatte mit Urteil vom 26.6.1979 (BStBl II 1979, 625) entschieden, daß für Fälle der Umsatzbesteuerung nach vereinnahmten Entgelten, eine erhaltene Anzahlung zwar einschließlich der Umsatzsteuer zu passivieren sei, die an das Finanzamt abgeführte Umsatzsteuer aber nicht aktiviert werden durfte. Diese Rechtsprechung wirkte sich gewinnmindernd aus, da die erhöhte Passivierung nicht durch eine entsprechende Aktivierung neutralisiert werden konnte. Um Steuerausfälle zu vermeiden schuf der Gesetzgeber das Aktivierungsgebot des § 5 Abs. 5 Satz 2 Nr. 2 EStG. 235

Der gebildete aktivische Abgrenzungsposten ist **aufzulösen,** wenn und insoweit die Voraussetzungen für seine Bildung wegfallen. Dies ist dann der Fall, wenn der Passivposten „erhaltene Anzahlung" wegen Gewinnverwirklichung, z.B. weil der Anzahlungsempfänger die Ware geliefert hat, aufzulösen ist. 236

8. Bilanzierungshilfen

Handelsrechtlich können ferner noch sog. **Bilanzierungshilfen** aktiviert werden (vgl. §§ 269, 274 Abs. 2 HGB); d.h., es kann ein Aktivposten gebildet werden, 237 um die sofortige gewinnmindernde Wirkung eines hohen Aufwandes zu vermeiden. Hinsichtlich der Bilanzierungshilfen ist es jedoch höchst fraglich, ob sie überhaupt in der Steuerbilanz angesetzt werden dürfen. Die h.M. verneint einen Ansatz (s. Schmidt, EStG 9. Aufl. 1990, § 5 Anm. 12 b).

IX. Passivierung

1. Allgemeines

Nach § 242 Abs. 1 HGB hat der Kaufmann regelmäßig einen das Verhältnis seines Vermögens und seiner Schulden darstellenden Abschluß aufzustellen. Dies ist die Handelsbilanz, die für die Steuerbilanz maßgebend ist (Tz. 160 ff.). Auf der Passivseite der Bilanz sind die **Schulden** auszuweisen. Dabei ist der Begriff der Schulden der Oberbegriff für Verbindlichkeiten und Rückstellungen. Neben diesen beiden Bilanzposten sind noch das Eigenkapital und die passivischen Rechnungsabgrenzungsposten zu passivieren (s. § 246 Abs. 1 und § 266 Abs. 3 HGB). 238

Die **Wirkung** einer Passivierung kann ebenso wie bei der Aktivierung erfolgsneutral oder erfolgswirksam sein. Erfolgsneutral ist eine Passivierung, wenn durch sie eine Mehrung der Aktiven oder eine Minderung anderer Passiven ausgeglichen wird; beispielsweise beim Erwerb eines Betriebspersonenkraftwagens (Mehrung der Aktiven) auf Kredit. Eine Passivierung ist aber dann erfolgswirksam, wenn sie das Eigenkapital verringert, z.B. bei der Bildung von Rückstellungen für Patentverletzungen. 239

Voraussetzungen für eine Passivierung sind: 240

- Es muß eine Verbindlichkeit bestehen bzw. es muß eine Rückstellung geboten sein.
- Die Schulden (Verbindlichkeit oder Rückstellung) müssen Betriebsschulden sein (BFH-Urteil vom 18.12.1984, BStBl II 1985, 327) und
- ferner darf kein Passivierungsverbot eingreifen.

Obgleich passive **Wertberichtigungen** auf der Passivseite der Bilanz angesetzt werden, handelt es sich nicht um eine eigentliche Passivierung. Sie stellen nur Korrekturposten von Wertansätzen von Aktivposten des Anlagevermögens oder des Umlaufvermögens dar. Handelsrechtlich ist eine passive Wertberichtigung grundsätzlich unzulässig, wie sich schon aus der Bilanzgliederung des § 266 Abs. 3 HGB ergibt. Steuerrechtlich wird sie jedoch üblicherweise angewandt, z.B. bei der Abschreibung von Forderungen. 241

Beispiel:
A hat gegen B eine Forderung in Höhe von 100 000 DM. Diese aktiviert A zutreffend in seiner Bilanz mit 100 000 DM. Im Folgejahr wird B zahlungsunfähig und die Forderung hat nur noch einen Teilwert von 20 000 DM. A weist weiterhin auf der Aktivseite die Forderung gegen B mit 100 000 DM aus. Die Wertminderung der Forderung um 80 000 DM bringt A dadurch zum Ausdruck, daß er einen Wertberichtigungsposten in Höhe von 80 000 DM auf der Passivseite ausweist.

242 Der **Maßgeblichkeitsgrundsatz** (s. Tz. 160 ff.) hat auf die Passivierung die Auswirkung, daß vorbehaltlich steuerrechtlicher Sondervorschriften nur das in der Steuerbilanz passiviert werden darf und muß, was handelsrechtlich passivierungspflichtig ist. Ein handelsrechtliches Passivierungswahlrecht ist steuerrechtlich insoweit unerheblich (BFH-Beschluß vom 3.2.1969, BStBl II 1969, 291, 293). Besteht ein einkommensteuerrechtliches Passivierungswahlrecht, so ist dieses in Übereinstimmung mit der handelsrechtlichen Jahresbilanz auszuüben (§ 5 Abs. 1 Satz 2 EStG).

2. Verbindlichkeiten

243 Der bilanzrechtliche **Begriff** der Verbindlichkeit ist bis ins letzte nicht ganz geklärt (s. dazu Schmidt, EStG 9. Aufl. 1990, § 5 Anm. 36 b). Unstreitig liegt jedoch eine Verbindlichkeit vor, wenn eine rechtliche oder wirtschaftliche, erzwingbare, nach Grund und Höhe feststehende Verpflichtung zu einer Leistung besteht. Die Leistung kann dabei in einer Geldzahlung oder in einem bestimmten Tun wie z.B. einer Lieferung bestehen.

244 Eine Verbindlichkeit ist nur in der Bilanz auszuweisen, wenn es sich um eine betriebliche Verbindlichkeit handelt und eben keine Privatschuld gegeben ist. Ob eine **Betriebsschuld** vorliegt, bestimmt sich danach, ob der Grund für die Eingehung der Verbindlichkeit betrieblich veranlaßt war. So ist z.B. die Anschaffung einer Büroeinrichtung betrieblich veranlaßt. Wird dieser Anschaffungsvorgang durch Aufnahme eines Kredits finanziert, so ist dieser Kredit eine Betriebsschuld, die passiviert werden muß.

245 Ist eine betriebliche Verbindlichkeit gegeben, die am Bilanzstichtag dem Grunde und der Höhe nach entstanden ist, so ist sie grundsätzlich zu passivieren. Es spielt dabei keine Rolle, ob die Verbindlichkeit fällig ist. Dies folgt aus dem Grundsatz der Vollständigkeit (Tz. 198). Dieser Grundsatz ordnungsmäßiger Bilanzierung fordert auch eine Passivierung der Verbindlichkeit unabhängig davon, ob Zweifel

IX. Passivierung

an der tatsächlichen Inanspruchnahme bestehen. Die Untersagung einer Passivierung aufgrund eines **Passivierungsverbots** ist nicht häufig. So sind Verbindlichkeiten aus schwebenden Geschäften nicht zu passivieren, es sei denn, daß Vorleistungen erbracht sind, wie z.b. erhaltene Anzahlungen, oder Erfüllungsrückstände bestehen (BFH-Urteil vom 7.6.1988, BStBl II 1988, 886; Abschn. 31 c Abs. 9 EStR). Eine Passivierung ist ferner unzulässig, wenn eine Verbindlichkeit besteht, die, obschon noch nicht verjährt, mit an Sicherheit grenzender Wahrscheinlichkeit nicht erfüllt werden muß (BFH-Urteil vom 22.11.1988, BStBl II 1989, 359).

Bei der Frage, ob eine Verbindlichkeit zu passivieren ist oder nicht, sind folgende Einzelfälle von Bedeutung: 246

- Verjährte Schulden. Sie sind grundsätzlich nicht zu passivieren.
- Aufschiebend bedingte Verbindlichkeiten, z.B. aus Bürgschaften. Sie sind nur dann zu passivieren, wenn eine Inanspruchnahme wahrscheinlich ist.
- Auflösend bedingte Verbindlichkeiten sind als Verbindlichkeiten auszuweisen (BFH-Urteil vom 14.3.1986, BStBl II 1986, 669, 671), denn sie sind als Verpflichtung dem Grunde und der Höhe nach feststehend.
- Verbindlichkeiten, die aus künftigen Gewinnen zu tilgen sind, sind nicht zu passivieren. Sie sind, bevor nicht solche Gewinne entstanden sind, nicht erzwingbar.
- Erhaltene Anzahlungen sind schuldrechtlich Vorleistungen des anderen Vertragspartners in bezug auf eine vom Anzahlungsempfänger noch zu erbringende Leistung. Die erhaltenen Anzahlungen sind als Verbindlichkeit zu passivieren.
- Erfüllungsrückstände aus schwebenden Verträgen werden von dem Bilanzierungsverbot bzgl. schwebender Geschäfte nicht berührt. Sie sind als Verbindlichkeiten zu passivieren. Ein Beispielsfall für einen Erfüllungsrückstand findet sich im BFH-Urteil vom 5.2.1987 (BStBl II 1987, 845, 846).

3. Rückstellungen

a) Allgemeines

Der **Begriff** Rückstellung ist weder im Steuerrecht noch im Handelsrecht definiert. Vereinfacht wird man den Begriff dahingehend zu verstehen haben, daß ein Teil des Eigenkapitals (bilanziell) zurückgehalten (zurückgestellt) wird und über   247 den Ausweis als Rückstellung dem Fremdkapital zugeordnet wird. Damit wird insbesondere dem Vorsichtsgrundsatz (Tz. 199) Rechnung getragen.

248 Das EStG kennt nur wenige spezielle Rückstellungsvorschriften. So dürfen zum einen nach § 5 Abs. 3 EStG unter bestimmten Voraussetzungen für Patentverletzungen und ähnliches, nach § 5 Abs. 4 EStG für Jubiläumszusagen und zum anderen nach § 6 a EStG für Pensionsverpflichtungen Rückstellungen gebildet werden. Darüber hinaus ist die Rückstellungsbildung in der Steuerbilanz vom **Maßgeblichkeitsgrundsatz** abhängig; d.h., soweit eine handelsrechtliche Pflicht zu Bildung einer Rückstellung besteht, muß auch in der Steuerbilanz eine solche ausgewiesen werden. Gesteht das Handelsrecht dem Kaufmann ein Wahlrecht zu, so führt dies zu einem steuerrechtlichen Passivierungsverbot.

249 Nach § 249 Abs. 1 Sätze 1 und 2 HGB sind in der Handelsbilanz und damit auch in der Steuerbilanz folgende Rückstellungen zu bilden **(Passivierungsgebote):**

- Rückstellungen für ungewisse Verbindlichkeiten, § 249 Abs. 1 Satz 1 HGB (Tz. 252 ff.),
- Rückstellungen für drohende Verluste aus schwebenden Geschäften, § 249 Abs. 1 Satz 1 HGB (Tz. 254 ff),
- Rückstellungen für im Geschäftsjahr unterlassene Aufwendungen für Instandhaltung, die im folgenden Geschäftsjahr innerhalb von drei Monaten nachgeholt werden, § 249 Abs. 1 Satz 2 Nr. 1 HGB (Tz. 258 f.),
- Rückstellungen für im Geschäftsjahr unterlassene Aufwendungen für Abraumbeseitigung, die im folgenden Geschäftsjahr nachgeholt werden, § 249 Abs. 1 Satz 2 Nr. 1 (Tz. 260 ff.) und
- Rückstellungen für Gewährleistungen, die ohne rechtliche Verpflichtung erbracht werden, § 249 Abs. 1 Satz 2 Nr. 2 HGB (Tz. 263).

250 Nachfolgend aufgeführte handelsrechtlich wahlweise zulässigen Rückstellungsbildungen haben steuerrechtlich ein **Passivierungsverbot** zur Folge:

- Rückstellungen für unterlassene Aufwendungen für Instandhaltung, auch wenn die Instandhaltung erst nach Ablauf der in § 249 Abs. 1 Satz 2 Nr. 1 HGB vorgeschriebenen Dreimonatsfrist nachgeholt wird (§ 249 Abs. 1 Satz 3 HGB),
- Aufwandsrückstellungen im Sinne von § 249 Abs. 2 HGB. Diese Vorschrift greift vornehmlich bei Großreparaturen ein,

IX. Passivierung

- Rückstellungen für mittelbare Pensionsverpflichtungen und ähnliche unmittelbare oder mittelbare Verpflichtungen im Sinne von Art. 28 Abs. 1 Satz 2 EGHGB und
- Rückstellungen für latente Steuern gemäß § 274 Abs. 1 HGB. Diese Vorschrift gilt aber nicht für alle Kaufleute, sondern nur für Kapitalgesellschaften. Zwar besteht insoweit ein handelsrechtliches Passivierunggebot, jedoch darf dieser Posten nicht in die Steuerbilanz übernommen werden (s. Schreiber in Blümich, § 5 EStG Tz. 920 „latente Steuern m. w.N.)".

Rückstellungen sind **aufzulösen**, wenn und soweit der Grund für ihre Bildung entfallen ist (§ 249 Abs. 3 Satz 2 HGB). Nach dem Wortlaut des Gesetzes (dürfen nur aufgelöst) könnte man meinen, daß bei Wegfall des Grundes dem Steuerpflichtigen ein Wahlrecht zur Auflösung zusteht. Da der Ausweis nicht bestehender Schulden die Grundsätze ordnungsmäßiger Bilanzierung verletzt, besteht auch eine Verpflichtung zur Auflösung der Rückstellung. § 249 Abs. 3 Satz 2 HGB ist also als Passivierungsverbot zu begreifen.

b) Rückstellungen für ungewisse Verbindlichkeiten

Die klassische Rückstellung ist die **Rückstellung für ungewisse Verbindlichkeiten** (s. auch Abschn. 31 c Abs. 2 bis 7 EStR). Ihre Bildung erfordert folgende **Voraussetzungen:**

- Es muß grundsätzlich eine Verbindlichkeit bestehen, d.h., es muß im wesentlichen eine erzwingbare Leistungsverpflichtung gegeben sein. Die Verpflichtung kann sich sowohl aus dem Privatrecht als auch aus dem öffentlichen Recht (BFH-Urteil vom 19.5.1983, BStBl II 1983, 670) ergeben. Ausnahmsweise hat es der BFH für zulässig erachtet, auch für künftige Verbindlichkeiten eine Rückstellung zu bilden (BFH-Urteil vom 19.5.1983, BStBl II 1983, 670), wenn insbesondere die künftigen zur Tilgung der Verbindlichkeit zu leistenden Ausgaben wesentlich bereits im abgelaufenen Wirtschaftsjahr verursacht worden waren. Von einer künftigen Verbindlichkeit spricht man, wenn feststeht, daß die Verbindlichkeit am Bilanzstichtag noch nicht entstanden ist aber in Zukunft wahrscheinlich entsteht.
- Die Verbindlichkeit muß dem Grunde und/oder der Höhe nach ungewiß sein,
- Die Verbindlichkeit muß sich als Betriebsschuld darstellen,
- Die Verbindlichkeit muß wirtschaftlich bereits im abgelaufenen oder im vorausgegangenen Wirtschafsjahr verursacht worden sein (BFH-Urteil vom

19.5.1987, BStBl II 1987, 848). Das Merkmal der wirtschaftlichen Verursachung gilt gleichermaßen für bereits entstandene sowie für künftige Verbindlichkeiten (BFH-Urteil vom 1.8.1984, BStBl II 1985, 44). Es erfordert, daß der Tatbestand, an den das Entstehen der Verpflichtung geknüpft ist, im wesentlichen bereits verwirklicht ist und die künftigen Ereignisse, die zum unbedingten Entstehen der Verpflichtung führen, wirtschaftlich dem abgelaufenen Wirtschaftsjahr zuzurechnen sind (BFH-Urteil vom 1.8.1984, BStBl II 1985, 44).

- Ferner muß das Bestehen oder künftige Entstehen der Verbindlichkeit sowie die Inanspruchnahme des Steuerpflichtigen wahrscheinlich sein. Diese Wahrscheinlichkeit ist gegeben, wenn auf objektiver Grundlage mehr Gründe dafür als dagegen sprechen (Abschn. 31 c Abs. 5 EStR). Die bloße Möglichkeit einer Inanspruchnahme genügt daher nicht (BFH-Urteil vom 30.6.1983, BStBl II 1984, 263); andererseits ist die Geltendmachung des Anspruchs für die Rückstellungsbildung nicht erforderlich.
- Letztlich ist notwendig, daß kein Passivierungsverbot besteht. Ein solches Verbot kann sich einmal aus den Absätzen 3 und 4 des § 5 EStG und zum zweiten nach den Grundsätzen ordnungsmäßiger Buchführung über den Nichtausweis schwebender Geschäfte ergeben.

253 Einzelne bisher anerkannte Rückstellungen für ungewisse Verbindlichkeiten sind:
- Rückstellung für Auffüllverpflichtungen,
- Rückstellung für Bürgschaftsübernahme,
- Rückstellung für Garantieverpflichtungen,
- Rückstellung für Gewinnbeteiligungszusagen an Arbeitnehmer,
- Rückstellung für Gratifikationen,
- Rückstellung für Haftpflichtverbindlichkeiten,
- Rückstellung für Haftungssteuerschulden,
- Rückstellung für Jahresabschlußkosten,
- Rückstellung für Einlösung von Kundenpfändern,
- Rückstellung für Pachterneuerungsverpflichtungen,
- Rückstellung für Prozeßkosten,
- Rückstellung für Rekultivierungskosten,
- Rückstellung für Sozialpläne,

IX. *Passivierung* 95

- Rückstellung für abzugsfähige Steuern (z.b. Gewerbesteuer),
- Rückstellung für Steuererklärungskosten,
- Rückstellung für Urlaubsverpflichtungen,
- Rückstellung für Wechselobligo und
- Rückstellung für Weihnachtsgeld.

c) Rückstellungen für drohende Verluste aus schwebenden Geschäften

Nach § 249 Abs. 1 Satz 1 HGB sind **Rückstellungen für drohende Verluste aus** 254
schwebenden Geschäften zu bilden (s. auch Abschn. 31 c Abs. 9 bis 11 EStR).
Der Grundsatz ordnungsmäßiger Buchführung, daß der Kaufmann verpflichtet ist, nicht verwirklichte, aber wahrscheinlich eintretende Verluste auszuweisen (Imparitätsprinzip, Tz. 205), ist in der genannten Vorschrift insoweit gesetzlich fixiert worden. Die Rückstellung für drohende Verluste aus schwebenden Geschäften ist ein Unterfall der Rückstellung für ungewisse Verbindlichkeiten (BFH vom 19.7.1983, BStBl II 1984, 56). Es kann daher auf die Darstellungen in Tz. 252f. im wesentlichen verwiesen werden.

Mit dem Passivierungsgebot hinsichtlich der drohenden Verluste aus schweben- 255
den Geschäften wird eine Ausnahme von dem Passivierungsverbot bei Ansprüchen und Verbindlichkeiten aus schwebenden Geschäften gemacht.

Voraussetzung der Rückstellungsbildung ist: 256

- Es muß ein schwebendes Geschäft gegeben sein. Dies ist immer dann der Fall, wenn ein gegenseitiger auf Leistungsaustausch gerichteter Vertrag noch von keiner Seite erfüllt ist.

- Aus dem schwebenden Geschäft muß ein Verlust drohen. Ein Verlust in diesem Sinne ist anzunehmen, wenn der Wert der künftigen Verpflichtung den Wert der künftigen Leistung übersteigt (BFH-Urteil vom 25.1.1984, BStBl II 1984, 344). Es fehlt dann dem schwebenden Geschäft die Ausgewogenheit von Leistung und Gegenleistung, mit der gerade die Nichtbilanzierung von schwebenden Geschäften begründet wird. Da der Verlust aber lediglich drohen und nicht schon eingetreten sein muß, ist der Verlust von dem Zeitpunkt, von dem an er voraussehbar war, auszuweisen. Es müssen also die Umstände, durch den der Verlust wahrscheinlich verursacht werden wird, erkennbar sein.

257 Rückstellungen für drohende Verluste aus schwebenden Geschäften sind auch bei **Dauerschuldverhältnissen,** wie z.B. bei Miet- oder Arbeitsverhältnissen, grundsätzlich zulässig (Abschn. 31 c Abs. 11 Nr. 3 und Abschn. 38 Abs. 5 EStR). Für die Frage, ob aus einem solchen Rechtsverhältnis am Bilanzstichtag ein Verlust droht, kommt es nach h.M. nicht darauf an, ob es in seiner Gesamtlaufzeit einschließlich erbrachter Leistungen ausgeglichen ist, sondern nur auf die Ausgewogenheit des Werts der noch zu erbringenden Leistungen und Gegenleistungen (Schmidt, EStG 9. Aufl. 1990, § 5 Anm. 45 c; Abschn. 38 Abs. 5 Satz 1 EStR).

d) Rückstellungen für unterlassene Instandhaltungsaufwendungen

258 Bei den **Rückstellungen für unterlassene Instandhaltungsaufwendungen** handelt es sich um sog. innerbetriebliche Rückstellungen; d.h., es liegt dieser Rückstellung im Gegensatz zu Schuld- und Verlustrückstellungen keine Verpflichtung gegenüber einem anderen zugrunde. Diese Rückstellung hat den Zweck, künftige Ausgaben als Aufwand des abgelaufenen Wirtschaftsjahres zu berücksichtigen. Man nennt sie deshalb **Aufwandsrückstellungen.** Sie sind grundsätzlich handels- und steuerrechtlich unzulässig, es sei denn sie betreffen unterlassene Instandhaltungsaufwendungen, deren handelsrechtliche Zulässigkeit in § 249 Abs. 1 Nr. 1 HGB ausdrücklich bestimmt wird. Nach der genannten Vorschrift ist die Rückstellung nur zulässig und geboten, wenn

- ein unterlassener Aufwand vorliegt,
- der Aufwand im letzten Geschäftsjahr unterlassen worden ist und
- die Instandhaltungsarbeiten im folgenden Geschäftsjahr innerhalb von drei Monaten nachgeholt worden sind.

259 Alle drei Voraussetzungen müssen zusammen erfüllt sein. Werden die Instandhaltungsarbeiten nicht in der Dreimonatsfrist nachgeholt, aber immerhin noch im folgenden Geschäftsjahr, so besteht handelsrechtlich ein Passivierungswahlrecht nach § 249 Abs. 1 Satz 3 HGB, das aber auf die Steuerbilanz keinerlei Auswirkung hat (Tz. 242). Hinweis auch auf Abschn. 31 c Abs. 12 EStR.

e) Rückstellungen für Abraumbeseitigung

260 Die **Rückstellungen für Abraumbeseitigung** sind auch sog. Aufwandsrückstellungen (s. Tz. 258), deren Zulässigkeit sich aus der Sonderregelung des § 249 Abs. 1 Nr. 1 HGB ergibt. Der wirtschaftliche Sachverhalt ist darin zu sehen,

daß, um Substanzvorkommen durch Ausbeute nutzen zu können, im allgemeinen eine Freilegung durch Beseitigung der nicht nutzbaren Erdkrume (Abraum) erforderlich ist. Hinweis auch auf Abschn. 31 c Abs. 12 EStR.

Die Bildung einer Rückstellung für Abraumbeseitigung ist vornehmlich davon abhängig, daß die im Geschäftsjahr unterlassenen Aufwendungen im folgenden Geschäftsjahr nachgeholt werden. Geschieht dies nicht, ist eine Rückstellungsbildung sowohl handels- als auch steuerrechtlich nicht zulässig. 261

Eine Rückstellung für Abraumbeseitigung ist jedoch nur dann zu bilden, soweit keine öffentlich- oder privatrechtliche Verpflichtung zur Abraumbeseitigung besteht. In diesem Fall kann der Steuerpflichtige, wenn die weiteren Voraussetzungen gegeben sind, eine Rückstellung für ungewisse Verbindlichkeiten bilden. 262

f) Rückstellungen für Gewährleistungen ohne rechtliche Verpflichtung

Gewährleistungen, die ohne rechtliche Verpflichtung erbracht werden nennt man auch **Kulanzleistungen**. Rückstellungen für Kulanzleistungen waren früher schon vom BFH (Urteil vom 22.8.1963, BStBl III 1963, 560 und vom 2.12.1965, BStBl III 1966, 144) anerkannt worden, obgleich es an einer rechtlichen Verpflichtung, die für die Rückstellungsbildung grundsätzlich erforderlich ist, fehlte. Nunmehr ist in § 249 Abs. 1 Nr. 2 HGB die Rückstellung für Kulanzleistungen festgeschrieben. Siehe auch Abschn. 31 c Abs. 13 EStR. 263

g) Rückstellungen für Patentverletzungen

Die steuerrechtlich in § 5 Abs. 3 EStG für zulässig erachtete **Rückstellung wegen Verletzung fremder Patent-, Urheber- oder ähnlicher Schutzrechte** ist ein Unterfall der Rückstellungen für ungewisse Verbindlichkeiten. Es besteht daher ein Passivierungsgebot, wenn die Voraussetzungen für die Bildung vorliegen. Voraussetzung ist aber nicht nur, daß der Tatbestand des § 5 Abs. 3 EStG gegeben ist, es handelt sich dabei nur um Mindestvoraussetzungen, sondern daß auch die Voraussetzungen für eine Rückstellung wegen ungewisser Verbindlichkeiten vorliegen. Daraus folgt, daß, wenn handelsrechtlich bereits eine Rückstellung wegen Patentverletzung zulässig ist, steuerrechtlich eine entsprechende Rückstellung wegen der zusätzlichen engeren Erfordernisse des § 5 Abs. 3 EStG noch lange nicht möglich sein muß. S. auch Abschn. 31 c Abs. 8 EStR. 264

Voraussetzung für die Rückstellungsbildung ist gemäß § 5 Abs. 3 EStG entweder, daß der Rechtsinhaber gegen den Steuerpflichtigen Ansprüche wegen der 265

Rechtsverletzung geltend gemacht hat (§ 5 Abs. 3 Nr. 1 EStG) oder, daß der Steuerpflichtige mit einer Inanspruchnahme ernsthaft rechnen muß (§ 5 Abs. 3 Nr. 2 EStG). Ansprüche wegen Rechtsverletzung sind geltend gemacht, sobald der Rechtsinhaber mündlich oder schriftlich mindestens Unterlassung verlangt.

266 Die Rückstellung ist grundsätzlich **aufzulösen,** wenn die Voraussetzungen für ihre Bildung wegfallen. Eine Sonderregelung trifft jedoch § 5 Abs. 3 Satz 2 EStG für den Fall, daß der Steuerpflichtige eine Rückstellung wegen Patentverletzung gebildet hat, weil er mit einer Inanspruchnahme wegen der Patentverletzung ernsthaft rechnete. Hier ist die Rückstellung spätestens in der Bilanz des dritten auf ihre erstmalige Bildung folgenden Wirtschaftsjahrs gewinnerhöhend aufzulösen, wenn die Ansprüche nicht geltend gemacht worden sind.

Beispiel:
A begeht 1986 erstmalig eine Patentverletzung. Er hat in der Bilanz zum 31.12.1988 eine Rückstellung wegen Patentverletzung zu bilden, weil er ernsthaft mit einer Inanspruchnahme rechnete. Macht der Rechtsinhaber keine Ansprüche geltend, so muß A die Rückstellung in der Bilanz zum 31.12.1991 auflösen.

267 Ein **Patentrecht** im Sinne des § 5 Abs. 3 EStG ist das Recht aus dem Patent (§ 9 PatG) und nicht das Recht auf das Patent. **Urheberrecht** ist das subjektive absolute Recht des Urhebers eines Werkes der Literatur, Wissenschaft oder Kunst nach Maßgabe des UrhG, seine materiellen Verwertungsinteressen gegenüber anderen durchzusetzen. **Ähnliche Schutzrechte** im Sinne von § 5 Abs. 3 EStG beziehen sich sowohl auf Patente als auch auf Urheberrechte. Daher sind ähnliche Schutzrechte beispielsweise das Gebrauchsmusterrecht, das Geschmacksmusterrecht, Warenzeichen-, Dienstleistungsmarken- und Ausstattungsrechte sowie Leistungsschutzrecht (im Sinne der §§ 70 bis 87 UrhG).

h) Jubiläumsrückstellungen

268 Mit dem Urteil vom 5.2.1987 (BStBl II 1987, 845) entschied der BFH, daß handelsrechtlich eine Pflicht zur Rückstellungsbildung besteht, wenn der Arbeitgeber rechtsverbindlich Zuwendungen für Dienstjubiläen zugesagt hat (**Jubiläumsrückstellung**). Aufgrund des Maßgeblichkeitsgrundsatzes mußte mithin ein Steuerpflichtiger eine entsprechende Rückstellung auch in seiner Steuerbilanz bilden.

269 Die Jubiläumsrückstellung, die einen Unterfall der Rückstellungen für ungewisse Verbindlichkeiten darstellt, hat der Gesetzgeber in § 5 Abs. 4 EStG für das

Steuerrecht niedergelegt, aber abweichend von den allgemeinen Erfordernissen, die für Rückstellungen wegen ungewisser Verbindlichkeiten gelten, zusätzlich von einengenden **Voraussetzungen** abhängig gemacht. Danach dürfen in der Steuerbilanz Rückstellungen für die Verpflichtung zu einer Zuwendung anläßlich eines Dienstjubiläums nur gebildet werden, wenn

- das Dienstverhältnis mindestens zehn Jahre bestanden hat. Mittels dieser Voraussetzung soll die hohe Fluktuation von Arbeitnehmern in den ersten zehn Jahren der Betriebszugehörigkeit berücksichtigt werden,
- das Dienstjubiläum das Bestehen eines Dienstverhältnisses von mindestens fünfzehn Jahren voraussetzt. Durch dieses Erfordernis werden Rückstellungen für Jubiläen, die der Arbeitgeber für eine fünf- oder zehnjährige Betriebstreue leistet, steuerlich eliminiert und
- die Zusage schriftlich erteilt ist. Es handelt sich hierbei um eine materiellrechtliche Voraussetzung. Steht zwar fest, daß die Zusage tatsächlich erteilt worden ist, fehlt es aber an der Schriftform, so ist die Bildung einer Jubiläumsrückstellung unzulässig.

4. Passive Rechnungsabgrenzung

Nach § 5 Abs. 5 Satz 1 Nr. 2 EStG sind als Rechnungsabgrenzungsposten auf der Passivseite nur Einnahmen vor dem Abschlußstichtag anzusetzen, soweit sie Ertrag für eine bestimmte Zeit nach diesem Tag darstellen. **Sinn und Zweck** eines **passiven Rechnungsabgrenzungspostens** ist, ebenso wie bei der aktiven Rechnungsabgrenzung, eine zeitraumrichtige Periodenabgrenzung. Sind die Voraussetzungen des § 5 Abs. 5 Satz 1 Nr. 2 EStG erfüllt, so muß der Steuerpflichtige eine Passivierung vornehmen; es besteht ein Passivierungsgebot.

Nähere Einzelheiten zu passiven Rechnungsabgrenzungsposten finden sich in Abschn. 31 b EStR. Anwendungsbereich der passiven Rechnungsabgrenzungsposten sind in erster Linie gegenseitige Verträge, in der Regel Dauerschuldverhältnisse, bei denen Leistung und Gegenleistung zeitlich auseinanderfallen; d.h., einer erhaltenen Einnahme steht eine Verpflichtung zu einer noch nicht erbrachten zeitbezogenen Leistung gegenüber.

Beispiel:
B hat an A ein Betriebsgebäude vermietet. Die Miete hat A halbjährlich im Voraus zu zahlen. Demgemäß erhält B Ende Juni und Ende Dezember eines jeden Jahres von A die Mietzinsbeträge. Die Miete die B jeweils im Dezember erhält sind einerseits Einnahmen

dieses Jahres, andererseits aber Ertrag für eine erst im Folgejahr von ihm zu erbringende Gegenleistung, nämlich der zur Verfügungstellung des Gebäudes. B muß daher einen passiven Rechnungsabgrenzungsposten in Höhe der Mietvorauszahlungen bilden.

272 Die **Wirkung** eines passiven Rechnungsabgrenzungspostens ist ähnlich der Wirkung eines aktiven Rechnungsabgrenzungspostens. Er neutralisiert Einnahmen, die sich ohne die Bildung eines passiven Rechnungsabgrenzungspostens gewinnerhöhend auswirken würden. Diese Gewinnerhöhung tritt erst mit Auflösung des Rechnungspostens ein.

5. Eigenkapital, Rücklagen

273 Schließlich ist noch das **Eigenkapital** auf der Passivseite auszuweisen. Steuerrechtlich wird das Eigenkapital lediglich in dem oder den Kapitalkonten dargestellt. Unter Eigenkapital versteht man, im Gegensatz zum Fremdkapital, das Kapital, das der Unternehmer selbst seinem Betrieb zur Verfügung gestellt hat. Neben dem Kapitalkonto kennt das Steuerrecht noch bestimmte gesondert zu passivierende **Rücklagen,** die Eigenkapitalcharakter haben.

274 Durch Rücklagen wird Eigenkapital buchmäßig abgezweigt, um es für bestimmte Zeit zu binden. Zu unterscheiden sind offene und stille Rücklagen (stille Reserven), s. Abschn. 35 EStR. Die **offenen Rücklagen** werden in der Bilanz offen ausgewiesen und dürfen den Gewinn nicht mindern, es sei denn ausnahmsweise läßt eine steuerrechtliche Vorschrift eine Gewinnminderung zu. Läßt das Steuerrecht eine gewinnmindernde Rücklagenbildung zu, so ist der entsprechende Gewinnbetrag nicht als Gewinn in das Kapitalkonto einzurechnen, sondern im Bilanzposten „Rücklage" auszuweisen. Wegen dieser Wirkung spricht man auch von steuerfreien Rücklagen. Dies ist jedoch etwas irreführend, da die Rücklage mit ihrer Auflösung zu einer Besteuerung führt, und mithin nicht steuerfrei ist, sondern grundsätzlich nur zu einer Gewinnverlagerung führt.

275 Das Steuerrecht kennt u.a. folgende steuerfreie Rücklagen:
- Rücklage nach § 6 b Abs. 3 EStG (Reinvestitionsrücklage),
- Rücklage nach § 6 d EStG (Sanierungsrücklage),
- Rücklage für Verluste von ausländischen Tochtergesellschaften nach § 3 AuslIG,
- Rücklage für Kapitalanlagen in Entwicklungsländern nach § 1 EntwLStG und
- Rücklage für Ersatzbeschaffung nach Absch. 35 EStR.

IX. Passivierung

Aufgrund des Maßgeblichkeitsgrundsatzes und der Vorschrift des § 5 Abs. 1 Satz 2 EStG, wonach steuerrechtliche Wahlrechte bei der Gewinnermittlung in Übereinstimmung mit der handelsrechtlichen Jahresbilanz auszuüben sind, ist allgemeine Voraussetzung für die Rücklagenbildung in der Steuerbilanz ein entsprechender Ansatz in der Handelsbilanz. Dies ermöglicht § 247 Abs. 3 HGB, der eine Passivierung von Sonderposten mit Rücklagenanteil in der Handelsbilanz vorsieht.

X. Gewinnverwirklichung

1. Allgemeines

277 Gewinn wird grundsätzlich erst dann besteuert, wenn er realisiert ist. Wertsteigerungen des Betriebsvermögens sind daher solange für die Besteuerung unbeachtlich, bis sie durch einen Geschäftsvorfall verwirklicht werden, also eine **Gewinnrealisierung** eintritt. Gewinne gelten im allgemeinen erst dann als realisiert, wenn sie vom Markt durch einen Umsatzakt beim Abgang des Gutes bestätigt werden. Ein derartiger Umsatzakt kann gegeben sein bei:
- Veräußerung gegen Bar- oder Buchgeld,
- Tausch oder tauschähnlichen Vorgängen,
- betrieblichem Schuldenerlaß,
- Entnahme und
- Betriebsaufgabe.

2. Veräußerung von Wirtschaftsgütern

278 Der typische Fall einer Gewinnverwirklichung ist bei der Veräußerung von Wirtschaftsgütern gegeben. Durch die Übereignung des Wirtschafsguts an den Erwerber verläßt dieses das Betriebsvermögen des Steuerpflichtigen. Gleichzeitig erhält dieser entweder den Veräußerungspreis oder aber eine entsprechend hohe Forderung gegen den Erwerber. Soweit die Gegenleistung den Buchwert des veräußerten Wirtschaftsguts übersteigt, entsteht beim Steuerpflichtigen ein Gewinn. Eine Gewinnrealisierung tritt auch dann ein, wenn ein WG ohne das Zutun des Steuerpflichtigen dessen Betriebsvermögen verläßt und er für diesen Vorgang eine Leistung erhält. Ein solcher Fall ist z.B. gegeben, wenn ein Grundstück enteignet wird und der Steuerpflichtige hierfür eine Entschädigung erhält, die höher als der Buchwert des Grundstückes ist. Es ist für eine Gewinnverwirklichung nicht notwendig, daß die Gegenleistung in Geld besteht. Sie kann ebensogut in der Befreiung von Geldschulden bestehen (§ 414 BGB).

279 Der **Zeitpunkt der Gewinnrealisierung** ist nach der Rechtsprechung des BFH gegeben, wenn der Vertrag wirtschaftlich erfüllt ist, d.h. die vereinbarte Liefe-

X. Gewinnverwirklichung

rung oder Leistung erbracht ist (vgl. BFH-Urteil vom 14.12.1988, BStBl II 1989, 323). Ist dies der Fall, muß der Steuerpflichtige entweder das erhaltene Geld oder ansonsten eine entsprechende Forderung aktivieren.

3. Tauschgeschäfte

Wird ein Wirtschaftsgut veräußert und besteht die Gegenleistung nicht in Geld, sondern in einer Sachleistung, so ist ein **Tausch** oder **tauschähnliches Geschäft** gegeben. Auch Tauschgeschäfte sind Umsatzakte, die zu einer Gewinnverwirklichung führen. Die Höhe des verwirklichten Gewinns ergibt sich aus der Differenz des Buchwerts des veräußerten Wirtschaftsguts und dem gemeinen Wert (Verkehrswert) des eingetauschten Wirtschaftsguts. 280

Bei Tauschgeschäften tritt die Gewinnrealisierung in dem **Zeitpunkt** ein, in dem das wirtschaftliche Eigentum des hingegebenen Wirtschaftsguts übertragen wird. Dies gilt auch dann, wenn das eingetauschte Wirtschaftsgut nicht sofort, also Zug um Zug, sondern erst später übertragen wird. Es ist dann ein Anspruch auf das eingetauschte Wirtschaftsgut zu aktivieren. Dieser Anspruch ist mit dem gemeinen Wert des einzutauschenden Wirtschaftsguts zu bewerten. 281

Tauscht der Steuerpflichtige ein Wirtschaftsgut seines Betriebsvermögens gegen ein Wirtschaftsgut, das nicht in sein Betriebsvermögen gelangt, sondern seinem Privatvermögen zuzurechnen ist, dann ist kein eine Gewinnverwirklichung hervorrufender Tauschvorgang gegeben. Denn vor dem Tauschgeschäft hat der Steuerpflichtige das Wirtschaftsgut seinem Betriebsvermögen entnommen, um es dann einzutauschen. Die Gewinnrealisierung tritt hier durch die Entnahme ein (BFH-Urteil vom 23.6.1981, BStBl II 1982, 18). 282

Eine **Ausnahme** gilt beim Tausch von art-, wert- und funktionsgleichen Anteilen an Kapitalgesellschaften. In diesem Fall hat der BFH eine Gewinnrealisierung verneint (BFH vom 16.12.1958, BStBl. III 1959, 30 und vom 2.11.1965, BStBl III 1966, 127). 283

Wie ein Tausch werden die **tauschähnlichen Geschäfte** behandelt. Ein tauschähnliches Geschäft ist z.B. die Sacheinlage, also die Einbringung einzelner Wirtschaftsgüter aus einem Betriebsvermögen in eine Kapitalgesellschaft gegen Gewährung von Gesellschaftsrechten. Der einbringende Gesellschafter hat die erlangten Gesellschaftsanteile mit dem gemeinen Wert der hingegebenen Wirtschaftsgüter zu aktivieren. Gleichzeitig ist ein Abgang aus dem Betriebsvermö- 284 gen in Höhe der Buchwerte der hingegebenen Wirtschaftsgüter zu verzeichnen. Die Differenz zwischen diesen beiden Werten stellt den verwirklichten Gewinn dar.

4. Schuldenerlaß

285 Der Erlaß einer Verbindlichkeit (s. § 397 BGB) führt ebenfalls zu einer Gewinnverwirklichung (BFH-Urteil vom 26.1.1989, BStBl II 1989 S. 456); denn Vermögensvermehrungen durch betrieblich veranlaßten Erlaß einer Betriebsschuld erhöhen den Gewinn und sind auch steuerpflichtig, soweit kein steuerfreier Sanierungsgewinn im Sinne des § 3 Nr. 66 EStG vorliegt (BFH-Urteil vom 26.1.1989, BStBl II 1989, 456 unter 2.c.).

5. Entnahmen

286 Auch bei Entnahmen kann ein Gewinn verwirklicht werden. Eine **Entnahme** liegt vor, wenn ein einzelnes Wirtschaftsgut aus dem Betriebsvermögen in das Privatvermögen überführt wird. Die Entnahme ist gemäß § 6 Abs. 1 Nr. 4 EStG mit dem Teilwert zu bewerten. Ist dieser Teilwert höher als der Buchwert des entnommenen Wirtschaftsguts, so ist in Höhe des Unterschiedsbetrags ein Gewinn verwirklicht worden.

287 Eine Entnahme hat nur dann keine Realisierung von Gewinnen zur Folge, wenn dies besonderen steuerrechtlichen Normen zu entnehmen ist. Eine **steuerfreie Entnahme** ist gegeben bei:
- Entnahme einer Wohnung unter den Voraussetzungen des § 52 Abs. 15 Sätze 11 und 12 i.V.m. Sätze 6 bis 9 EStG.
- Entnahme von Grund und Boden unter den Voraussetzungen des § 52 Abs. 15 Satz 11 i.V.m. Satz 10 EStG.
- Entnahme von Gebäuden einschließlich Grund und Boden unter den Voraussetzungen des § 6 Abs. 1 Nr. 4 Satz 4 EStG.

XI. Die Überschußrechnung nach § 4 Abs. 3 EStG

1. Allgemeines und Inhalt des § 4 Abs. 3 EStG

Nach § 4 Abs. 3 EStG können Steuerpflichtige, die **nicht** aufgrund gesetzlicher Vorschriften verpflichtet sind, **Bücher zu führen** und regelmäßig Abschlüsse zu machen, und die auch keine Bücher führen und keine Abschlüsse machen, als Gewinn den Überschuß der **Betriebseinnahmen** über die **Betriebsausgaben** (§ 4 Absätze 4 bis 7 EStG) ansetzen. Dabei scheiden **durchlaufende Posten** aus und sind die Vorschriften über die **Absetzung für Abnutzung** oder **Substanzverringerung** zu befolgen. 288

Die Überschußrechnung nach § 4 Abs. 3 EStG beruht auf dem System der **einfachen Buchführung**. Sie hat bei der steuerlichen Gewinnermittlung eine geringere Bedeutung als der Betriebsvermögensvergleich und bereitet auch weit weniger Schwierigkeiten als dieser. 289

Der Gewinnbegriff des § 4 Abs. 3 EStG weicht im Prinzip nicht von dem des § 4 Abs. 1 EStG ab. Durch § 4 Abs. 3 EStG wird lediglich die Technik der Gewinnermittlung vereinfacht. Zugunsten dieser Vereinfachung wird ein Abweichen von dem sich nach § 4 Abs. 1 EStG ergebenden **Periodengewinn** (Gewinn für das einzelne Wirtschaftsjahr) in Kauf genommen. Über die Gesamtheit der Jahre aber — von der Eröffnung des Betriebs bis zu seiner Veräußerung oder Aufgabe — weicht bei der Gewinnermittlung nach § 4 Abs. 3 EStG der **Totalgewinn** (Summe der Gewinne aller Wirtschaftsjahre) von dem Totalgewinn nicht ab, der sich bei einer Gewinnermittlung durch Betriebsvermögensvergleich ergeben würde. 290

Der Unterschied der Gewinnermittlung durch Betriebsvermögensvergleich und durch Überschußrechnung besteht insbesondere darin, daß bei dieser Gewinnermittlung **Forderungen** und **Schulden** nicht berücksichtigt werden. 291

Folgen des Unterschieds zwischen der Gewinnermittlung nach § 4 Abs.1 und § 4 Abs. 3 EStG und Folgen der Tatsache, daß es nur einen einheitlichen Totalgewinn gibt, sind 292

- daß beim **Wechsel der Gewinnermittlungsart** (Übergang von der Überschußrechnung zum Betriebsvermögensvergleich oder umgekehrt) Hinzu- und Abrechnungen vorgenommen werden müssen (vgl. Tz. 320ff.) und
- daß der Gewinn bei einer **Betriebsveräußerung** oder bei einer Betriebsaufgabe niemals nach § 4 Abs. 3 EStG, sondern immer nach den §§ 14 bis 18 EStG zu ermitteln ist.

293 Die Überschußrechnung nach § 4 Abs. 3 EStG (Überschuß der Betriebseinnahmen über die Betriebsausgaben) darf nicht verwechselt werden mit der Einkünfteermittlung aus den nicht betrieblichen Einkunftsarten durch Feststellung des Überschusses der Einnahmen über die Werbungskosten (§ 2 Abs. 2 Nr. 2 EStG).

2. Der Kreis der unter § 4 Abs. 3 EStG fallenden Steuerpflichtigen

294 Nach § 4 Abs. 3 Satz 1 EStG ist die Gewinnermittlung durch Überschußrechnung nur zulässig, wenn der Steuerpflichtige weder **buchführungspflichtig** ist noch **freiwillig Bücher führt**. Eine weitere Einschränkung erfährt die Gewinnermittlung nach § 4 Abs. 3 EStG durch § 13a EStG. Danach können Land- und Forstwirte, die nicht buchführungspflichtig sind, ihren Gewinn unter bestimmten Voraussetzungen nach Durchschnittssätzen ermitteln (s. Tz. 576ff.).

Wegen der Steuerpflichtigen, die verpflichtet sind Bücher zu führen und regelmäßig Abschlüsse zu machen, s. Tz. 15ff.

3. Der Grundsatz der Überschußrechnung

a) Allgemeines

295 Der Grundsatz der Gewinnermittlung nach § 4 Abs. 3 EStG besteht darin, daß der Überschuß der Betriebseinnahmen über die Betriebsausgaben anzusetzen ist. Diese Begriffsbestimmung ist schon deshalb unvollkommen, weil sie den Verlustfall nicht erwähnt; denn es bestehen wohl keine Zweifel, daß — soweit der Anwendungsbereich des § 4 Abs. 3 EStG reicht — als Verlust der Überschuß der Betriebsausgaben über die Betriebseinnahmen anzusetzen ist.

296 Die Begriffsbestimmung der Überschußrechnung ist ferner insoweit nicht zutreffend, weil von ihr nicht alle Betriebseinnahmen (s. oben unter Tz. 60) und nicht alle Betriebsausgaben (s.oben unter Tz. 61) erfaßt werden, sondern nur diejenigen, die in Geld bestehen. Die Gewinnermittlung nach § 4 Abs. 3 EStG ist also eine reine Geldrechnung.

XI. Die Überschußrechnung nach § 4 Abs. 3 EStG

b) Geldrechnung

Die Beschränkung des § 4 Abs. 3 EStG auf eine reine Geldrechnung hat zur Folge, daß es sich hier um eine Zu- und Abflußrechnung von Geldbeträgen handelt, die jedoch durch viele Ausnahmen durchlöchert ist. Die für den Betrieb eingesetzten Wirtschaftsgüter sind **Betriebsvermögen**. Die **stillen Reserven** werden nur besteuert, wenn sie durch Entnahme oder Veräußerung aufgedeckt werden und — im Veräußerungsfall — das Veräußerungsentgelt als Betriebseinnahme zufließt. **Forderungen** und **Schulden** entstehen als Betriebsvermögensgegenstände. Sie spielen jedoch bei der Gewinnermittlung keine Rolle. Änderungen im Bestand des Betriebsvermögens berühren den Gewinn im Grundsatz nicht. **Rechnungsabgrenzungsposten, Rückstellungen, Wertberichtigungen, Teilwertabschreibungen** kommen nicht in Betracht. **Einlagen** und **Entnahmen** wirken sich gewinnhöhend oder gewinnmindernd aus.

297

c) Einzelne in Geld bestehende Betriebseinnahmen und Betriebsausgaben

aa) Anzahlungen und Vorschüsse

Anzahlungen und Vorschüsse, insbesondere Honorarvorschüsse bei Rechtsanwälten, sind ohne Rücksicht auf die Art der Verbuchung schon im Zeitpunkt des Zufließens als Betriebseinnahmen zu behandeln. Zurückgezahlte Vorschüsse müssen im Jahr der Rückzahlung als Betriebsausgaben berücksichtigt werden. Hingegen sind die sog. Gerichtskostenvorschüsse, die ein Rechtsanwalt von seinem Mandanten erhält, um sie an die Gerichtskasse weiterzuleiten, durchlaufende Posten.

298

bb) Forderungen und Schulden

Forderungen und Schulden sind keine in Geld bestehenden Wirtschaftsgüter und daher im Rahmen der Überschußrechnung nicht zu berücksichtigen.

299

cc) Damnum und Geldbeschaffungskosten

Wird bei einer betrieblich veranlaßten Darlehnshingabe ein Damnum vereinbart, so ist es beim Darlehnsgläubiger im Zeitpunkt des Zuflusses als in Geld bestehende Betriebseinnahme und beim Darlehnsschuldner im Zeitpunkt des Abflusses als in Geld bestehende Betriebsausgabe zu behandeln. Gleiches gilt für sonstige Geldbeschaffungskosten.

300

d) Ausnahmen vom Grundsatz der reinen Geldrechnung

aa) Durchlaufende Posten

301 Durchlaufende Posten sind Betriebseinnahmen und Betriebsausgaben, die im Namen und für Rechnung eines anderen vereinnahmt und verausgabt werden. Sie sind bei der Ermittlung des Überschusses der Betriebseinnahmen über die Betriebsausgaben auszuscheiden (§ 4 Abs. 3 SAtz 2 EStG). Sie dürfen also weder als Betriebseinnahmen noch als Betriebsausgaben berücksichtigt werden.

bb) Anschaffungs- und Herstellungskosten bei abnutzbaren Wirtschaftsgütern des Anlagevermögens

302 Nach § 4 Abs. 3 Satz 3 EStG sind bei der Gewinnermittlung durch Überschußrechnung die Vorschriften über die **Absetzung für Abnutzung** und **Substanzverringerung** (s. Tz. 483ff.) zu befolgen. Dies bedeutet, daß im Rahmen der Überschußrechnung die Anschaffungs- oder Herstellungskosten für ein Wirtschaftsgut im Zeitpunkt ihrer Bezahlung nicht als Betriebsausgaben bei der Überschußrechnung berücksichtigt werden dürfen. Ihre Berücksichtigung darf nur in dem Umfang erfolgen, wie sie als Absetzungen für Abnutzung nach § 7 Abs. 1 bis 5 EStG, als Absetzungen für Substanzverringerung nach § 7 Abs. 6 EStG, als erhöhte Absetzungen z.B. nach § 7d EStG oder als Sonderabschreibungen (z.B. § 3 ZRFG) geltend gemacht werden können.

303 Aus § 4 Abs. Satz 3 EStG folgt noch eine weitere Ausnahme von der Überschußrechnung für den Fall, daß ein abnutzbares Wirtschaftsgut des Anlagevermögens, das noch nicht voll abgeschrieben ist, veräußert oder entnommen wird oder aus betrieblichem Anlaß verloren geht. In einem solchen Fall muß im Wirtschaftsjahr der **Veräußerung,** der **Entnahme** oder des **Verlusts** der noch nicht abgesetzte Teil der Anschaffungs- oder Herstellungskosten als Betriebsausgabe berücksichtigt werden, weil es nur dadurch möglich ist, den noch nicht als AfA in Abzug gebrachten Teil der Anschaffungs- oder Herstellungskosten gewinnmindernd zu berücksichtigen. Es wird also praktisch die im Anschaffungs- oder Herstellungsjahr des betreffenden abnutzbaren Anlageguts vorhandene in Geld bestehende Betriebsausgabe soweit, wie sie im Wirtschaftsjahr gem. § 4 Abs. 3 Satz 3 EStG noch nicht gewinnmindernd berücksichtigt werden durfte, im Wirtschaftsjahr der Veräußerung oder Entnahme nachträglich gewinnmindernd berücksichtigt.

XI. Die Überschußrechnung nach § 4 Abs. 3 EStG

cc) Anschaffungs- oder Herstellungskosten bei nicht abnutzbaren Wirtschaftsgütern des Anlagevermögens

Eine weitere Ausnahme von dem Grundsatz der reinen Geldrechnung enthält § 4 Abs. 3 Satz 4 EStG. Danach dürfen die Anschaffungs- oder Herstellungskosten nicht abnutzbarer Wirtschaftsgüter des Anlagevermögens (z.b. unbebaute Grundstücke, Grund und Boden bei bebauten Grundstücken, Wertpapiere, Genossenschaftsanteile) erst im Zeitpunkt ihrer Veräußerung, ihrer Entnahme oder ihres betrieblich veranlaßten Verlustes als Betriebsausgaben berücksichtigt werden. 304

Beispiel:
A erwirbt zu Beginn es Wirtschaftsjahrs 01 ein bebautes Grundstück für 1 Mio. Von dem Verkaufspreis entfallen 300.000 auf den Grund und Boden und 700.000 auf das Gebäude. A schreibt das Gebäude jährlich mit 4 v.H. ab (§ 7 Abs. 4 Satz 1 Nr. 1 EStG). Zu Beginn des Wirtschaftsjahrs 11 veräußert A das Grundstück für 1,3 Mio.

Von den im Wirtschaftsjahr 01 aufgewendeten Anschaffungskosten von 1 Mio konnte A in den Jahren 01 bis 10 lediglich jährlich 4 v.H. von 700.000 = jährlich 28.000 absetzen, so daß das Gebäude am Ende des Wirtschaftsjahrs 10 noch einen Buchwert von 420.000 hatte. Im Jahre 11 kann A den Restbuchwert des Gebäudes von 420.000 und die Anschaffungskosten für den Grund und Boden von 300.000, insgesamt also 720.000 als Betriebsausgaben absetzen. Andererseits muß er 1,3 Mio Veräußerungserlös als Betriebseinnahme berücksichtigen. Es ergibt sich für A im Jahre 11 also ein Veräußerungsgewinn von 580.000.

dd) Darlehen

Die **Hingabe eines Darlehens** ist weder beim Darlehnsnehmer als Betriebseinnahme noch beim Darlehnsgeber als Betriebsausgabe zu erfassen. Entsprechend ist die **Darlehnsrückzahlung** weder beim Darlehnsnehmer als Betriebsausgabe noch beim Darlehnsgeber als Betriebseinnahme zu bewerten. 305

Beide Vorgänge sind auch im Rahmen der Gewinnermittlung nach § 4 Abs. 3 EStG erfolgsneutral. Für den Darlehnsgeber stellt sich die hingegebene Darlehnsvaluta als Anschaffungskosten für die erlangte Darlehnsforderung, also für die Anschaffung eines nicht abnutzbaren Wirtschaftsguts i.S. des § 4 Abs. 3 Satz 4 dar (BFH-Urteil vom 6. 12. 1972, BStBl II 1973, 293). Die Rückzahlung führt zur erfolgsneutralen Verrechnung mit dieser Forderung.

Fällt eine **Darlehnsforderung** aus, so ist die hingegebene Darlehnsvaluta in dem Wirtschaftsjahr als Betriebsausgabe gewinnmindern abzusetzen, in dem der 306 endgültige Ausfall feststeht. Umgekehrt ist der endgültige Wegfall einer betrieblichen Darlehnsverbindlichkeit aus betrieblichen Gründen im Wirtschaftsjahr des Wegfalls eine Betriebseinnahme (BFH-Urteil vom 2. 9. 1971, BStBl II 1972, 334).

ee) Unentgeltliche Sachzuwendungen

307 Eine weitere Ausnahme von der reinen Geldverrechung besteht bei betrieblich veranlaßten unentgeltlichen Sachzuwendungen. Sie sind, wenn der Steuerpflichtige der Empfänger ist, Betriebseinnahmen. Ist der Steuerpflichtige der Zuwendende, sind sie Betriebsausgaben.

e) Tauschgeschäfte

308 Wird ein zum Betriebsvermögen gehörendes Sachgut im Tauschwege gegen ein anderes Sachgut weggegeben, das ins Betriebsvermögen des Steuerpflichtigen gelangt, so liegt grundsätzlich kein Vorgang vor, der im Rahmen der Geldrechnung nach § 4 Abs. 3 EStG zu berücksichtigen wäre. Das gleiche gilt, wenn Sachgüter gegen Leistungen, Leistungen gegen Sachgüter oder Leistungen gegen Leistungen getauscht werden.

Das BFH-Urteil vom 17. 4. 1986 (BStBl II 1986, 607) steht dem nicht entgegen, weil dieses Urteil einen Fall behandelt, in dem das im Tauschwege erlangte Sachgut nicht ins Betriebsvermögen, sondern ins Privatvermögen des Steuerpflichtigen gelangt sein soll.

309 Wegen der in § 4 Abs. 3 Satz 3 und 4 EStG enthaltenen Regelung gilt der Grundsatz, daß die reine Geldrechnung auch beim Tausch gilt, allerdings nur hinsichtlich der zum **Umlaufvermögen** gehörenden Sachgüter. Wird hingegen im Tauschwege ein zum **Anlagevermögen** gehörendes Sachgut erlangt, so muß sein Wert als Betriebseinnahme behandelt werden, weil nur auf diese Weise — bei abnutzbaren Anlagegütern der Vorschrift des § 4 Abs. 3 Satz 3 EStG und bei nichtabnutzbaren Anlagegütern der Vorschrift des § 4 Abs. 3 Satz 4 EStG — Rechnung getragen werden kann.

310 Wird im Tauschwege ein zum Anlagevermögen gehörendes Sachgut weggegeben muß — wenn es sich um ein abnutzbares Sachgut handelt — als Folge des § 4 Abs. 3 Satz 3 EStG der noch nicht als AfA berücksichtigte Teil der Anschaffungs- oder Herstellungskosten (Restwert) — wenn es sich um ein nicht abnutzbares zum Anlagevermögen gehörendes Sachgut handelt — und müssen nach § 4 Abs. 3 Satz 4 EStG die Anschaffungs- oder Herstellungskosten als Betriebsaugaben abgezogen werden.

XI. Die Überschußrechnung nach § 4 Abs. 3 EStG 111

Beispiel:
A hat einen zu seinem Anlagevermögen gehörenden PKW bis auf einen Restwert von 3.000 abgeschrieben. Er gibt ihn beim Erwerb eines neuen — 10.000 kostenden PKW —, der ebenfalls zum Betriebsvermögen des A gehört, in Zahlung. Angerechnet werden ihm für den alten PKW auf den Kaufpreis 4.000, so daß A nur noch 6.000 bar zahlen muß.

Die Hingabe des alten PKW ist für A in Höhe von 3.000 eine Betriebsausgabe (weil insoweit die Anschaffungskosten des alten Pkw noch nicht abgeschrieben waren) und in Höhe von 4.000 DM eine Betriebseinnahme (Gutschrift für den alten Pkw). Gewinnauswirkung also 1.000. Die Hingabe der 6.000 in Geld und die Anrechnung der gutgeschriebenen 4.000 sind wegen § 4 Abs. 3 Satz 3 EStG nicht sofort als Betriebsausgaben abziehbar.

f) Einlagen, Entnahmen

Die Vorschriften über die Einlagen und die Entnahmen sind im Rahmen der Überschußrechnung in der Weise zu berücksichtigen, daß Einlagen wie Betriebsausgaben gewinnmindernd und Entnahmen wie Betriebseinnahmen gewinnerhöhend zu behandeln sind. 311

Allerdings gilt dies nur für Einlagen und Entnahmen, die nicht in Geld bestehen; denn aus dem Wesen der Überschußrechnung als einer reinen Geldrechnung folgt, daß in Geld bestehende Einlagen und Entnahmen außer Betracht bleiben müssen. Der Unterschiedsbetrag zwischen den in Geld bestehenden Betriebseinnahmen und den in Geld bestehenden Betriebsausgaben darf also nur um den Wert der nicht in Geld bestehenden Entnahmen vermehrt und nur um den Wert der nicht in Geld bestehenden Einlagen vermindert werden. 312

Werden **nicht zum Betriebsvermögen gehörende Vermögensgegenstände** auch betrieblich genutzt und ist die **betriebliche Nutzung** nicht nur von untergeordneter Bedeutung, so können alle durch die betriebliche Nutzung entstehenden Aufwendungen als Betriebsausgaben abgesetzt werden, sofern sich der betriebliche Nutzungsanteil leicht und einwandfrei von den nicht abziehbaren Kosten der Lebenshaltung trennen läßt (Abschn. 17 Abs. 5 Satz 5 EStR). 313

g) Nicht abziehbare Betriebsausgaben

Soweit eine nicht abziehbare Betriebsausgabe in Geld besteht, ergeben sich keine Besonderheiten; sie ist bei der Überschußrechnung nicht zu berücksichtigen. 314

Anders hingegen verhält es sich bei nicht in Geld bestehenden nicht abziehbaren Betriebsausgaben wie z.b. der Hingabe eines Sachgeschenks im Werte von über 75 DM an einen Geschäftsfreund. Die Aufwendungen für die Anschaffung des Geschenks haben als Betriebsausgaben den Gewinn gemindert. Eine entsprechende Gewinnerhöhung durch eine beim Verkauf des Wirtschaftsguts zu erzielende Betriebseinnahme kann nicht erfolgen, weil das Wirtschaftsgut verschenkt worden ist. Folglich muß, da die Weggabe des Geschenks gem. § 4 Abs. 5 EStG sich nicht gewinnmindernd auswirken darf, der Wert des Geschenks wie eine Entnahme dem Überschuß der Betriebseinnahmen über die Betriebsausgaben hinzugerechnet werden.

h) Tausch zwischen Betriebsvermögen und Privatvermögen

315 Ebenso wie beim Tausch im Rahmen der betrieblichen Sphäre ist bei der Überschußrechnung auch ein Tauschvorgang steuerlich grundsätzlich irrelevant, bei dem ein zum Betriebsvermögen gehörendes Wirtschaftsgut gegen ein Wirtschaftsgut getauscht wird, das im privaten Bereich Verwendung finden soll. Es muß lediglich beachtet werden, daß irgendwann die Entnahme eines nicht in Geld bestehenden Wirtschaftsguts erfolgt.

Beispiel:
Der Möbelhändler M liefert dem Textilwarenhändler T einen Schrank für 400 DM und erhält dafür ein Abendkleid für seine Frau.

Die Erfüllung des Tauschgeschäfts hinsichtlich der Lieferung des Schrankes ist sicherlich ein betrieblicher Vorgang, durch den die Forderung des M auf Lieferung des Kleides fällig wird. Die Annahme einer Entnahme des Schrankes durch den M dürfte also nicht möglich sein. Möglich hingegen ist die Annahme einer Entnahme sowohl hinsichtlich der Forderung des M auf Lieferung des Kleides als auch hinsichtlich des Kleides selbst nach der Lieferung. In beiden Fällen ergibt sich folgendes: Der Tausch ist gewinnmäßig irrelevant. Die Entnahme des Kleides bzw. der Forderung ist eine nicht in Geld bestehende Entnahme, deren Wert dem Unterschiedsbetrag zwischen den in Geld bestehenden Betriebseinnahmen und den in Geld bestehenden Betriebsausgaben des M hinzugerechnet werden muß.

Im Ergebnis ebenso BFH-Urteil vom 16. 4. 1986 (BStBl II 1986, 607) nur mit einer viel umständlicheren und m.E. nicht zutreffenden Begründung.

4. Aufzeichnungspflicht

Eine allgemeine Pflicht zur Aufzeichnung von Betriebseinnahmen und Betriebsausgaben im Rahmen der Gewinnermittlung nach § 4 Abs. 3 EStG ist im Gesetz nicht vorgeschrieben. Es gelten nur Einzelregelungen:

316

- Die **nicht abnutzbaren Wirtschaftsgüter des Anlagevermögens** sind unter Angabe des Tages der Anschaffung oder Herstellung und der Anschaffungs- oder Herstellungskosten in ein besonderes, laufend zu führendes Verzeichnis aufzunehmen (§ 4 Abs. 3 Satz 5 EStG).
- **Nicht abziehbare Betriebsausgaben** i.S. des § 4 Abs. 5 Nr. 1 bis 5 und 7 EStG sowie abziehbare **Geschenkaufwendungen** (§ 4 Abs. 5 Nr. 1 EStG), abziehbare **Bewirtungsspesen** (§ 4 Abs. 5 Nr. 2 EStG) und abziehbare **Verpflegungsmehraufwendungen** (§ 4 Abs. 5 Nr. 5 EStG) müssen einzeln und getrennt von den sonstigen Betriebsausgaben aufgezeichnet werden (§ 4 Abs. 7 Satz 1 EStG).
- **Geringwertige Wirtschaftsgüter** (§ 6 Abs. 2 EStG) müssen unter Angabe des Tages der Anschaffung, Herstellung oder Einlage oder Betriebseröffnung und der Anschaffungs- oder Herstellungskosten in einem besonderen, laufend zu führenden Verzeichnis aufgeführt werden (§ 6 Abs. 2 Satz 4 EStG).
- Wirtschaftsgüter, bei denen ein Abzug von den Anschaffungs- oder Herstellungskosten nach § 6c EStG vorgenommen wird, müssen in ein besonderes, laufend zu führendes Verzeichnis aufgenommen werden, in dem der Tag der Anschaffung oder Herstellung, die Anschaffungs- oder Herstellungskosten, der Abzug nach § 6b Abs. 1 und 3 I.V.mit § 6c Abs. 1 EStG als Betriebsausgaben (Abzug) oder Betriebseinnahmen (Zuschlag) behandelt worden sind (§ 6c Abs. 2 EStG).
- Wirtschaftsgüter, bei denen **erhöhte Absetzungen** oder **Sonderabschreibungen** vorgenommen werden, müssen in ein besonderes, laufend zu führendes Verzeichnis aufgenommen werden, das den Tag der Anschaffung oder Herstellung, die Anschaffungs- oder Herstellungskosten, die betriebsgewöhnliche Nutzungsdauer und die Höhe der jährlichen AfA, erhöhte Absetzungen und Sonderabschreibungen enthält (§ 7a Abs. 8 Satz 1 EStG).
- Aufzeichnung der Betriebseinnahmen und Betriebsausgaben eines land- und forstwirtschaftlichen Betriebs in den Fällen des § 13a Abs. 2 Nr. 2 EStG.

Obgleich keine allgemeine Aufzeichnungspflicht für Betriebseinnahmen und Betriebsausgaben im Rahmen der Überschußrechnung nach § 4 Abs. 3 EStG

317

besteht, können für den Steuerpflichtigen beim Fehlen solcher Aufzeichnungen Nachteile entstehen. Der Steuerpflichtige muß in seiner Steuererklärung seine Betriebseinnahmen und Betriebsausgaben angeben und auf Verlangen des FA erläutern und glaubhaft machen, damit das FA die Richtigkeit der Betriebsausgaben und die Vollständigkeit der Betriebseinnahmen nachprüfen kann (§ 90 Abs.1 AO).

Hat der Steuerpflichtige keine Aufzeichnungen, kann er Betriebsausgaben und Betriebseinnahmen regelmäßig nur anhand der vorhandenen Belege erläutern und glaubhaft machen. Kann der Steuerpflichtige dies nicht, muß er sich nach den Grundsätzen der objektiven Beweislast (Feststellungslast) die Nichtanerkennung geltend gemachter Betriebsausgaben oder die Zuschätzung von Betriebseinnahmen gefallen lassen.

5. Gewillkürtes Betriebsvermögen

318   Gewillkürtes Betriebsvermögen (s. oben Tz. 32) kommt bei der Gewinnermittlung nach § 4 Abs. 3 EStG grundsätzlich **nicht** in Betracht (BFH-Urteil vom 13. 3. 1964, BStBl III 1964, 455). Aufwendungen für die Anschaffung, Herstellung oder Erhaltung von Vermögensgegenständen, die nicht zum notwendigen Betriebsvermögen gehören, sind daher im Bereich der Überschußrechnung nicht als Betriebsausgaben abziehbar. Andererseits sind Einnahmen aus der Veräußerung solcher Güter keine Betriebseinnahmen.

319   Eine Ausnahme hiervon gilt nach § 4 Abs. 1 Satz 3 EStG. Nach dieser Vorschrift wird ein Wirtschaftsgut nicht dadurch entnommen, daß der Steuerpflichtige vom Betriebsvermögensvergleich zur Gewinnermittlung nach § 4 Abs. 3 EStG oder zur Durchschnittsgewinnermittlung nach § 13a EStG übergeht. Das bedeutet, daß Wirtschaftsgüter, die bei der Gewinnermittlung durch Betriebsvermögensvergleich zulässigerweise gewillkürtes Betriebsvermögen waren, beim Übergang zur Gewinnermittlung nach § 4 Abs. 3 EStG oder § 13a EStG gewillkürtes Betriebsvermögen bleiben.

XII. Wechsel der Gewinnermittlungsart

Wie unter Tz. 11 ff. dargestellt gibt es verschiedene Arten der Gewinnermittlung. 320
Die wichtigsten sind einmal der Betriebsvermögensvergleich (§§ 4 Abs. 1, 5 EStG) und die Überschußrechnung nach § 4 Abs. 3 EStG. Beide Gewinnermittlungen sollen letztendlich zu ein und demselben **Totalgewinn** führen. Aufgrund der systematischen Unterschiede beider Gewinnermittlungsarten ergeben sich zwangsläufig unterschiedliche Auswirkungen auf die Höhe des Gewinns im jeweiligen Gewinnermittlungszeitraum (Grundsatz der Abschnittsbesteuerung). Will oder muß der Steuerpflichtige einen **Wechsel der Gewinnermittlungsart** durchführen, so muß er diese periodenbedingten Unterschiede ausgleichen, um letztendlich den Totalgewinn sicherzustellen.

Beim Übergang von der Überschußrechnung nach § 4 Abs. 3 EStG zum Betriebs- 321
vermögensvergleich nach § 4 Abs. 1; § 5 EStG ist auf den Zeitpunkt des Übergangs eine Eröffnungsbilanz aufzustellen, in die die einzelnen Wirtschaftsgüter jeweils mit dem Wert einzustellen sind, mit dem sie zu Buche stehen würden, wenn der Gewinn von Anfang an durch Betriebsvermögensvergleich ermittelt worden wäre. Wegen der Unterschiede der jeweiligen Gewinnermittlungsarten muß aber jeweils die Gewinnauswirkung der einzelnen Bilanzposten untersucht und mit den bisherigen Gewinnauswirkungen verglichen werden. Eine zu hohe Gewinnauswirkung wird durch Abrechnung, eine zu niedrige Gewinnauswirkung durch Hinzurechnung korrigiert. Nur so kann die Totalgewinnidentität garantiert werden. Wegen der vorzunehmenden Korrekturen, d.h. Abrechnungen oder Hinzurechnungen, wird auf Abschn. 19 Abs. 1 und Anlage 3 EStR hingewiesen. Diese Verwaltungsregelungen sind allgemein anerkannt (BFH—Urteil vom 1.7.1981, BStBl II 1981, 780).

Bei einem Wechsel vom Betriebsvermögensvergleich zur Überschußrechnung 322
nach § 4 Abs. 3 EStG gelten die Ausführungen für den umgekehrten Wechsel (Tz. 321), jedoch sind die Vorzeichen anders zu setzen. Dort wo eine Hinzurechnung vorzunehmen war, ist nunmehr eine Abrechnung und dort wo eine Abrechnung vorzunehmen war, ist nunmehr eine Hinzurechnung durchzuführen (s. auch Abschn. 19 Abs. 2 EStR).

XIII. Bewertung

1. Allgemeines

323 In § 4 Abs. 1 EStG und § 5 EStG ist geregelt, wie und in welchen Fällen der Gewinn durch Betriebsvermögensvergleich zu ermitteln ist. Auf der Grundlage dieser Normen ist ferner zu fragen, wie sich das Betriebsvermögen zusammensetzt und was bei seiner Feststellung zu berücksichtigen ist, kurz was bilanziert, also aktiviert und passiviert werden muß. Die §§ 4 Abs. 1 und 5 EStG enthalten aber keine Regelungen darüber, mit welchen Werten die einzelnen Wirtschaftsgüter in der Bilanz anzusetzen sind. Bestimmungen über die Wertansätze der einzelnen Wirtschaftsgüter sind dem § 6 EStG, der für abnutzbare Wirtschaftsgüter des Anlagevermögens durch § 7 EStG ergänzt wird, zu entnehmen. Der **Begriff** Bewertung bedeutet, den Wert einzelner Wirtschaftsgüter zu bestimmen, d.h., den Wert der einzelnen Wirtschaftsgüter in einem Geldbetrag auszudrücken.

324 Die Bewertung erfolgt aber nicht ausschließlich nach § 6 EStG und den sonstigen steuerrechtlichen Bewertungsvorschriften. Zwar räumt der steuerrechtliche **Bewertungsvorbehalt** des § 5 Abs. 6 EStG den steuerrechtlichen Normen den Vorrang ein, aber im Rahmen der Bewertung ist auch der **Maßgeblichkeitsgrundsatz** zu beachten (Tz. 162). Daraus ergeben sich folgende Bewertungsgrundregeln:

- Ist ein steuerrechtliches Bewertungsgebot gegeben, so ist dieses wegen § 5 Abs. 6 EStG (Bewertungsvorbehalt) zu befolgen.
- Besteht ein steuerrechtliches Bewertungswahlrecht und ein inhaltsgleiches handelsrechtliches Bewertungswahlrecht, so ist jenes in Übereinstimmung mit der handelsrechtlichen Jahresbilanz auszuüben (§ 5 Abs. 1 Satz 2 EStG).
- Besteht ein steuerrechtliches Bewertungswahlrecht und ein handelsrechtliches Bewertungsgebot, so ist dieses handelsrechtliche Bewertungsgebot wegen des Maßgeblichkeitsgrundsatzes (§ 5 Abs. 1 Satz 1 EStG) zu beachten.

325 Die Bewertung ist eine **Geldrechnung,** denn die Bewertung soll den Wert der einzelnen Wirtschaftsgüter in einem Geldbetrag ausdrücken, um so die Gewinnermittlung durch Betriebsvermögensvergleich zu gewährleisten. Diese Aufgabe

XIII. Bewertung

kann die Bewertung aber nur erfüllen, wenn die Geldbeträge, die den einzelnen Wirtschaftsgütern zugeordnet werden, in ein und derselben Währung ausgedrückt werden. Daher bestimmt § 244 HGB, daß der Jahresabschluß in Deutscher Mark aufzustellen ist. Es ist mithin unerheblich, ob Wirtschaftsgüter sich im Inland oder Ausland befinden. Wird ein Wirtschaftsgut angeschafft und der Kaufpreis in ausländischer Währung beglichen, so ist der Kaufpreis zum Zwecke der Bewertung in Deutsche Mark umzurechnen. Die Umrechnung erfolgt dabei zum Erwerbszeitpunkt und nicht erst zum Bilanzstichtag oder gar erst zum Tag der Bilanzaufstellung.

Bei der Bewertung gilt das **Nominalwertprinzip**; d.h. Mark ist gleich Mark. Dies hat zur Folge, daß Schwankungen im Geldwert die Bewertung nicht beeinflussen können. Fällt oder steigt der Wert der Deutschen Mark, so verändert sich der jeweils marktübliche in DM ausgedrückte Preis (Wert) des einzelnen Wirtschaftsguts. Da sich die Bewertung einzig und allein nach den historischen Anschaffungs- oder Herstellungskosten richtet, haben Geldschwankungen auf die Bilanzansätze keine Auswirkung. Es treten hierdurch **Scheingewinne** bzw. **Scheinverluste** auf. 326

Beispiel:
Der Steuerpflichtige kauft ein Wirtschaftsgut zum Preis von 50 000 DM. Aufgrund des fallenden Geldwertes der DM müßte der Steuerpflichtige ein Jahr später für das gleiche Wirtschaftsgut 55 000 DM bezahlen. Würde er sein für 50.000 DM erworbenes Wirtschaftsgut veräußern, so würde er einen Preis erzielen der (möglicherweise) höher ist als der Buchwert.

Einen besonderen Problemfall im Zusammenhang mit den Scheingewinnen stellen die gestiegenen **Wiederbeschaffungskosten** dar. Die durch den laufenden inflationären Geldverlust entstehenden stillen Reserven werden nicht durch die planmäßigen Abschreibungen gedeckt (s. hierzu näher BFH-Urteil vom 17.1.1980, BStBl II 1980, 434). 327

Um eine ordnungsgemäße Bewertung durchführen zu können, muß man sich bestimmte Grundaussagen vor Augen halten. So muß man 328
a) bestimmte Bewertungsgrundsätze beachten;
b) klarstellen, welches Wirtschaftsgut bewertet werden soll, was also Bewertungsgegenstand ist;
c) die Bewertung bezogen auf einen bestimmten Bewertungszeitpunkt durchführen;

d) ein bestimmtes Verfahren zur Bewertung anwenden, sog. **Bewertungsmethode** und

e) schließlich einen bestimmten Bewertungsmaßstab heranziehen, an dem der auszudrückende Geldbetrag gemessen wird.

2. Grundsätze der Bewertung

a) Grundsatz der Einzelbewertung

329 Der **Grundsatz der Einzelbewertung** ergibt sich handelsrechtlich aus den §§ 252 Abs. 1 Nr. 3 und 240 Abs. 1 HGB und einkommensteuerrechtlich aus § 6 Abs. 1 EStG. Jedes Wirtschaftsgut ist mithin für sich alleine zu bewerten.

330 Der Grundsatz der Einzelbewertung verbietet es, verschiedene Wirtschaftsgüter miteinander zu verrechnen, sog. **Verrechnungsverbot** oder **Saldierungsverbot** (§ 246 Abs. 2 HGB), da so nicht nachprüfbar ist, welche einzelnen Wirtschaftsgüter wie bewertet worden sind. Ausdrücklich verbietet § 246 Abs. 2 HGB die Wertverrechnung von Posten der Aktivseite mit Posten der Passivseite, von Aufwendungen mit Erträgen sowie von Grundstücksrechten mit Grundstückslasten. Diese Aufzählung ist nicht abschließend. Von dem Verrechnungsverbot zu unterscheiden ist die Zusammenfassung mehrerer einzeln bewerteter Wirtschaftsgüter in einer Bilanzposition. Eine solche Zusammenfassung ist nicht zu beanstanden und, wie sich aus der in § 266 HGB vorgeschriebenen Bilanzgliederung ergibt, auch geboten.

331 Der Grundsatz der Einzelbewertung beinhaltet auch ein **Zersplitterungsverbot.** Danach ist es unzulässig, einen Bewertungsgegenstand in mehrere Teile zu zerlegen und sodann jedes dieser Einzelteile gesondert zu bewerten.

332 Der Grundsatz der Einzelbewertung erfährt in mancherlei Hinsicht Durchbrechungen. **Ausnahmen** zur Einzelbewertung bzw. zum Verrechnungsverbot bilden:
- die Gruppen- oder Sammelbewertung,
- die Festwertbildung,
- die Durchschnittsbewertung,
- die Pauschalwertberichtigung,
- die Nichtbilanzierung schwebender Geschäfte,
- die Rückstellung für drohende Verluste aus schwebenden Geschäften und
- die erklärte Aufrechnungslage.

XIII. Bewertung

b) Grundsatz der Bewertungsstetigkeit

Der **Grundsatz der Bewertungsstetigkeit** findet in § 252 Abs. 1 Nr. 6 HGB seine **Rechtsgrundlage.** Diese Vorschrift besagt, daß die auf den vorhergehenden Jahresabschluß angewandten Bewertungsmethoden beibehalten werden sollen. 333

Der Grundsatz der Bewertungsstetigkeit ist dem Grundsatz ordnungsmäßiger Bilanzierung der materiellen Bilanzkontinuität zuzuordnen (Tz. 201). Dieses Prinzip bezieht sich auf die gleiche Ausübung von Ansatz- und Bewertungswahlrechten. zwischen verschiedenen Bewertungsmöglichkeiten darf der Steuerpflichtige nicht willkürlich wechseln. **Abzugrenzen** ist die Bewertungsstetigkeit zum einen vom **Bilanzenzusammenhang** (Tz. 157) und zum anderen vom **Wertzusammenhang.** Der Bilanzenzusammenhang fordert die Übereinstimmung der Anfangsbilanz eines Wirtschaftsjahrs mit der Schlußbilanz des vorangegangenen Wirtschaftsjahrs. Der Wertzusammenhang, auch **Wertstetigkeit** genannt, bedeutet die grundsätzliche Fortführung der in der Steuerbilanz eines Wirtschaftsjahrs angesetzten Werte in der Steuerbilanz des folgenden Wirtschaftsjahrs. 334

c) Grundsatz des Wertzusammenhangs

Ein weiterer wichtiger Bewertungsgrundsatz ist das **Prinzip des Wertzusammenhangs (Wertstetigkeit).** Man spricht auch von besonderem Bilanzenzusammenhang, von Wertfortführung oder vom Verbot der Werterhöhung. Begrifflich versteht man unter dem Grundsatz des Wertzusammenhangs, daß der einmal angesetzte Wert für die Zukunft grundsätzlich beibehalten werden muß, sofern nicht Minderungen bei den Absetzungen für Abnutzungen oder bei Teilwertabschreibungen nach Steuerrecht vorgeschrieben sind. Hieraus folgt auch, daß der einmal angesetzte Wert für die Zukunft nicht überschritten werden darf **(Wertaufholungsverbot).** 335

Der Grundsatz des Wertzusammenhangs in uneingeschränkter Form besteht heute im Steuerrecht nicht mehr. Eine Wertaufstockung auf den höheren Teilwert ist sowohl beim abnutzbaren und nichtabnutzbaren Anlagevermögen als auch beim Umlaufvermögen möglich (§ 6 Abs. 1 Nr. 1 Satz 4, Abs. 1 Nr. 2 Satz 3 EStG). **Wertobergrenze** bilden aber auch hier die Anschaffungs- oder Herstellungskosten. Man spricht wegen dieser bis zur Wertobergrenze möglichen Wertaufholung vom **Grundsatz des eingeschränkten Wertzusammenhangs.** 336

337 § 6 Abs. 1 Nr. 1 Satz 4 und Abs. 1 Nr. 2 Satz 3 EStG billigen dem Steuerpflichtigen ein Wahlrecht zur Wertaufholung zu („kann"). Dieses steuerrechtliche Bewertungswahlrecht muß gemäß § 5 Abs. 1 Satz 2 EStG in Übereinstimmung mit der handelsrechtlichen Jahresbilanz ausgeübt werden. Für Personengesellschaften und Einzelunternehmer besteht in bezug auf Anlagegüter und Wirtschaftsgüter des Umlaufvermögens gemäß § 253 Abs. 5 HGB ein handelsrechtliches Wertbeibehaltungswahlrecht. Abweichend hiervon gilt für Kapitalgesellschaften nach § 280 Abs. 1 HGB ein **Wertaufholungsgebot**. Jedoch kann nach § 280 Abs. 2 HGB von der Zuschreibung abgesehen werden, wenn der niedrigere Wertansatz bei der steuerlichen Gewinnermittlung beibehalten werden kann und wenn Voraussetzung für die Beibehaltung ist, daß der niedrigere Wertansatz auch in der Handelsbilanz beibehalten wird. Dies ist aufgrund des § 5 Abs. 1 Satz 2 EStG regelmäßig der Fall, so daß insoweit das Wertaufholungsgebot für Kapitalgesellschaften hinfällig ist, da gem. § 280 Abs. 2 HGB ein Wertbeibehaltungswahlrecht gegeben ist.

338 Die **Wirkung** einer **Wertaufholung** besteht in einer Gewinnerhöhung. Es tritt also allein durch einen buchtechnischen Vorgang eine Gewinnverwirklichung ein. Es liegt eine gesetzlich zugelassene Durchbrechung des Realisationsprinzips vor.

3. Bewertungsgegenstand

a) Wirtschaftsgut

339 **Bewertungsgegenstand** ist das einzelne Wirtschaftsgut. Dies folgt aus der Formulierung des § 6 Abs. 1 Satz 1 EStG. Wegen des Begriffs Wirtschaftsgut s. Tz. 215 ff. Voraussetzung für die Bewertung eines Wirtschaftsguts nach § 6 EStG ist aber, daß es nach § 4 Abs. 1 oder nach § 5 EStG als Betriebsvermögen anzusetzen ist.

340 Soweit in der Bilanz Posten aufzunehmen sind, die keine Wirtschaftsgüter darstellen, wie z.B. Rechnungsabgrenzungsposten (s. Tz. 225 ff. und Tz. 270 ff.), ist § 6 EStG zumindest nicht unmittelbar anzuwenden.

b) Inventur

341 Die Bewertung der einzelnen Wirtschaftsgüter dient zwar dem richtigen Bilanzansatz der Höhe nach, sie erfolgt aber nicht bei der Bilanzaufstellung, sondern bereits bei der **Inventur**. Diese Inventur (von lateinisch invenire = antreffen, vorfinden) ist eine Bestandsaufnahme der Grundstücke, Forderungen und Schulden, des

baren Geldes sowie der sonstigen Vermögensgegenstände am Schluß eines jeden Wirtschaftsjahres und wird schriflich in dem Inventar niedergelegt (§ 240 Abs. 2 HGB).

4. Bewertungszeitpunkt

a) Bewertungsstichtag

Die Bewertung ist grundsätzlich bezogen auf einen bestimmten Zeitpunkt vorzunehmen. Diesen Zeitpunkt nennt man **Bewertungsstichtag.** Allgemein ist der Bewertungsstichtag identisch mit dem Bilanzstichtag, denn die bei der Inventur vorzunehmende Bewertung ist Bestandteil des Jahresabschlußes und steht im engen Zusammenhang mit der Bilanzaufstellung. 342

Neben dem Bilanzstichtag gibt es jedoch noch andere Bewertungsstichtage. So ist ein Wirtschaftsgut, das im laufenden Wirtschaftsjahr erworben wird nicht erstmalig auf den Schluß des Wirtschaftsjahrs zu bewerten, sondern bereits auf den **Erwerbszeitpunkt.** In dem auf den Erwerbszeitpunkt folgenden Bilanzstichtag ist dann das Wirtschaftsgut mit seinem auf den Erwerbszeitpunkt festgestellten Wert, vermindert um die jeweilige Abschreibung anzusetzen. Bei Entnahmen und Einlagen ist für die Bewertung der **Entnahme-** bzw. der **Einlagezeitpunkt** maßgebend (s. § 5 Abs. 1 Nr. 5 EStG). 343

Der **Grundsatz der Stichtagsbewertung** besagt, daß die Bewertung nach den Verhältnissen, die an diesem Stichtag herrschen, durchzuführen ist. Aus dem Stichtagsprinzip kann aber nicht abgeleitet werden, daß die Bewertung auch am Bewertungsstichtag tatsächlich vorgenommen werden muß. D.h., der Zeitpunkt der tatsächlichen Bewertung und der Zeitpunkt, auf den sich die Bewertung bezieht fallen nicht zwangsläufig auf ein und denselben Tag. 344

Die Rechtsprechung hat das Stichtagsprinzip nicht immer streng gehandhabt. **Ausnahmen** hiervon sind für zulässig erachtet worden. So ist z.B. ein Kaufmann an die niedrigeren Börsen- und Marktpreise des Bilanzstichtages nicht gebunden, wenn der objektive Wert der Vorräte an diesem Tag höher ist und nur vorübergehende völlig außergewöhnliche Umstände den Börsen- oder Marktpreis beeinflußt haben (s. M. Söffing in Lademann/Söffing/Brockhoff, § 6 EStG Anm. 113). 345

b) Wertaufhellende Umstände

Regelmäßig liegt zwischen dem Bewertungsstichtag und dem Tag der tatsächlichen Bilanzaufstellung, also dem Tag, an dem die Bewertung tatsächlich durch- 346 geführt wird, ein längerer Zeitraum. Fraglich ist daher, ob Umstände, die objektiv am Bilanzstichtag bereits vorlagen, aber dem Steuerpflichtigen zu diesem Zeitpunkt noch nicht bekannt waren, von ihm bei der Bewertung berücksichtigt werden müssen, wenn sie ihm bis zur tatsächlichen Bilanzaufstellung bekannt werden (sog. **wertaufhellende Umstände**). Diese Frage ist von der Rechtsprechung bejaht worden (so BFH-Urteil vom 17.5.1978, BStBl II 1978, 497).

Beispiel:
Der Kaufmann A hat eine Forderung gegen den Einzelunternehmer B in Höhe von 5 000,— DM. A erfährt erst im März eines Jahres, daß B seit November des vorangegangenen Jahres in Zahlungsschwierigkeiten geraten ist. A kann in seiner Bilanz auf den 31.12. des vorangegangenen Jahres, die er im April aufstellt, die Forderung entsprechend der Sachlage geringer bewerten, weil der den geringeren Wert begründende Umstand bereits am Bilanzstichtag objektiv vorhanden war.

347 Wertaufhellende Umstände müssen vom Steuerpflichtigen bei der Bilanzaufstellung berücksichtigt werden (**Berücksichtigungszwang**). Er hat kein Wahlrecht. Dabei ist es unerheblich, ob die wertaufhellenden Umstände zugunsten oder zuungunsten des Steuerpflichtigen sich auswirken.

348 Ist die Bilanz aufgestellt und beim Finanzamt eingereicht, so ist eine Berichtigung der Bilanz aufgrund von wertaufhellenden Umständen nicht mehr möglich. Es gilt der **Grundsatz der subjektiven Richtigkeit der Bilanz.** Danach ist eine Bilanz noch nicht dann falsch und rechtfertigt noch keine Bilanzberichtigung, wenn sich nach ihrer Aufstellung herausstellt, daß bestimmte tatsächliche oder rechtliche Verhältnisse am Bilanzstichtag objektiv anders waren, als bei der Aufstellung der Bilanz angenommen wurde (BFH-Urteil vom 23.5.1984, BStBl II 1984, 723, 725).

349 Ausschlaggebend für die Berücksichtigung von wertaufhellenden Umständen ist die Aufstellung der **Steuerbilanz** und nicht die Handelsbilanz. Dies ist, soweit ersichtlich, aber von der Rechtsprechung noch nicht geklärt worden. Als **Zeitpunkt der Bilanzaufstellung** wird man den Zeitpunkt ansehen müssen, in dem der Steuerpflichtige die Bilanz unterzeichnet. Wenn die Bilanzerstellung verspätet erfolgt ist u.E. auch die Wertaufhellungstheorie anzuwenden. Abschließend entschieden ist dieses Problem aber noch nicht.

c) Wertverändernde Umstände

350 **Wertverändernde Umstände** — auch als wertbeeinflussende Umstände bezeichnet — unterscheiden sich von den wertaufhellenden Umständen (Tz. 346 ff.)

XIII. Bewertung

dadurch, daß sie erst nach dem Bilanzstichtag eintreten, also am Bilanzstichtag objektiv noch garnicht vorhanden waren. Sie lassen daher einen Rückschluß auf die Verhältnisse am Bilanzstichtag nicht zu und sind mithin bei der Bilanzaufstellung unberücksichtigt zu lassen; ansonsten wäre ein Verstoß gegen das Stichtagsprinzip gegeben.

Beispiel:
Der Kaufmann A hat eine Forderung gegen den Einzelunternehmer B in Höhe von 5 000,— DM. Am Bilanzstichtag hatte A Kenntnis davon, daß B seit November sich in Zahlungsschwierigkeiten befand. Als A im April die Bilanz zum 31.12. des vorangegangenen Jahres aufstellt, erfährt er, daß B im Februar eine große Erbschaft gemacht habe und seine Zahlungsschwierigkeiten behoben seien. Gleichwohl hat A in der Bilanz zum 31.12. die Forderung auf den niedrigeren Wert abzuschreiben, da der Umstand, daß B eine Erbschaft gemacht hat, erst nach dem Bilanzstichtag eingetreten ist und damit die Verhältnisse am Bilanzstichtag nicht beeinflußt hat.

5. Bewertungsmethoden

a) Allgemeines

Die Bewertung darf nicht willkürlich sein. Der Wert der einzelnen Wirtschaftsgüter muß daher in einem geordneten und nachprüfbaren Verfahren gefunden werden. Diese Verfahren, die sog. **Bewertungsmethoden,** sind in § 6 EStG mit Ausnahme der Lifo-Methode (§ 6 Abs. 1 Nr. 2 a EStG) nicht näher geregelt. Die grundlegenste Bewertungsmethode leitet sich aus dem Grundsatz der Einzelbewertung ab und kann als Einzelwertfeststellung bezeichnet werden. Im Interesse einer Arbeitsvereinfachung sieht das Handelsrecht, insbesondere im Hinblick auf das Umlaufvermögen, Ausnahmen von der Methode der Einzelwertfeststellung vor, die auch steuerlich Anwendung finden. Zu denken ist dabei an:

351

a) die Sammelbewertung,
b) die Festwertbildung,
c) die Durchschnittsbewertung,
d) die Pauschal- und Sammelwertberichtigung bei Forderungen,
e) die Pauschalbewertung bei Rückstellungen und
f) die Lifo-Methode.

b) Einzelwertfeststellung

Grundsätzlich ist der Geldbetrag mit dem ein Wirtschaftsgut oder Schulden zu bewerten sind durch **Einzelwertfeststellung** zu ermitteln. Wie man aber konkret

352

vorgeht, um diesen Einzelwert festzustellen ist davon abhängig welcher Bewertungsmaßstab zur Anwendung gelangt.

353 Schreibt das Gesetz als Bewertungsmaßstab den **Buchwert** vor, so bereitet die Wertermittlung keinerlei Probleme. Der Buchwert ist aus der Bilanz direkt zu entnehmen.

354 Wegen der Wertermittlung des **Teilwert** wird auf die Ausführungen unter Tz. 401 ff. verwiesen.

355 Soweit § 6 EStG als Bewertungsmaßstab die **Anschaffungs- oder Herstellungskosten** vorschreibt, ist der jeweilige Einzelwert durch die **progressive Methode** zu ermitteln. Die Anschaffungs- oder Herstellungskosten eines Wirtschaftsguts werden direkt durch Addition aller zur Anschaffung oder Herstellung gemachten Aufwendungen ermittelt. In Ausnahmefällen, vornehmlich im Bereich des Umlaufvermögens, wird aber auch die **retrograde Methode** als zulässig angesehen (BFH-Urteil vom 27.10.1983, BStBl II 1984, 35 unter 3.). Hierunter versteht man die Ermittlung des Werts durch Ableitung des Verkaufspreises. Man geht davon aus, daß der Verkaufspreis von Waren und anderen Produkten vielfach durch Zuschläge auf die Anschaffungs- oder Herstellungskosten entstehen. Durch Rückrechnung dieser Zuschläge müssen sich daher die Anschaffungs- oder Herstellungskosten finden lassen.

c) Sammelbewertung

356 Gemäß § 240 Abs. 4 HGB können gleichartige Vermögensgegenstände des Vorratsvermögens sowie andere gleichartige oder annähernd gleichwertige bewegliche Vermögensgegenstände jeweils zu einer Gruppe zusammengefaßt und mit dem gewogenen Durchschnittswert angesetzt werden. Die Bewertungsmethode nennt man **Gruppen- oder Sammelbewertung.**

357 Die Sammelbewertung verfolgt allein den **Sinn und Zweck** einer Vereinfachung der Inventur. Durch eine Gruppenbewertung verlieren die Wirtschaftsgüter nicht ihre Eigenschaft als einzelnes Wirtschaftsgut.

358 Vom **sachlichen Anwendungsbereich** erfaßt die Sammelbewertung sowohl das Umlaufvermögen als auch das Anlagevermögen. Hauptanwendungsbereich ist aber das Umlaufvermögen in Form des Vorratsvermögens. Wird eine Sammelbewertung für Wirtschaftsgüter des Vorratsvermögens vorgenommen, so müssen die

XIII. Bewertung

Wirtschaftsgüter gleichartig sein. **Gleichartige** Wirtschaftsgüter sind gegeben, wenn sie zu einer Warengattung zählen (z.b. Herrensocken in einem Kaufhaus). Wird eine Sammelbewertung für bewegliche Wirtschaftsgüter des Anlagevermögens vorgenommen, so müssen diese entweder gleichartig sein (z.b. Flaschen) oder annähernd gleichwertig. **Annähernde Gleichwertigkeit** liegt vor, wenn die Preise der Wirtschaftsgüter nur geringfügig von einander abweichen.

Rechtsfolge der Sammelbewertung ist die Bewertung mit dem gewogenen Durchschnittswert (s. dazu Tz. 368).   359

d) Festwertverfahren

Vom **Begriff** her besagt die Festwertbildung den Ansatz eines Wirtschaftsguts   360
oder einer Gruppe von Wirtschaftsgütern in mehreren aufeinanderfolgenden Bilanzen mit einer gleichbleibenden Größe oder Menge und die Bewertung dieses Ansatzes mit einem gleichbleibenden Wert.

Sinn und Zweck des Festwertes liegt zum einen in der Vereinfachung des Jahresabschlußes. Zum anderen dient die Festwertbildung letztlich der Substanzerhaltung, da insbesondere die Möglichkeit der Scheingewinnbesteuerung ausgeschlossen wird.   361

Rechtsgrundlage der Festwertbildung ist § 240 Abs. 3 Satz 1 HGB. Danach können (Wahlrecht) Vermögensgegenstände des Sachanlagevermögens sowie Roh-, Hilfs- und Betriebsstoffe, wenn sie regelmäßig ersetzt werden und ihr Gesamtwert für das Unternehmen von nachrangiger Bedeutung ist, mit einer gleichbleibenden Menge und einem gleichbleibenden Wert angesetzt werden, sofern ihr Bestand in seiner Größe, seinem Wert und seiner Zusammensetzung nur geringen Veränderungen unterliegt.   362

Macht der Steuerpflichtige von dem Festwertverfahren Gebrauch, so ist in der Regel alle drei Jahre eine **körperliche Bestandsaufnahme** durchzuführen (§ 240 Abs. 3 Satz 2 HGB; s. ferner Abschn. 31 Abs. 5 Satz 3 EStR). Dies gilt sowohl für die Wirtschaftsgüter des Anlagevermögens als auch für die Roh-, Hilfs- und Betriebsstoffe.   363

Rohstoffe sind Stoffe, die unmittelbar in das Fertigungserzeugnis eingehen und dessen Hauptbestandteil bilden. **Hilfsstoffe** sind dagegen Gegenstände, die bei der Herstellung oder Verarbeitung eines Wirtschaftsguts direkt verwendet oder   364 verbraucht werden, ohne jedoch Bestandteil des Wirtschaftsguts zu werden. Unter **Betriebsstoffen** versteht man Stoffe, die nicht in das Fertigungsprodukt eingehen, aber mittelbar oder unmittelbar im Rahmen des Herstellungsvorganges verbraucht werden.

e) Durchschnittsbewertung

365 **Begrifflich** meint Durchschnittsbewertung die Bewertung mehrerer (vertretbarer) Wirtschaftsgüter mit dem Durchschnitt ihrer Anschaffungs- oder Herstellungskosten auf ein Wirtschaftsjahr.

366 Die Durchschnittsbewertung hat den **Sinn und Zweck** nur einem vereinfachten Wertansatz zu dienen; nicht aber einer vereinfachten Bestandsermittlung. D.h., die der Durchschnittsbewertung unterworfenen Wirtschaftsgüter müssen konkret festgestellt worden sein.

367 **Voraussetzungen** der Durchschnittsbewertung sind:
- das Vorliegen vertretbarer Sachen,
- Schwankungen im Einstandspreis und
- keine Verletzung des Niederstwertprinzips.

368 Liegen die Voraussetzungen für eine Durchschnittsbewertung vor, so kann ein Durchschnittswert angesetzt werden **(Rechtsfolge).** Bei der **einfachen Durchschnittsbewertung** wird der Durchschnittswert aus allen Zukäufen innerhalb eines Wirtschaftsjahres unter Berücksichtigung des Anfangsbestands als Zugang ermittelt. Genauer ist die Bewertung mit der **gewogenen Durchschnittsbewertung.** Nach dieser Methode wird nach jedem Zugang sofort ein neuer Durchschnittswert gebildet (s. Abschn. 36 Abs. 3 EStR). Denkbar ist auch eine **gemischte Methode,** nämlich eine Ermittlung des Durchschnittswerts in der Weise, daß nur nach jedem Monat oder nur vierteljährlich ein neuer Durchschnittswert ermittelt wird. In diesem Fall kommt während eines Monats bzw. eines Vierteljahres die einfache Durchschnittswertermittlung zum Zuge.

f) Lifo-Methode

369 Der **Begriff** „Lifo" besagt, „last in — first out". Es wird hier unterstellt, daß der Kaufmann die zuletzt angeschafften Waren zuerst verbraucht bzw. veräußert hat. Es werden dann die Anschaffungskosten der zuerst erworbenen Vorräte der Bewertung zugrunde gelegt.

XIII. Bewertung

Steuerrechtliche **Rechtsgrundlage** für die Lifo-Methode ist § 6 Abs. 1 Nr. 2 a EStG. Ihr Sinn und Zweck ist allein in der Verhinderung von Scheingewinnbesteuerungen zu sehen. 370

Voraussetzung des Lifo-Verfahrens ist: 371

- es müssen gleichartige Wirtschaftsgüter des Vorratsvermögens vorliegen,
- der Gewinn muß nach § 5 EStG ermittelt werden,
- es darf kein Bewertungsabschlag nach § 51 Abs. 1 Nr. 2 Buchst. m EStG (sog. Importwarenabschlag) vorgenommen worden sein und
- die Anwendung des Lifo-Verfahrens muß den Grundsätzen ordnungsmäßiger Buchführung entsprechen.

Wer von der Lifo-Methode Gebrauch macht, ist grundsätzlich an sie gebunden. In den folgenden Wirtschaftsjahren kann der Steuerpflichtige von ihr nur noch mit Zustimmung des Finanzamtes abweichen (§ 6 Abs. 1 Nr. 2 a letzter Satz EStG).

Wer sich für die Lifo-Methode entschieden hat, hat zwei Techniken zur Auswahl. 372
Zum einen das sog. **permanente Lifo-Verfahren** und zum anderen das **Perioden-Lifo-Verfahren** (s. wegen Einzelheiten Küting/Weber, Handbuch der Rechnungslegung, 2. Aufl. S. 750 ff.).

6. Bewertungsmaßstäbe

a) Allgemeines

Bei der Frage wie zu bewerten ist, wird nach dem Maßstab gesucht, welcher anzuwenden ist, um einem Wirtschaftsgut zum Zwecke der Gewinnermittlung einen Geldbetrag zuzuordnen. § 6 EStG nennt ausdrücklich vier Bewertungsmaßstäbe: 373

- Anschaffungskosten,
- Herstellungskosten,
- Teilwert und
- Buchwert.

Ferner stellen der sog. Zwischenwert und die fiktiven Anschaffungs- oder Herstellungskosten Bewertungsmaßstäbe dar. Ebenso findet der gemeine Wert analog § 9 BewG als Bewertungsmaßstab bei besonderen Sachverhalten Anwendung.

b) Buchwert

374 Der **Buchwert** als Bewertungsmaßstab ist vollkommen unproblematisch. Er ergibt sich immer aus dem entsprechenden Jahresabschluß.

c) Anschaffungskosten

375 **Anschaffungskosten** sind die Kosten, die durch eine Anschaffung entstehen. Unter **Anschaffung** versteht man den Erwerb eines bereits bestehenden Wirtschaftsguts von einem Dritten. Demgegenüber wird bei der Herstellung ein Wirtschaftsgut vom Steuerpflichtigen erst geschaffen. Die Anschaffung setzt eine Erwerbshandlung des Steuerpflichtigen voraus. Daher ist ein Erwerb kraft Gesetzes oder kraft Hoheitsaktes ebensowenig eine Anschaffung wie die Überführung eines Wirtschaftsguts aus dem Umlaufvermögen in das Anlagevermögen.

376 Der **Zeitpunkt der Anschaffung** ist der Zeitpunkt der Lieferung des erworbenen Wirtschaftsguts; denn nach § 9 a EStDV ist Jahr der Anschaffung das Jahr der Lieferung. Geliefert ist ein Wirtschaftsgut, wenn der Erwerber nach dem Willen der Vertragsparteien darüber wirtschaftlich verfügen kann. Das ist regelmäßig der Fall, wenn Eigenbesitz, Gefahr, Nutzen und Lasten auf den Erwerber übergehen.

377 Der **Begriff der Anschaffungskosten** ist in § 255 Abs. 1 HGB definiert. Danach sind Anschaffungskosten die Aufwendungen, die geleistet werden, um einen Vermögensgegenstand zu erwerben und ihn in einen betriebsbereiten Zustand zu versetzen, soweit sie dem Vermögensgegenstand einzeln zugeordnet werden können. Zu den Anschaffungskosten gehören auch die Nebenkosten sowie die nachträglichen Anschaffungskosten. Der Anschaffungskostenbegriff ist final zu verstehen. Ausschlaggebend für die Qualifizierung von Aufwendungen als Anschaffungskosten ist also der mit den Aufwendungen verfolgte Zweck.

378 Aus der in § 255 Abs. 1 Satz 1 HGB enthaltenen Definition ergibt sich der **Umfang** der Anschaffungskosten. Der Begriff der Anschaffungskosten stellt sich danach als Obergriff dar und umfaßt:
- die Aufwendungen für den Erwerb,
- die Aufwendungen für die Herstellung des betriebsbereiten Zustandes des angeschafften Wirtschaftsguts,
- die Anschaffungsnebenkosten und
- die nachträglichen Anschaffungskosten.

XIII. Bewertung

Kernstück der Anschaffungskosten sind die Aufwendungen für den Erwerb eines Wirtschaftsguts. Hierunter fallen alle Aufwendungen, die der Steuerpflichtige tätigt, um das Wirtschaftsgut aus der fremden in die eigene Verfügungsmacht zu überführen. Damit ist der **Anschaffungspreis,** also das vertragliche Entgelt gemeint. Es kann als Barentgelt oder aber auch als unbares Entgelt vereinbart sein. Das Entgelt kann auch zum Teil aus einem baren und einem unbaren Entgelt bestehen. Die Gestaltungsmöglichkeiten sind vielfältig. So kann ein Entgelt z.b. in der Übernahme einer Rentenverpflichtung bestehen oder in der Einräumung von Nutzungsrechten. 379

Ferner gehören auch die **Anschaffungsnebenkosten** zu den Anschaffungskosten. Die Anschaffungsnebenkosten erfassen alle Aufwendungen des Erwerbs, die — neben dem Anschaffungspreis — in einem unmittelbaren wirtschaftlichen Zusammenhang mit der Anschaffung stehen. Die Anschaffungsnebenkosten kann man unterteilen in zusätzliche Erwerbskosten und Kosten der Betriebsbereitschaft. Die Anschaffungsnebenkosten können vor oder nach dem Erwerb anfallen. Wie § 255 Abs. 1 Satz 1 HGB eindeutig zu entnehmen ist, kommen als Anschaffungsnebenkosten nur solche Kosten in Betracht, deren Maßeinheit (Zeit, Menge) für das einzelne angeschaffte Wirtschaftsgut direkt bewertet werden kann (Einzelkosten). 380

Zusätzliche Erwerbskosten sind z.B. Gebühren für Vertragsbeurkundungen, Grunderwerbsteuern oder Gerichtskosten. 381

Auch die **Kosten der Betriebsbereitschaft** zählen noch zu den Anschaffungskosten. Typische Kosten dieser Art sind die Montagekosten, auch wenn sie regelmäßig erst nach Lieferung bzw. nach Gefahrenübergang des erworbenen Wirtschaftsguts entstehen. 382

Zu den Anschaffungskosten gehören neben dem Anschaffungspreis und den Anschaffungsnebenkosten noch **die nachträglichen Anschaffungskosten.** Gemeint sind damit Anschaffungskosten, die nachträglich, d.h. in einem späteren Wirtschaftsjahr als dem Jahr der Anschaffung entstehen. Da das Gesetz von nachträglichen Anschaffungskosten, also dem Oberbegriff von Anschaffungspreis und Anschaffungsnebenkosten spricht, sind sowohl nachträgliche Erhöhungen des Anschaffungspreises als auch der Anschaffungsnebenkosten zu beachten. 383

Gemäß § 255 Abs. 1 Satz 3 HGB sind auch **Anschaffungspreisminderungen** zu berücksichtigen. Typischer Fall einer Anschaffungspreisminderung stellen 384

Preisnachlässe, Rabatte, Skonti und ähnliches dar (BFH-Urteil vom 22.8.1988, BStBl II 1988, 902). Anschaffungskosten können sich auch durch die Inanspruchnahme von Zuschüssen mindern (s. dazu Tz. 386).

385 Zahlt der Erwerber bei der Anschaffung mehrerer Wirtschaftsgüter (z.b. Erwerb eines bebauten Grundstückes) einen **Gesamtkaufpreis,** so ist dieser auf die einzelnen Wirtschaftsgüter aufzuteilen, um für jedes einzelne Wirtschaftsgut die Anschaffungskosten zu ermitteln. Dabei ist grundsätzlich von den Vorstellungen der Vertragsparteien auszugehen. Ansonsten ist Aufteilungsmaßstab das Verhältnis der Teilwerte der einzelnen Wirtschaftsgüter zueinander ausschlaggebend für die Aufteilung.

386 Es ist nicht selten, daß der Steuerpflichtige für den Erwerb eines Wirtschaftsguts einen **Zuschuß** erhält. Ein solcher Zuschuß kann z.b. in einer Investitionszulage, Abfindung, Prämie oder Beihilfe bestehen. Ein Zuschuß wird dabei vom Zuschußgeber zur Verfolgung eines bestimmten Zwecks gewährt. Tritt dieser Zweck nicht ein, kann der Zuschuß regelmäßig zurückgefordert werden.

Wird ein Zuschuß zur Finanzierung von Anschaffungskosten eines Wirtschaftsguts gewährt, so ist nach herrschender Meinung folgende steuerrechtliche Behandlung anzuwenden (Abschn. 34 Abs. 1 EStR): Der Steuerpflichtige hat ein Wahlrecht. Er kann die Zuschüsse als Betriebseinnahmen ansetzen und versteuern. In diesem Fall hat er die mit Hilfe der Zuschüsse angeschafften Anlagegüter mit den vollen Anschaffungskosten ohne jede Kürzung anzusetzen. Der Steuerpflichtige kann die Zuschüsse aber auch erfolgsneutral behandeln, also nicht den Betriebseinnahmen hinzurechnen. Dann darf er die Wirtschaftsgüter des Anlagevermögens, die er mit Hilfe der Zuschüsse angeschafft oder hergestellt hat, nur mit den Anschaffungs- oder Herstellungskosten abzüglich der Zuschüsse ansetzen. Die Abschreibungen dürfen dann nur von den eigenen Aufwendungen des Steuerpflichtigen bemessen werden.

d) Herstellungskosten

387 **Herstellungskosten** sind die Kosten, die durch einen Herstellungsvorgang entstehen. **Herstellung** muß man in Abgrenzung zur Anschaffung sehen. Daher muß eine Herstellung auf Erzeugung eines Wirtschaftsguts im eigenen Bereich gerichtet sein (BFH vom 2.9.1988, BStBl II 1988, 1009 unter II. 2. a.). Nach der Begriffsdefinition in § 255 Abs. 2 HGB führen nicht nur die Aufwendungen für die

XIII. Bewertung

erstmalige Schaffung eines Wirtschaftsguts (Herstellung) zu Herstellungskosten, sondern auch die Aufwendungen für die Erweiterung oder für die wesentliche Verbesserung eines Wirtschaftsguts.

Ein Herstellungsvorgang ist immer zeitraumbezogen, d.h. die Herstellung findet im Herstellungszeitraum statt (s. § 255 Abs. 2 Satz 5 HGB). Der Beginn dieses Zeitraums, also der **Herstellungsbeginn,** ist gegeben, wenn Handlungen vorgenommen werden, die darauf gerichtet sind, ein Wirtschaftsgut zu schaffen oder ein bereits bestehendes Wirtschaftsgut zu erweitern oder zu verbessern. Das **Herstellungsende** ist, wie aus § 9a EStDV zu entnehmen ist, der Zeitpunkt der Fertigstellung des Wirtschaftsguts, d.h., wenn es einen Zustand erreicht hat, der seine bestimmungsgemäße Nutzung ermöglicht (BFH vom 1.12.1987, BStBl II 1988, 365). 388

Das EStG enthält keine Bestimmung über den **Umfang** der Herstellungskosten. Die Finanzverwaltung hat ihn in Abschn. 33 EStR näher konkretisiert und dabei im wesentlichen auf die Rechtsprechung des BFH und den handelsrechtlichen Herstellungsbegriff des § 255 Abs. 2 HGB zurückgegriffen. Die Herstellungskosten setzen sich danach wie folgt zusammen: 389

- Materialkosten, Fertigungskosten und Sonderkosten der Fertigung (§ 255 Abs. 2 Satz 2 HGB, Abschn. 33 Abs. 1 Satz 2 EStR),
- notwendige Materialgemeinkosten, notwendige Fertigungsgemeinkosten und der Wertverzehr des Anlagevermögens (§ 255 Abs. 2 Satz 3 HGB, Abschn. 33 Abs. 1 Satz 2, Abs. 2 und Abs. 4 EStR) und
- Kosten der allgemeinen Verwaltung und für soziale Einrichtungen des Betriebs, für freiwillige soziale Leistungen und für betriebliche Altersversorgung (§ 255 Abs. 2 Satz 4 HGB, Abschn. 33 Abs. 1 Satz 3 EStR).

Die **Materialkosten** (Kosten für das Fertigungsmaterial) umfassen alle Aufwendungen der für die Herstellung verbrauchten Werkstoffe, wie Roh-, Hilfs- und Betriebsstoffe. Zu den Materialkosten können auch gebrauchte Teile eines alten Wirtschaftsguts gehören. Zu den Materialkosten zählen ferner auch die Kosten der sog. **Innenverpackung.** Hierunter versteht man eine Verpackung, die notwendig ist, um ein Produkt überhaupt am Mark anbieten zu können, wie z.B. die Tube für Zahnpasta oder die Dose für Schuhcreme. 390

Ebenso wie die Materialkosten gehören die **Fertigungskosten** notwendig zu den Herstellungskosten. Unter dieser Kostenart versteht man die Fertigungslöhne und 391 ähnliche unmittelbar durch den Einsatz fremder Arbeitskräfte für den Herstellungsvorgang anfallende Aufwendungen.

392 Zwingender Bestandteil der Herstellungskosten sind auch die **Sonderkosten der Fertigung.** Hierzu gehören die Entwurfs- und Planungskosten oder auch Sonderwerkzeuge und besondere Modelle. Unter bestimmten Voraussetzungen können auch die Kosten einer Fehlplanung zu den Sonderkosten der Fertigung gehören (vgl. BFH-Urteil vom 11.3.1976, BStBl II 1976, 614 unter 2.).

393 § 255 Abs. 2 Satz 3 HGB bestimmt, daß auch angemessene Teile der **Material- und Fertigungsgemeinkosten** in die Herstellungskosten eingerechnet werden können. Dieses handelsrechtliche Wahlrecht findet u.E. über den Maßgeblichkeitsgrundsatz im Steuerrecht Anwendung. Zwar bestimmt Abschn. 33 Abs. 1 Satz 1 und Abs. 2 EStR, daß diese Kostenarten im Rahmen der Herstellungskosten zu erfassen sind (Aktivierungsgebot), aber diese Regelung dürfte rechtswidrig sein, da sie gegen das Handelsrecht verstößt. Abschn. 33 Abs. 1 Satz und Abs. 2 EStR kann auch nicht über den steuerrechtlichen Bewertungsvorbehalt des § 5 Abs. 6 EStG zur Anwendung gelangen, da es sich bei dieser Regelung nur um eine Verwaltungsvorschrift und nicht um ein Gesetz handelt. Die vorstehend vertretene Auffassung ist jedoch stark umstritten.

Unter Gemeinkosten versteht man die im Fertigungsprozeß nicht als Einzelkosten erfaßbaren Kostenarten. Daher sind Materialgemeinkosten die Aufwendungen, die auf die verwendeten Materialien gemeinsam entfallen und Fertigungsgemeinkosten die Aufwendungen, die für alle Leistungen anfallen, die nicht unmittelbar als Materialkosten und Fertigungslöhne oder als Sonderkosten verrechnet werden können und auch nicht zu den Verwaltungs- oder Vertriebskosten gehören.

394 Auch der **Wertverzehr des Anlagevermögens,** soweit er durch die Fertigung veranlaßt ist, zählt zu den Herstellungskosten. Handelsrechtlich besteht gemäß § 255 Abs. 2 Satz 3 HGB ein Wahlrecht, ob diese Position in die Herstellungskosten eingerechnet werden oder nicht. Soweit die EStR in Abschn. 33 Abs. 2 Satz 2 von anderen Grundsätzen ausgehen sind sie nicht anzuwenden (s. Tz. 393). Der Wertverzehr des Anlagevermögens wird aber nur durch die lineare oder degressiv Abschreibung ausgedrückt. Erhöhte Absetzungen, Sonderabschreibungen oder Bewertungsfreiheiten sind daher im Rahmen der Ermittlung der Herstellungskosten unberücksichtigt zu lassen.

395 Für die sonstigen Herstellungskosten (Kosten der allgemeinen Verwaltung sowie Aufwendungen für soziale Einrichtungen des Betriebs, für freiwillige soziale

XIII. Bewertung

Leistungen und für betriebliche Altersversorgung) besteht sowohl nach § 255 Abs. 2 Satz 4 HGB als auch nach Abschn. 33 Abs. 1 Satz 3 EStR ein Wahlrecht. Wegen Einzelheiten zu den **sonstigen Herstellungskosten** s. Abschn. 33 Abs. 5 EStR.

Die **Vertriebskosten** gehören nicht zu den Herstellungskosten, da sie nicht mehr dem Produktionsbereich, sondern eben dem Vertriebsbereich zuzurechnen sind (§ 255 Abs. 2 Satz 6 HGB, Abschn. 33 Abs. 1 Satz 4 EStR). Typische Vertriebskosten sind z.b. die Kraftfahrzeugkosten für Fahrzeuge, die der Auslieferung der Waren dienen. Auch Lagerkosten, die durch die Lagerung der fertigen Produkte entstehen, gehören zu den Vertriebskosten, ebenso wie die Kosten für sog. **Außenverpackungen,** also Verpackungen, die alleine dem Transport dienen. 396

Einen besonderen Fall der Herstellungskosten stellen die **Teilherstellungskosten** dar. Sind am Ende eines Wirtschaftsjahres Wirtschaftsgüter noch nicht fertiggestellt oder Leistungen noch nicht fertig, so sind teilfertige Erzeugnisse oder teilfertige Arbeiten zu aktivieren. Bewertungsmaßstab sind hier die Teilherstellungskosten, also diejenigen Aufwendungen, die bis zum Ende des Wirtschaftsjahrs durch den Verbrauch von Gütern und die Inanspruchnahme von Diensten für die Herstellung eines Wirtschaftsguts entstanden sind (BFH-Urteil vom 15.11.1985, BStBl II 1986, 367 unter 3.b.). 397

Ebenso wie bei den Anschaffungskosten ist auch bei den Herstellungskosten eine **nachträgliche Änderung** möglich. Diese kann sowohl in einer nachträglichen Minderung als auch in einer nachträglichen Erhöhung der Herstellungskosten bestehen (§ 255 Abs. 2 Satz 1 HGB). 398

Ein besonderer Problemkreis im Rahmen der Herstellungskosten besteht darin, ob Aufwendungen tatsächlich der Erweiterung oder Verbesserung eines Wirtschaftsguts dienen (Herstellungsaufwand) oder aber, ob die Aufwendungen lediglich dazu getätigt worden sind, um die Substanz oder die bisherige Verwendungs- und Nutzungsmöglichkeit eines Wirtschaftsguts aufrechtzuerhalten oder wiederherzustellen **(Erhaltungsaufwand).** Liegt Erhaltungsaufwand vor, so kann der Steuerpflichtige diese als sofort abziehbare Betriebsausgaben (§ 4 Abs. 4 EStG) behandeln. Handelt es sich aber um Herstellungsaufwand, so muß er diesen als Herstellungskosten aktivieren. Eine Gewinnauswirkung tritt erst im Laufe der betriebsgewöhnlichen Nutzungsdauer über die Abschreibungsmöglichkeiten ein. 399

Die **Abgrenzung** zwischen Erhaltungs- und Herstellungsaufwand ist fließend und damit nicht immer einfach. In der Rechtsprechung ist die Tendenz zu spüren, die

Grenze mehr zugunsten des sofort abziehbaren Erhaltungsaufwandes zu ziehen (BFH-Urteil vom 24.7.1979, BStBl II 1980, 7). Besondere Bedeutung erlangt die Abgrenzungsproblematik bei Baumaßnahmen an Gebäuden. Hier ist es auch nicht selten, daß im Rahmen **einheitlicher Baumaßnahmen** Erhaltungs- und Herstellungsaufwand zusammentreffen. Hier entsteht die Frage, ob bei der einheitlichen Baumaßnahme der gesamte Aufwand in sofort absetzbaren Erhaltungsaufwand und in aktivierungspflichtigen Herstellungsaufwand aufgeteilt werden kann. Diese Frage kann nicht allgemeingültig beantwortet werden. Stehen die einzelnen Baumaßnahmen, die einheitlich vorgenommen worden sind, in einem räumlichen, zeitlichen und sachlichen Zusammenhang, so ist Herstellungsaufwand bei allen Aufwendungen anzunehmen (BFH-Urteil vom 2.8.1983, BStBl II 1983, 728 unter 2.). Stehen Erhaltungsmaßnahmen nur in einem zeitlichen Zusammenhang mit Herstellungsmaßnahmen, ist also kein räumlicher Zusammenhang gegeben, so sind die einzelnen Maßnahmen getrennt zu behandeln (BFH-Urteil vom 14.10.1960, BStBl III 1960, 493, Abschn. 157 Abs. 4 Satz 2 EStR).

400 Ein weiterer, in der Praxis häufig relevanter Problemkreis im Rahmen der Herstellungskosten, ist der sog. **anschaffungsnahe Aufwand.** Vom Grundsatz her sind Erhaltungsaufwendungen sofort abziehbare Ausgaben und führen nicht zu aktivierungspflichtigen Herstellungskosten. Hiervon hat der BFH unter anderem bei den anschaffungsnahen Aufwendungen eine Ausnahme zugelassen. Werden Gebäude in einem heruntergekommenen Zustand erworben, so sind nicht unbeträchtliche Aufwendungen für ihre Instandsetzung erforderlich. Werden diese Aufwendungen für die Instandsetzung im Jahr des Erwerbs und in den beiden folgenden Jahren getätigt, so spricht man von anschaffungsnahen Aufwendungen, die als Herstellungskosten zu aktivieren sind (vgl. BFH-Urteil vom 12.2.1985, BStBl II 1985, 690; Abschn. 157 Abs. 5 Satz 1 EStR).

Voraussetzung für die Annahme eines anschaffungsnahen Aufwandes ist:
- Durch die Instandsetzungsmaßnahmen muß eine Wesensänderung des Wirtschaftsguts, eine erhebliche Erhöhung seines Nutzungswerts oder eine erhebliche Verlängerung seiner Nutzungsdauer eintreten (BFH-Beschluß vom 22.8.1966, BStBl III 1966, 672).
- Im Verhältnis zum Kaufpreis muß der Steuerpflichtige hohe Aufwendungen zur Instandsetzung getätigt haben. Wann dies der Fall ist, kann nicht allgemeinhin bestimmt werden (s. BFH-Urteil vom 8.7.1980, BStBl II 1980, 744 und BFH-Urteil vom 12.2.1985, BStBl II 1985, 690). In Abschn. 157 Abs. 5

XIII. Bewertung

Satz 7 EStR hat die Finanzverwaltung in diesem Zusammenhang eine Aufgriffsgrenze von 20 vom Hundert niedergelegt. Danach ist von den Finanzämtern nur dann anschaffungsnaher Aufwand zu prüfen, wenn die Aufwendungen für Instandsetzung in den ersten drei Jahren nach der Anschaffung des Gebäudes insgesamt 20 vom Hundert der Anschaffungskosten des Gebäudes übersteigen.

- Der Kaufpreis muß wegen der vom Veräußerer unterlassenen Instandhaltungsarbeiten niedriger festgesetzt worden sein. Lagen verdeckte Mängel vor, so kann man davon ausgehen, daß der Erwerber regelmäßig einen zu hohen Kaufpreis gezahlt hat, da ihm die Mängel nicht bekannt waren und er daher den Kaufpreis nicht herunterhandeln konnte (s. Abschn. 157 Abs. 5 Satz 6 EStR).

- Die Instandsetzungsmaßnahmen müssen in einem zeitlichen Zusammenhang mit der Anschaffung stehen. Dieser zeitliche Zusammenhang ist grundsätzlich gegeben, wenn die Instandsetzungsmaßnahmen in dem Jahre des Erwerbs und den beiden folgenden Jahren vorgenommen werden (s. aber auch Abschn. 157 Abs. 5 Satz 7 EStR).

e) Teilwert

Neben den Anschaffungs- und Herstellungskosten kennt § 6 EStG als Bewertungsmaßstab noch den **Teilwert**. Der Bewertungsmaßstab des Teilwerts kommt einmal im Rahmen der Abschreibung auf den niedrigeren Teilwert und zum anderen bei einer Wertaufstockung auf den höheren Teilwert zur **Anwendung**. Sowohl die Teilwertabschreibung als auch die Wertaufstockung ist nur dann möglich, wenn der Gewinn durch Betriebsvermögensvergleich ermittelt wird. Bei der Gewinnermittlung nach § 4 Abs. 3 EStG kommt der Teilwert nicht zum Zuge.   **401**

Der **Begriff** des Teilwerts ist der Legaldefinition in § 6 Abs. 1 Nr. 1 Satz 3 EStG zu entnehmen. Teilwert ist danach der Betrag, den ein Erwerber des ganzen Betriebs im Rahmen des Gesamtkaufpreises für das einzelne Wirtschaftsgut ansetzen würde; dabei ist davon auszugehen, daß der Erwerber den Betrieb fortführt.   **402**

Schwierigkeiten bereitet die **Teilwertermittlung,** denn wie die Definition in § 6 Abs. 1 Nr. 1 Satz 3 EStG zeigt, ist ein fiktiver Sachverhalt zu bewerten. Wegen dieser Schwierigkeiten erfolgt in der Praxis die Teilwertermittlung durch Schätzung. Im Rahmen dieser Schätzung geht man einerseits von widerlegbaren Teilwertvermutungen und andererseits von Grenzwerten aus.   **403**

404 Folgende **Teilwertvermutungen** hat die Rechtsprechung aufgestellt:

- Der Teilwert eines Wirtschaftsguts im Zeitpunkt der Anschaffung oder Herstellung entspricht den tatsächlichen Anschaffungs- oder Herstellungskosten (BFH-Urteil vom 12.4.1989, BStBl II 1989, 545).

- Bei nicht abnutzbaren Wirtschaftsgütern des Anlagevermögens entspricht auch der spätere Teilwert den tatsächlichen Anschaffungs- oder Herstellungskosten (BFH-Urteil vom 21.7.1982, BStBl II 1982, 758 unter 4.).

- Bei abnutzbaren Wirtschaftsgütern des Anlagevermögens besteht eine Teilwertvermutung dahingehend, daß der Teilwert zu einem späteren Zeitpunkt als dem Anschaffungs- oder Herstellungszeitpunkt den um die Abschreibungen verminderten Anschaffungs- oder Herstellungskosten entspricht (BFH-Urteil vom 1.4.1981, BStBl II 1981, 660 unter III.2.). Haben die abnutzbaren Wirtschaftsgüter des Anlagevermögens aber einen Marktpreis, so geht die Teilwertvermutung dahin, daß der Teilwert den Wiederbeschaffungskosten entspricht (BFH-Urteil vom 12.4.1989, BStBl II 1989, 545).

- Bei Wirtschaftsgütern des Umlaufvermögens deckt sich im allgemeinen der Teilwert mit den Anschaffungs- oder Herstellungskosten im Zeitpunkt der Anschaffung oder Herstellung. An späteren Bilanzstichtagen wird vermutet, daß der Teilwert sich mit dem jeweiligen Wiederbeschaffungspreis deckt (BFH-Urteil vom 30.1.1980, BStBl II 1980, 327).

405 Die Teilwertvermutungen können in zweierlei Hinsicht **widerlegt** werden. Einmal kann der Steuerpflichtige darlegen, daß die Anschaffung oder Herstellung des Wirtschaftsguts eine **Fehlmaßnahme** war. Als Fehlmaßnahme ist die Anschaffung oder Herstellung eines Wirtschaftsguts des Anlagevermögens zu werten, wenn ihr wirtschaftlicher Nutzen bei objektiver Betrachtung deutlich hinter dem für den Erwerb oder die Herstellung getätigten Aufwand zurückbleibt und demgemäß dieser Aufwand so unwirtschaftlich war, daß er von einem gedachten Erwerber des gesamten Betriebs im Kaufpreis nicht honoriert würde (BFH-Urteil vom 20.5.1988, BStBl II 1989, 269).

Beispiel:
Der Steuerpflichtige hat eine Produktionsmaschine zur Herstellung einer bestimmten Ware erworben. Kurz danach und noch vor dem ersten auf die Anschaffung folgenden Bilanzstichtag wird der Vertrieb der Ware gesetzlich verboten. Die Maschine hat für den Steuerpflichtigen keinen Nutzen. Es liegt eine Fehlmaßnahme vor.

Ferner kann eine Teilwertvermutung dadurch widerlegt werden, daß der Steuerpflichtige darlegt, daß eine **wesentliche Änderung der Verhältnisse** eingetreten ist, die es gerechtfertigt erscheinen läßt, davon auszugehen, daß am Bilanzstichtag die Wiederbeschaffungskosten unter den seinerzeit aufgewendeten Anschaffungskosten liegen (BFH-Urteil vom 23.9.1969, BStBl II 1970, 87).

Bei der Teilwertermittlung sind nicht nur Teilwertvermutungen zu beachten, sondern auch sog. **Grenzwerte**. Die allgemeine Lebenserfahrung besagt nämlich, daß ein Erwerber des Gesamtbetriebs für das einzelne Wirtschaftsgut höchstens die Wiederbeschaffungskosten (BFH-Urteil vom 25.8.1983, BStBl II 1984, 33) und mindestens den Einzelveräußerungspreis bezahlen würde. 406

Nach der vorstehenden Lebenserfahrung sind daher die Wiederbeschaffungskosten die **Obergrenze** für den Teilwert. Die **Wiederbeschaffungskosten** umfassen alles, was im gewöhnlichen Geschäftsverkehr zur Beschaffung oder Herstellung eines Wirtschaftsguts gleicher Art und Güte aufgewendet werden muß (BFH-Urteil vom 8.5.1981, BStBl II 1981, 702). Soweit dem zu bewertenden Wirtschaftsgut nicht ein Anschaffungsvorgang, sondern ein Herstellungsvorgang zugrundeliegt, spricht man von **Wiederherstellungs-** oder **Reproduktionskosten**. Auch hier gilt der Grundsatz, daß sie die Obergrenze für den Teilwert bilden. 407

Die **Untergrenze** für den Teilwert bildet der **Einzelveräußerungspreis**. Hierunter ist der Preis zu verstehen, den ein Steuerpflichtiger hätte erzielen können, wenn er das Wirtschaftsgut am Stichtag einzeln ohne Rücksicht auf die Betriebszugehörigkeit veräußert hätte (BFH-Urteil vom 25.8.1983, BStBl II 1984, 33). Regelmäßig entspricht der Einzelveräußerungspreis dem Verkehrswert. 408

f) Zwischenwert

Auch der **Zwischenwert** ist ein Bewertungsmaßstab des § 6 EStG. Unter einem Zwischenwert versteht man den Wert, der zwischen den Anschaffungs- oder Herstellungskosten, eventuell vermindert um die Abschreibungen, und dem niedrigeren Teilwert liegt. Ein Zwischenwert kann auch dann gegeben sein, wenn der Steuerpflichtige ein Wirtschaftsgut auf den niedrigeren Teilwert abgeschrieben hat und später die Voraussetzungen für eine Wertaufstockung auf den höheren Teilwert gegeben sind. Der Zwischenwert ist als Bewertungsmaßstab in § 6 EStG nicht ausdrücklich angesprochen. Seine Zulässigkeit ergibt sich aber aus folgender Überlegung: Da dem Steuerpflichtigen, insbesondere bei abnutzbaren Wirtschaftsgütern des Anlagevermögens ein Wahlrecht zur Teilwertabschreibung und 409 auch zur Wertaufstockung zusteht, wäre es nicht einzusehen, daß es unzulässig sein sollte, wenn er von diesem Wahlrecht nur in eingeschränktem Umfange durch Ansetzung eines Zwischenwerts Gebrauch macht.

Beispiel:
Eine Maschine steht nach Vornahme der üblichen Abschreibung von den Anschaffungskosten mit 30 000 DM zu Buche. Ihr Teilwert beträgt nur 20 000 DM. Der Steuerpflichtige kann von der Maschine weiter die übliche Abschreibung vornehmen und den sich dann ergebenden Wert ansetzen. Er kann aber auch auf den niedrigeren Teilwert von 20 000 DM abschreiben oder einen Wert zwischen den beiden Werten wählen.

7. Bewertung abnutzbarer Wirtschaftsgüter des Anlagevermögens

a) Allgemeines

410 § 6 Abs. 1 Nr. 1 EStG behandelt die Bewertung der **abnutzbaren Wirtschaftsgüter des Anlagevermögens**. Wegen des Begriffs „abnutzbar" s. Tz. 219 und wegen des Begriffs „Anlagevermögen" s. Tz. 220.

Für die abnutzbaren Wirtschaftsgüter des Anlagevermögens bestehen folgende Bewertungsgrundsätze: Sie sind grundsätzlich mit den Anschaffungs- oder Herstellungskosten, vermindert um die Abschreibungen nach § 7 EStG, zu bewerten. Wegen der Abschreibungen nach § 7 EStG wird auf Tz. 483 ff. hingewiesen. § 6 Abs. 1 Nr. 1 Satz 2 EStG sieht für den Steuerpflichtigen aber ein Wahlrecht zur Teilwertabschreibung vor. Dieses Wahlrecht erstarrt zu einem Abschreibungszwang, wenn die Wertminderung des Anlageguts voraussichtlich von Dauer ist. Dies ergibt sich über den Maßgeblichkeitsgrundsatz aus § 253 Abs. 2 Satz 3 2. Teilsatz HGB. Der Ansatz eines Zwischenwerts ist zulässig. Ebenso ist gemäß § 6 Abs. 1 Nr. 1 Satz 4 EStG eine Wertaufstockung auf den höheren Teilwert, höchstens jedoch bis zu den Anschaffungs- oder Herstellungskosten, zulässig.

b) Maschinen und maschinelle Anlagen

411 Typische abnutzbare Wirtschaftsgüter des Anlagevermögens sind **Maschinen**. Es handelt sich dabei um mechanische Vorrichtungen aus festen und beweglichen Teilen, bei denen sich die beweglichen Teile aufgrund einer äußeren Krafteinwirkung oder Kraftzuführung im vorgeschriebenen Rahmen zur Ausführung einer Arbeit oder zur Erzeugung einer Kraft bewegen. **Maschinelle Anlagen** sind größere Geräte oder Baulichkeiten (Betriebsvorrichtungen), bei denen regelmäßig das bei Maschinen überwiegende mechanische Element zurücktritt.

XIII. Bewertung

Für die Bewertung von Maschinen und maschinellen Anlagen gelten die allgemeinen Bewertungsgrundsätze für abnutzbare Anlagegüter. Der Ansatz eines **Festwerts** dürfte nur noch ausnahmsweise zulässig sein; denn § 240 Abs. 3 HGB verlangt für die Bildung eines Festwerts, daß die Wirtschaftsgüter regelmäßig ersetzt werden und ihr Gesamtwert für das Unternehmen von nachrangiger Bedeutung ist. Dies ist wohl in aller Regel bei Maschinen usw. nicht der Fall. Eine **Teilwertabschreibung** wegen technischer Überalterung ist nicht möglich. Dieser Gesichtspunkt wird durch die Abschreibung nach § 7 EStG abgegolten. 412

c) Werkzeuge, Betriebs- und Geschäftsausstattung

Werkzeuge, Betriebs- und **Geschäftsausstattungen** sind nach allgemeinen Grundsätzen zu bewerten. Ob eine Festwertbildung zulässig ist, mag zweifelhaft sein, da § 240 Abs. 3 HGB voraussetzt, daß der Gesamtwert der Wirtschaftsgüter für das Unternehmen von nachrangiger Bedeutung sein muß. 413

Besonderheiten können sich im Hinblick auf Werkzeuge dann ergeben, wenn sie vom Steuerpflichtigen allein für einen einzigen konkreten Auftrag angeschafft werden. Nach der Rechtsprechung (BFH-Urteil vom 28.2.1961, BStBl III 1961, 384) sind die Werkzeuge auch hier nach den allgemeinen Regeln zu aktivieren. Eine Aktivierungspflicht besteht aber dann nicht, wenn der Steuerpflichtige den Auftraggebern die Werkzeuge (z.B. Formen oder Modelle) zu Eigentum übertragen hat. Werkzeuge können auch Umlaufvermögen darstellen, etwa dann, wenn sie zum regelmäßigen Verbrauch oder zur Veräußerung bestimmt sind. In diesem Fall erfolgt die Bewertung nach § 6 Abs. 1 Nr. 2 EStG. 414

d) Gebäude

Gebäude sind steuerrechtlich isoliert vom Grund und Boden zu betrachten. Gebäude einerseits und der Grund und Boden andererseits sind zwei Wirtschaftsgüter. Es gilt hier also etwas anderes als im Zivilrecht, wo das Gebäude wesentlicher Bestandteil des Grund und Bodens ist (§ 94 BGB). 415

Vom **Begriff** her versteht man unter einem Gebäude ein Bauwerk auf eigenem oder fremden Grund und Boden, das Menschen oder Sachen durch räumliche Umschließung Schutz gegen äußere Einflüsse gewährt, den Aufenthalt von Menschen gestattet, mit dem Grund und Boden fest verbunden und von einiger Beständigkeit und standhaft ist. 416

417 Ein Gebäude ist grundsätzlich als Einheit zu sehen; **unselbständige Gebäudeteile** dürfen nicht gesondert bilanziert werden. Es gibt jedoch auch **selbständige Gebäudeteile**, die als selbständige Wirtschaftsgüter zu aktivieren sind. Ein Gebäude kann also aus mehreren Wirtschaftsgütern bestehen. Selbständige Wirtschaftsgüter (s. dazu Abschn. 13 b EStR) sind:
1. Betriebsvorrichtungen,
2. Einbauten für vorübergehende Zwecke,
3. Ladeneinbauten, Schaufensteranlagen, Gaststätteneinbauten sowie ähnliche Einbauten, die einem schnellen Wandel des modischen Geschmacks unterliegen, und zwar auch dann, wenn sie in Neubauten eingefügt werden,
4. sonstige selbständige Gebäudeteile und
5. Mietereinbauten.

418 Zu den **Anschaffungskosten** eines Gebäudes gehören neben dem Anschaffungspreis insbesondere die Beurkundungs- und Grundbuchamtskosten sowie die Grunderwerbsteuer. Da sich die Anschaffungskosten regelmäßig aber nicht nur auf das Gebäude, sondern auch auf den Grund und Boden beziehen, müssen die gesamten Anschaffungskosten auf das Gebäude und den Grund und Boden aufgeteilt werden.

419 Sofern ein Gebäude erst gebaut wird ist es mit den **Herstellungskosten** zu bewerten. Zu den Gebäudeherstellungskosten gehören alle Aufwendungen, die bis zur endgültigen Erstellung eines Gebäudes entstehen. Wegen einzelner Gebäudeherstellungskosten wird auf Abschn. 33 a Abs. 1 bis 4 EStR hingewiesen.

420 Ein Gebäude kann auch mit dem **Teilwert** bewertet werden. Es gelten hier die allgemeinen Grundsätze, insbesondere ist eine Teilwertabschreibung nur dann möglich, wenn eine Fehlmaßnahme gegeben ist, oder wenn wesentliche Umstände eingetreten sind, die die Annahme rechtfertigen, daß am Bilanzstichtag die Wiederbeschaffungskosten in nicht unerheblichem Umfang unter den ursprünglichen Anschaffungs- oder Herstellungskosten, vermindert um die Absetzungen, liegen. Auch bei der Ermittlung des Teilwerts von bebauten Grundstücken eines Betriebsvermögens bilden der Grund und Boden und die aufstehenden Gebäude — entgegen früherer Auffassung — keine Einheit (BFH-Urteil vom 16.7.1968, BStBl II 1969, 108).

421 Im Rahmen der Gebäudebewertung sind die sog. **Abbruchkosten** besonders zu erwähnen. Wird ein Gebäude abgebrochen, so fragt es sich, wie die dadurch

XIII. Bewertung

entstandenen Aufwendungen (Abbruchkosten), sowie ein eventueller Restbuchwert des Gebäudes, steuerrechtlich zu behandeln sind. Denkbar wären sofort abziehbare Betriebsausgaben oder aktivierungspflichtiger Aufwand. Wegen Einzelheiten wird auf Abschn. 33 a Abs. 5 EStR verwiesen.

Auch die sog. **Abstandszahlungen** bilden einen besonderen Sachverhalt im Rahmen der Gebäudebewertung. Abstandszahlungen, die der Erwerber eines bebauten Grundstückes aufwendet, um einen Mieter zur vorzeitigen Räumung des Grundstückes zu veranlassen und um dann das bebaute Grundstück selbst zu nutzen, sind grundsätzlich als selbständig bewertbares immaterielles Wirtschaftsgut zu aktivieren. Ausnahmsweise gilt aber dann etwas anderes, wenn eine Abstandszahlung im Zusammenhang mit der Errichtung eines neuen Gebäudes zur Ablösung von Nutzungsrechten Dritter an dem abzubrechenden Gebäude oder dem zu bebauenden Grund und Boden gezahlt wird. Hier sind Herstellungskosten des zu errichtenden Gebäudes gegeben (BFH-Urteil vom 9.2.1983, BStBl II 1983, 451 und Abschn. 33 a Abs. 1 Nr. 7 EStR). 422

e) Immaterielle Wirtschaftsgüter

Immaterielle Wirtschaftsgüter sind alle unkörperlichen Gegenstände, wie z.B. konkrete Nutzungsvorteile und Gewinnchancen (s. auch Tz. 215 ff.). Sie können sowohl dem Anlagevermögen (z.B. der Geschäftswert) als auch dem Umlaufvermögen (z.B. zum Verkauf bestimmte EDV-Programme) gehören. Ebenso können sie abnutzbar (wie der Geschäftswert) oder nichtabnutzbar (wie Wertpapiere) sein. Sind abnutzbare immaterielle Wirtschaftsgüter des Anlagevermögens gegeben, so sind sie nach § 6 Abs. 1 Nr. 1 EStG zu bewerten. Zu beachten ist zuvor jedoch das Aktivierungsverbot nach § 5 Abs. 2 EStG (s. Tz. 224). 423

aa) Geschäftswert

Ein immaterielles abnutzbares Anlagegut stellt der **Geschäftswert** dar (auch Firmenwert oder Goodwill genannt). Er ist der Mehrwert, der einem gewerblichen Unternehmen über den Wert der einzelnen materiellen und immateriellen Wirtschaftsgüter des Betriebsvermögens hinaus innewohnt. Er ist Ausdruck für die Gewinnchancen des Unternehmens, soweit sie nicht in den einzelnen Wirtschaftsgütern verkörpert sind (BFH-Urteil vom 7.11.1985, BStBl II 1986, 176). Einen **negativen Geschäftswert** gibt es hingegen nicht (BFH-Urteil vom 25.8.1989, BStBl II 1989, 893 am Ende). Liegt also der Unternehmenswert unter dem Substanzwert des Unternehmens, also unter der Summe der Werte der einzelnen 424 materiellen und immateriellen Wirtschaftsgüter, so müssen die Wirtschaftsgüter im Rahmen einer Teilwertabschreibung niedriger bewertet werden.

425 Der Geschäftswert ist gemäß § 6 Abs. 1 Nr. 1 EStG mit den **Anschaffungskosten** oder mit dem Teilwert (s. dazu Tz. 427) zu bewerten. Die Anschaffungskosten sind um die Absetzungen nach § 7 EStG zu vermindern. Wie in § 7 Abs. 1 Satz 3 EStG bestimmt ist, wird die Nutzungsdauer des Geschäftswerts mit 15 Jahren unwiderlegbar fingiert. Die Anschaffungskosten eines Geschäftswerts sind daher jährlich um 1/15 zu kürzen.

426 Vom Grundsatz her sind die Anschaffungskosten eines Geschäftswerts mit der Einzelwertmethode individuell zu bestimmen. Dies dürfte in der Praxis aber nicht durchführbar sein. Daher wird regelmäßig auf anerkannte Schätzungsmethoden zurückgegriffen. Es handelt sich hierbei um:
- die indirekte Methode,
- die modifizierte indirekte Methode,
- die direkte Methode und
- die Mittelwertmethode.

Wegen Einzelheiten hierzu s. Tz. 429 ff.

427 Gemäß § 6 Abs. 1 Nr. 1 Satz 2 EStG kommt beim Geschäftswert auch eine Teilwertabschreibung und gemäß § 6 Abs. 1 Nr. 1 Satz 4 EStG eine Wertaufstockung in Betracht. Bewertungsmaßstab ist der **Teilwert.**

428 Eine **Teilwertabschreibung** beim Geschäftswert ist nur unter sehr engen Voraussetzungen möglich. Dies basiert auf der sog. Einheitstheorie. Sie besagt, daß der entgeltlich erworbene Geschäftswert sich allmählich verflüchtigt und gleichzeitig durch einen selbstgeschaffenen Geschäftswert ersetzt wird. Da nach der Einheitstheorie der Geschäftswert ein einheitliches Wirtschaftsgut ist, können Wertab- und Wertzunahmen nicht getrennt werden. Eine Teilwertabschreibung ist daher nur im Falle einer Fehlmaßnahme zulässig, wenn sich die Annahme eines Geschäftswerts bereits bis zum Ende des Wirtschaftsjahrs des Erwerbs als eine solche erweist.

429 Ebenso wie für die schätzungweise Ermittlung der Anschaffungskosten eines Geschäftswerts gibt es für die **Ermittlung** des Teilwerts anerkannte Schätzungsmethoden. Sie sind für beide Bereiche identisch. Es handelt sich um die indirekte, die modifizierte indirekte und die direkte Methode sowie die Mittelwertmethode.

Bei der **indirekten Methode** (s. BFH-Urteil vom 13.4.1983, BStBl II 1983, 667 unter 2.b.) wird der Geschäftswert durch Abzug des Substanzwerts vom Gesamtwert des Unternehmens ermittelt, der in der Regel dem modifizierten Ertragswert entspricht. Im einzelnen gilt folgendes: Auszugehen ist vom durchschnittlichen Erfolg einer möglichst großen Anzahl von Wirtschaftsjahren. Dieser, auch für die Zukunft als gesichert unterstellte Ertrag wird kapitalisiert. Der Kapitalisierung wird eine normale Verzinsung an den jeweiligen Stichtagen zugrunde gelegt. Im allgemeinen wird von einem Zinssatz von 10 vom Hundert und dem entsprechend von einem Kapitalisierungsfaktor von ebenfalls 10 vom Hundert ausgegangen. Die Kapitalisierung wird zunächst zum Gesamtwert (Ertragswert) des Betriebs. Zieht man von diesem Ertragswert das buchmäßige Betriebsvermögen ab, so erhält man einen rohen Geschäftswert. Dieser ist durch einen, unter Berücksichtigung der Verhältnisse des Einzelfalles und der voraussichtlichen künftigen Entwicklung des Betriebs, festzulegenden Risikoabschlag zu berichtigen. Der so gefundene Wert ergibt sich im allgemeinen nach einem Abschlag in Höhe von 50 vom Hundert und wird als Teilwert des Geschäftswerts angesehen. **430**

Beispiel:

Nachhaltig erzielbarer Gewinn nach dem Durchschnitt der letzten fünf Jahre	36.500 DM
kapitalisierter Wert des Unternehmens bei einer normalen Verzinsung von 10 vom Hundert	365.000 DM
% Buchwert des Betriebsvermögens	39.000 DM
= innerer Wert des Unternehmens	326.000 DM
% Abschlag von 50 vom Hundert zur Abgeltung von Risiken und Fehlerquellen	163.000 DM
= Geschäftswert	163.000 DM

Die indirekte Methode wird heute in modifizierter Form angewandt (**modifizierte indirekte Methode**). Die Modifizierung besteht einmal darin, daß sich der Substanzwert eines Unternehmens nicht aus den Buchwerten der Steuerbilanz, sondern aus den Teilwerten der einzelnen Wirtschaftsgütern zusammensetzt (BFH-Urteil vom 8.12.1976, BStBl II 1977, 409). Die zweite Modifizierung besteht darin, daß der BFH (Urteil vom 25.1.1979, BStBl II 1979, 302) bei der Ermittlung des jährlichen Reinertrags den Abzug eines Unternehmerlohns zuläßt. **431**

Mit der Anerkennung des Abzugs des Unternehmerlohns bei der Ermittlung des Geschäftswerts, der unter Berücksichtigung von Ertrags- und Substanzwert **432** errechnet wird, nähert sich die modifizierte indirekte Methode der **Mittelwertmethode**. Formelmäßig ausgedrückt besagt diese Methode:

$$\frac{\text{Ertragswert} + \text{Substanzwert}}{2} = \text{Unternehmenswert}$$

Unternehmenswert ./. Substanzwert = Geschäftswert.

433 Letztlich gibt es noch die **direkte Methode**. Die Bezeichnung „direkt" kommt daher, daß der Geschäftswert unmittelbar durch Kapitalisierung des Übergewinns ermittelt wird. Die direkte Methode geht davon aus, daß nur dann ein Geschäftswert vorhanden sein kann, wenn nachhaltig ein die normale Verzinsung des eingesetzten Kapitals und den kalkulatorischen Unternehmerlohn übersteigender Gewinn, sog. Übergewinn, erzielt werden kann. Bei der direkten Methode geht man also von einem nachhaltig erzielbaren Bruttogewinn aus. Zieht man davon das normal verzinste Eigenkapital und einen angemessen Unternehmerlohn ab, so erhält man dann den sog. Übergewinn. Dieser sodann mit einem Kapitalisierungsfaktor 10 kapitalisiert ergibt den Geschäftswert (BFH-Urteil vom 24.4.1980, BStBl II 1980, 690).

bb) Praxiswert

434 Ähnlich wie der Geschäftswert bei Unternehmen den Mehrwert darstellt, so stellt der **Praxiswert** den über den Teilwert des Betriebsvermögens hinausgehenden Teil des Gesamtwerts einer Praxis der freien Berufe dar. Im Gegensatz zum Geschäftswert, der ein objektiver, dem Unternehmen als solchem anhaftender Wert ist der Praxiswert personenbezogen. D.h., er ist von der persönlichen Leistungsfähigkeit des Praxisinhabers abhängig. Der Praxiswert wird im Wege eines Subtraktionsvorganges ermittelt. Es sind vom Veräußerungspreis die Gesamtheit der Teilwerte der zum Betriebsvermögen gehörenden Wirtschaftsgüter abzuziehen. Das Ergebnis ist der Praxiswert.

435 Der Praxiswert galt schon immer als **abnutzbares** Wirtschaftsgut. Da u.E. der Praxiswert nicht mit dem Geschäftswert identisch ist, ist die gesetzlich fingierte Nutzungsdauer des § 7 Abs. 1 Satz 3 EStG von 15 Jahren beim Geschäftswert nicht auf den Praxiswert übertragbar. Der Praxiswert dürfte in einem Zeitraum von 3 bis 5 Jahren abzuschreiben sein.

cc) Sonstige abnutzbare immaterielle Anlagegüter

436 Zu den abnutzbaren immateriellen Wirtschaftsgütern des Anlagevermögens gehören z.B. **Abstandszahlungen** an einen Mieter, für das vorzeitige Räumen des

XIII. Bewertung

Mietgegenstandes. **Adressenkarteien** können unter engen Voraussetzungen immaterielle Wirtschaftsgüter sein (BFH-Urteil vom 2.9.1988, BStBl II 1989, 160). **Apothekenrealrechte** sind immaterielle Wirtschaftsgüter ebenso wie **Auftragsbestände** (BFH-Urteil vom 1.2.1989, BFH/NV 1989, 778) und **Baupläne** (BFH-Urteil vom 20.8.1986, BFH/NV 1987, 63). Ferner sind **Bausparvorratsverträge** (BFH-Urteil vom 9.7.1986, BStBl II 1987, 14), **Software, Lizenzen** und **Nutzungsrechte** (BFH-Urteil vom 28.10.1987, BStBl II 1988, 348) sowie der **Verlagswert** und unter bestimmten Voraussetzungen **Wettbewerbsverbote** immaterielle Wirtschaftsgüter.

f) Geringwertige Wirtschaftsgüter

Eine besondere Regelung sieht § 6 Abs. 2 EStG für sog. **geringwertige Wirtschaftsgüter** vor. Es handelt sich dabei um abnutzbare bewegliche Wirtschaftsgüter des Anlagevermögens, die selbständig nutzungsfähig sind und einen Wert von 800 DM nicht übersteigen. Diese geringwertigen Wirtschaftsgüter kann der Steuerpflichtige in seiner Bilanz mit einem Erinnerungswert von 1 DM ansetzen. Die Vereinfachungsnorm erlaubt also eine Vollabschreibung im Jahr der Anschaffung oder Herstellung des Wirtschaftsguts. Die Anschaffung oder Herstellung von geringwertigen Wirtschaftsgütern führt daher regelmäßig zu sofort abziehbaren Betriebsausgaben. Die Sofortabschreibung, auch als Bewertungsfreiheit bezeichnet, ist auch bei der Einlage von geringwertigen Wirtschaftsgütern möglich.

437

Neben den Erfordernissen, daß es sich bei den geringwertigen Wirtschaftsgütern um abnutzbare, bewegliche Wirtschaftsgüter des Anlagevermögens handeln muß, müssen diese Wirtschaftsgüter auch **selbständig nutzungsfähig** sein. Die Frage, ob ein Wirtschaftsgut selbständig nutzungsfähig ist, kann im allgemeinen nur im Einzelfall entschieden werden. Entscheidend für die Abgrenzung von selbständig nutzungsfähigen und nicht selbständig nutzungsfähigen beweglichen Anlagegütern ist der Gesichtspunkt, daß Sacheinheiten für die steuerrechtliche Bewertung nicht nur deshalb aufgeteilt werden sollen, um die Bewertungsfreiheit des § 6 Abs. 2 EStG in Anspruch nehmen zu können. Deshalb heißt es in § 6 Abs. 2 Satz 2 EStG auch: Ein Wirtschaftsgut ist einer selbständigen Nutzung nicht fähig, wenn es nach seiner betrieblichen Zweckbestimmung nur zusammen mit anderen Wirtschaftsgütern des Anlagevermögens genutzt werden kann und die zu dem Nutzungszusammenhang eingefügten Wirtschaftsgüter technisch aufeinander abgestimmt sind. Wegen Einzelfälle zur selbständigen Nutzungsfähigkeit s. Abschn. 40 Abs. 2 EStR.

438

439 Geringwertige Wirtschaftsgüter sind nur gegeben, wenn die **Wertgrenze** von 800 DM nicht überschritten ist. Bei der Bemessung bleiben nicht abziehbare Vorsteuerbeträge im Sinne von § 15 UStG, die nach § 9 b EStG an sich zu den Anschaffungs- oder Herstellungskosten gehören, außer Betracht (s. auch Abschn. 40 Abs. 7 EStR).

440 Weitere Voraussetzung für die Inanspruchnahme der Bewertungsfreiheit ist gemäß § 6 Abs. 2 Satz 4 EStG eine **Aufzeichnungspflicht**. S. dazu Abschn. 40 Abs. 4 EStR.

441 **Rechtsfolge** der Inanspruchnahme des § 6 Abs. 2 EStG ist: Es müssen die gesamten Aufwendungen für das geringwertige Wirtschaftsgut im Jahr der Anschaffung oder Herstellung oder Einlage in voller Höhe abgesetzt werden. Die Nachholung eines im Jahr der Anschaffung, Herstellung oder Einlage unterlassenen Abzugs nach § 6 Abs. 2 EStG ist nicht möglich. S. ferner Abschn. 40 Abs. 6 EStR.

8. Bewertung nichtabnutzbarer Wirtschaftsgüter des Anlagevermögens

a) Allgemeines

442 Handelt es sich nicht um abnutzbare Anlagegüter, sondern um **nichtabnutzbare Anlagegüter**, so erfolgt die Bewertung nach § 6 Abs. 1 Nr. 2 EStG. Ein Wirtschaftsgut ist dann nichtabnutzbar, wenn es sich weder technisch noch wirtschaftlich abnutzt. Eine technische Abnutzung ist gegeben, wenn die Substanz des Wirtschaftsguts beeinträchtigt wird. Eine wirtschaftliche Abnutzung liegt vor, wenn die wirtschaftliche Nutzungsfähigkeit des Wirtschaftsguts betroffen ist. Ein wesentlicher Unterschied zu der Bewertung der abnutzbaren Wirtschaftsgüter des Anlagevermögens besteht darin, daß bei den nichtabnutzbaren Anlagegütern keine Absetzungen nach § 7 EStG vorzunehmen sind. Ansonsten sind sie mit den Anschaffungs- oder Herstellungskosten anzusetzen. Ein Wahlrecht zur Teilwertabschreibung besteht auch hier. Dieses wird jedoch insoweit durch den Maßgeblichkeitsgrundsatz eingeschränkt, als daß bei einer voraussichtlich dauernden Wertminderung (§ 253 Abs. 2 HGB) eine Abschreibung vorgenommen werden muß. Eine Wertaufstockung (Grundsatz des eingeschränkten Wertzusammenhangs) bis höchstens zu den Anschaffungs- oder Herstellungskosten ist auch möglich (§ 6 Abs. 1 Nr. 2 Satz 3 EStG).

b) Grund und Boden

443 Der **Grund und Boden** ist ein nichtabnutzbares Wirtschaftsgut des Anlagevermögens. Mit diesem Begriff ist allein der nackte Boden gemeint. Bebauungen sind

XIII. Bewertung

grundsätzlich unbeachtlich. Der steuerrechtliche Grund und Boden ist vom zivilrechtlichen Begriff streng zu unterscheiden. Abzugrenzen ist daher der Grund und Boden von Anlagen auf oder im Grund und Boden und vom Aufwuchs auf dem Grund und Boden. Auch im Hinblick auf Bodenschätze, die grundsätzlich unselbständige Bestandteile des Grund und Bodens sind können Abgrenzungsfragen aufkommen, dann nämlich, wenn der Bodenschatz zur nachhaltigen Nutzung in den Verkehr gebracht worden ist. Dingliche Rechte am Grund und Boden gehören zum Grund und Boden.

Im Rahmen der Bewertung bestehen keine Besonderheiten. Lediglich bei der Bemessung der Bewertungsmaßstäbe kann es zu Schwierigkeiten kommen. Häufig ist umstritten, ob es sich bei Aufwendungen um Anschaffungskosten, eventuell um nachträgliche Anschaffungskosten, des Grund und Bodens, um Anschaffungs- bzw. Herstellungskosten des Gebäudes oder um sofort abziehbare Betriebsausgaben handelt. Diese Einordnung ist für den Steuerpflichtigen deshalb von großer Bedeutung, weil je nach Einordnung die Gewinnauswirkungen äußerst verschieden sind. Handelt es sich um Anschaffungskosten für den Grund und Boden, so tritt beim laufenden Gewinn nie eine Gewinnminderung ein, da der Grund und Boden ein nichtabnutzbares Wirtschaftsgut ist. Handelt es sich um Anschaffungs- bzw. Herstellungskosten des Gebäudes, so findet über die Abschreibung eine über Jahre hinweg verteilte Gewinnminderung statt. Sind aber Betriebsausgaben anzunehmen, so tritt eine Gewinnminderung sofort in vollem Umfange ein. Einordnungsprobleme können insbesondere bei **Abbruchkosten, Abstandszahlungen** und **Erschließungskosten** auftreten.

c) Beteiligungen

Nichtabnutzbare Wirtschaftsgüter des Anlagevermögens sind auch **Beteiligungen**. Beteiligungen sind Anteile an anderen Unternehmen, die bestimmt sind, dem eigenen Geschäftsbetrieb durch Herstellung einer dauernden Verbindung zu jenen Unternehmen zu dienen. Beteiligungen können an Kapitalgesellschaften und an Personengesellschaften bestehen. Eine Beteiligung ist die Zusammenfassung mehrerer Kapitalanteile, die durch das Entstehen einer Beteiligung ihre Natur als selbständiges Wirtschaftsgut verlieren und insgesamt in der Beteiligung aufgehen. Bewertungsgegenstand ist daher allein die Beteiligung.

aa) Beiteiligung an einer Kapitalgesellschaft

Eine **Beteiligung an einer Kapitalgesellschaft** ist gegeben, wenn
- sie dem Geschäftsbetrieb dauernd zu dienen bestimmt ist und

- in Beteiligungsabsicht gehalten wird, d.h., in der Absicht, mit Hilfe der Rechte aus den zu einer Beteiligung zusammengefaßten Anteilen einen Einfluß auf das andere Unternehmen auszuüben, der über die Belange eines Kapitalanlegers hinausgeht (BFH-Urteil vom 14.2.1973, BStBl II 1973, 397). Bestehen Zweifel an der Beteiligungsabsicht, so hat § 271 Abs. 1 Satz 3 HGB die widerlegbare Beteiligungsvermutung aufgestellt, daß Anteile an einer Kapitalgesellschaft dann als Beteiligung gelten, wenn der Nennbetrag der Anteile, die ein Steuerpflichtiger besitzt, insgesamt 1/5 des Nennbetrags des Kapitals übersteigt.

447 Beteiligungen sind grundsätzlich mit den Anschaffungskosten zu bewerten. Dabei können sie sich im Laufe der Zeit, also nachträglich, erhöhen. Eine derartige Anschaffungskostenerhöhung ist nur dann gegeben, wenn sie durch gesellschaftsrechtlich veranlaßte Leistungen des Anteilsbesitzers an die Gesellschaft begründet werden. Dies geschieht durch offene oder verdeckte Einlagen. Davon zu unterscheiden ist eine Zuwendung aus betrieblichem Anlaß. Die **verdeckte Einlage** ist die häufigste Form einer gesellschaftsrechtlich veranlaßten Vorteilszuwendung. Sie tritt in den unterschiedlichsten Sachverhaltsgestaltungen auf, wie z.B. bei Bürgschaftsaufwendungen, Forderungsverzicht, verlustdeckende Zuschußgewährung oder unangemessen niedrige Verkaufspreise.

448 Eine Beteiligung an einer Kapitalgesellschaft kann auch mit dem Teilwert bewertet werden. Dabei gilt grundsätzlich die Vermutung, daß der **Teilwert** sich mit den Anschaffungskosten deckt (BFH-Urteil vom 27.7.1988, BStBl II 1989, 274 unter 2.). Diese für den Zeitpunkt der Anschaffung eines Wirtschaftsguts maßgebliche Vermutung wirkt bei nichtabnutzbaren Wirtschaftsgütern auch in die Zukunft, d.h. sie gilt in gleicher Weise für den Bilanzstichtag, der auf den Zeitpunkt der Anschaffung unmittelbar folgt, wie auch für die weiteren Bilanzstichtage. Die skizzierte Teilwertvermutung kann nach allgemeinen Grundsätzen widerlegt werden.

449 Bei der **Ermittlung des Teilwerts** einer Beteiligung sind ihr Substanzwert, Ertragswert und ihre Bedeutung für den Betrieb des Steuerpflichtigen maßgebend. Während Substanz- und Ertragswert den gemeinen Wert darstellen, bildet der Wertfaktor „Bedeutung für den Betrieb des Steuerpflichtigen" einen Zusatzwert. Sofern ein Börsenpreis besteht, die Beteiligung also aus börsennotierten Papieren besteht, ist dieser maßgebend.

XIII. Bewertung

bb) Beteiligung an Personengesellschaften

Anteile an **Personengesellschaften** sind immer **Beteiligungen.** Im Gegensatz zum Handelsrecht, wo die Beteiligung an einer Personengesellschaft als Vermögensgegenstand zu bilanzieren ist, hat für die ertragsteuerliche Gewinnermittlung der Posten „Beteiligung an einer Personenhandelsgesellschaft" keine selbständige Bedeutung. Dies liegt daran, daß steuerrechtlich der Gesellschafter einer Personengesellschaft nicht einen Anteil am Gesamthandsvermögen erwirbt, sondern Gegenstand der Anschaffung vielmehr die Anteile an den einzelnen Wirtschaftsgütern, die zum Gesellschaftsvermögen der Personengesellschaft gehören, sind (BFH-Urteil vom 7.11.1985, BStBl II 1986, 176). Ein weiterer Grund ist darin zu sehen, daß für die Personengesellschaft nach der steuerlichen Grundordnung (§§ 176, 180 AO) eine eigenständige Gewinnermittlung durchzuführen ist und der Anteil am Gewinn der Personengesellschaft dem Teilhaber außerhalb der eigenen Steuerbilanz zugerechnet wird. Damit ist die Beteiligung an einer Personengesellschaft steuerrechtliche gesehen kein Wirtschaftsgut (BFH-Urteil vom 19.2.1981, BStBl II 1981, 730) und damit u.E. eigentlich nicht zu bewerten (umstritten s. BFH-Urteil vom 6.11.1985, BStBl II 1986, 333).

450

Will man dennoch die Beteiligung an einer Personengesellschaft als Wirtschaftsgut behandeln, so muß sie bilanziert und bewertet werden. Es gilt dann § 6 Abs. 1 Nr. 2 EStG, jedoch wird diese Vorschrift wegen der Besonderheiten einer Beteiligung an einer Personengesellschaft weitgehend außer Kraft gesetzt.

451

cc) Beteiligung an einer stillen Gesellschaft

Ist ein Steuerpflichtiger an einer **typisch stillen Gesellschaft** beteiligt, so finden die Grundsätze, die für die Beteiligung an einer Kapitalgesellschaft gelten (Tz. 446 ff) Anwendung.

452

Ist ein Steuerpflichtiger an einer **atypisch stillen Gesellschaft** beteiligt, so liegt eine Mitunternehmerschaft vor. Daher muß bei ihr ebenso wie bei einer Personengesellschaft eine einheitliche Gewinnfeststellung durchgeführt werden. Für die Bewertung einer solchen Beteiligung gelten daher dieselben Grundsätze wie für Beteiligungen an Personengesellschaften (BFH-Urteil vom 6.11.1985, BStBl II 1986, 333). Nach diesseitig vertretener Ansicht ist die Beteiligung überhaupt nicht zu bilanzieren. Gewinne und Verluste werden dem stillen Gesellschafter außerhalb seiner eigenen Bilanz zugerechnet.

453

d) Wertpapiere

454 Auch **Wertpapiere** sind nicht abnutzbare Anlagegüter und mithin nach § 6 Abs. 1 Nr. 2 EStG zu bewerten. Sie können jedoch auch zum Umlaufvermögen gehören, wenn sie z.b., wie bei einer Bank, zur Veräußerung bestimmt sind. Aber auch dann erfolgt die Bewertung nach § 6 Abs. 1 Nr. 2 EStG, da diese Norm auch für Umlaufgüter gilt. Abweichungen ergeben sich nur aufgrund des Handelsrechts, das für Wirtschaftsgüter des Umlaufvermögens das strenge Niederstwertprinzip vorschreibt.

455 Unter Wertpapieren hat man Urkunden zu verstehen, die Rechte verbriefen. Es kann sich bei diesen Rechten um Forderungs-, Mitgliedschafts- oder Sachenrechte handeln. Soweit Wertpapiere Mitgliedschaftsrechte verbriefen, wie z.b. im Fall der Aktie, können Wertpapiere auch eine Beteiligung bilden.

456 Für Wertpapiere gilt grundsätzlich das für die Beteiligung Gesagte (Tz. 445). Wegen ihrer Betriebsvermögenseigenschaft Hinweis auf Abschn. 14 a Abs. 2 EStR. Wertpapiere sind — im Unterschied zu einer Beteiligung — jeweils einzeln mit ihren entsprechenden Anschaffungskosten anzusetzen, wenn sie individualisierbar sind, d.h. die Anschaffungskosten eines jeden einzelnen Wertpapiers feststellbar sind. Dies dürfte dann möglich sein, wenn der Steuerpflichtige die Papiere selbst verwahrt oder bei einem Kreditinstitut in Einzelverwahrung gegeben hat. In einem solchen Fall ist eine Teilwertabschreibung bei unterschiedlichen Anschaffungskosten der Wertpapiere in Bezug auf jedes einzelne Wertpapier möglich. Eine Durchschnittsbewertung ist insoweit steuerrechtlich nicht zulässig. Nur dann müssen Wertpapiere mit dem durchschnittlichen Anschaffungspreis sämtlicher Papiere derselben Art bewertet werden, wenn sie im Girosammeldepot liegen.

457 Ein Aktionär hat nach § 186 Abs. 1 AktG das Recht, bei einer Kapitalerhöhung der Gesellschaft einen seinem Anteil an dem bisherigen Grundkapital entsprechenden Teil der jungen Aktien zu den von der Hauptversammlung festgelegten Bezugsbedingungen zu erwerben. Dieses Bezugsrecht ist kein selbständiges Wirtschaftsgut. Das Bezugsrecht wird erst dann zum Wirtschaftsgut, wenn es sich konkretisiert. Das ist dann der Fall, wenn die Hauptversammlung einen Kapitalerhöhungsbeschluß faßt. Der Aktionär hat dann ein vom Aktienrecht losgelösten Forderungsanspruch gegen die Aktiengesellschaft. Derartige **Bezugsrechte** sind mit einem Teil der Anschaffungskosten (Buchwerte) der Aktien zu bewerten, zu

denen sie gehören (BFH-Urteil vom 6.12.1968, BStBl II 1969, 105). Der Buchwertansatz der Altaktie vermindert sich entsprechend. Es handelt sich hierbei nicht um eine Teilwertabschreibung, sondern um den Ansatz eines neuen Wirtschaftsguts „Altaktie". Es ist durch den Abspaltungsvorgang des Bezugsrechts von der ehemaligen Aktie entstanden (Abspaltungstheorie).

Bezieht der Steuerpflichtige in Ausübung eines originär erworbenen Bezugsrechts **junge Aktien,** so ist darin ein Anschaffungsvorgang zu sehen, mit der Folge, daß die jungen Aktien in der Steuerbilanz mit den Anschaffungskosten anzusetzen sind. Anschaffungskosten sind dabei nicht nur die etwaigen Zuzahlungen und sonstigen Kosten für die jungen Aktien, sondern auch der Buchwert der Bezugsrechte (vgl. BFH vom 12.4.1967, BStBl III 1967, 554). 458

9. Bewertung von Wirtschaftsgütern des Umlaufvermögens

a) Allgemeines

Zum **Umlaufvermögen** gehören alle Wirtschaftsgüter, die nach den Verhältnissen des Betriebs dazu bestimmt sind, veräußert oder verbraucht zu werden. Wie sich aus der Bilanzgliederung des § 266 Abs. 2 HGB ergibt, gehören vornehmlich Vorräte und Forderungen zum Umlaufvermögen. Die Wirtschaftsgüter des Umlaufvermögens sind gemäß § 6 Abs. 1 Nr. 2 EStG mit den Anschaffungs- oder Herstellungskosten anzusetzen. Sie können auch mit dem niedrigeren Teilwert bewertet werden . Dieses Wahlrecht ist aber letztendlich ein Bewertungsgebot, denn nach § 253 Abs. 3 HGB muß der niedrige Wert angesetzt werden (**strenges Niederstwertprinzip).** § 253 Abs. 3 HGB schlägt über den § 5 Abs. 1 (Maßgeblichkeitsgrundsatz) auf die Steuerbilanz durch. Neben dem strengen Niederstwertprinzip gilt für das Umlaufvermögen noch das **Prinzip des eingeschränkten Wertzusammenhangs.** Dieses besagt, daß eine Wertaufstockung bis zu den Anschaffungs- oder Herstellungskosten möglich ist. Hier steht dem Steuerpflichtigen ein Wahlrecht zu (§ 253 Abs. 5 HGB, § 6 Abs. 1 Nr. 2 Satz 3 EStG). 459

b) Vorratsvermögen

Zu den Wirtschaftsgütern des **Vorratsvermögens** gehören insbesondere Roh-, Hilfs- und Betriebsstoffe, halbfertige und fertige Erzeugnisse sowie Ware. Für sie gilt der Grundsatz der Einzelbewertung. Gruppen- und Durchschnittsbewertung, Festwertbildung und Lifo-Verfahren (§ 6 Abs. 1 Nr. 2 a EStG) sind zur Vereinfachung der Bewertung aber zulässig. Die Vorratsgüter sind regelmäßig mit den Anschaffungs- oder Herstellungskosten anzusetzen. Statt dieser Kosten kann 460 auch der niedrigere Teilwert angesetzt werden (§ 6 Abs. 1 Nr. 2 Satz 2 EStG). Für Steuerpflichtige, die ihr Betriebsergebnis nach § 5 EStG ermitteln, kommt das handelsrechtliche Niederstwertprinzip zur Anwendung. Sie müssen danach ihr Vorratsvermögen mit dem niedrigeren Teilwert ansetzen (BFH-Urteil vom 6.11.1975, BStBl II 1977, 377).

461 Für die **Teilwertermittlung** gilt dabei die Vermutung, daß der Teilwert im Zeitpunkt der Anschaffung oder Herstellung gleich den Anschaffungs- oder Herstellungskosten und an späteren Zeitpunkten gleich den Wiederbeschaffungskosten ist (BFH-Urteil vom 30.1.1980, BStBl II 1980, 327). Die Wiederbeschaffungskosten ergeben sich aus dem Börsen- oder Marktpreis. Diese Vermutung kann der Steuerpflichtige aber widerlegen, indem er darlegt, daß (a) bei angeschafften Handelswaren sowie Roh-, Hilfs- und Betriebsstoffen die Einkaufspreise unter die Anschaffungskosten gesunken sind, (b) bei unfertigen und fertigen Erzeugnissen die Wiederherstellungskosten unter die Herstellungskosten gesunken sind und (c) bei allen Gegenständen des Vorratsvermögens die Verkaufspreise oder Minderwerte der Vorräte gesunken sind.

462 Grundsätzlich ist beim Vorratsvermögen auch der Grundsatz der Einzelbewertung zu befolgen und mithin als **Bewertungsmethode** die Einzelwertfeststellung anzuwenden. Dabei ist jedoch nicht nur die progressive, sondern auch die retrograde Methode zulässig. Darüber hinaus sind aber gerade im Rahmen des Vorratsvermögens vielfach vereinfachende Bewertungsmethoden erlaubt. Zu nennen sind die Durchschnittsbewertung, die Gruppenbewertung, die Festwertbildung und die Lifo-Methode nach § 6 Abs. 1 Nr. 2a EStG.

463 Für Roh-, Hilfs- und Betriebsstoffe, Erzeugnisse sowie Waren, deren Wiederbeschaffungspreise am Schluß des Wirtschaftsjahrs gegenüber den Wiederbeschaffungspreisen am Schluß des vorangegangenen Wirtschaftsjahrs um mehr als 10 vom Hundert gestiegen sind, kann der Steuerpflichtige unter den folgenden Voraussetzungen nach § 74 EStDV im Wirtschaftsjahr der Preissteigerung eine den steuerlichen Gewinn mindernde Rücklage bilden:
- Der Steuerpflichtige muß sein Betriebsergebnis nach § 5 EStG ermitteln.
- Es muß sich um vertretbare Wirtschaftsgüter des Vorratsvermögens, also um solche beweglichen Wirtschaftsgüter handeln, die im Verkehr nach Zahl, Maß oder Gewicht bestimmt zu werden pflegen (§ 91 BGB, s. BFH-Urteil vom 17.12.1985, BStBl II 1986, 346).

XIII. Bewertung

- Für Wirtschaftsgüter, bei denen der Steuerpflichtige einen Importwarenabschlag nach § 80 EStDV vorgenommen hat, darf keine Rücklage für Preissteigerung gebildet werden.
- Die Bildung und die Auflösung der Rücklage muß in der Buchführung verfolgt werden können.
- Die tatsächlichen Bestände der Wirtschaftsgüter, für die eine **Preissteigerungsrücklage** gebildet werden soll, müssen durch körperliche Bestandsaufnahme am Bilanzstichtag oder durch permanente Inventur nachgewiesen werden (Abschn. 30 Abs. 3 Satz 10 EStR).

Wirtschaftspolitischer Zweck der Preissteigerungsrücklage ist es, in Abweichung von dem das Einkommensteuerrecht beherrschenden Nominalwertprinzip steuerliche Erleichterungen bei wesentlichen Preissteigerungen bestimmter Wirtschaftsgüter einzuräumen und dadurch eine Milderung der Scheingewinnbesteuerung zu erreichen (BFH-Urteil vom 17.12.1985, BStBl II 1986, 346). S. wegen der Berechnung der Preissteigerungsrücklage Abschn. 228 Abs. 3 EStR. Spätestens bis zum Ende des auf ihre Bildung folgenden sechsten Wirtschaftsjahrs muß die Preissteigerungsrücklage aufgelöst werden (§ 74 Abs. 5 Satz 1 EStDV). 464

Importwaren, deren Preise auf dem Weltmarkt wesentlichen Schwankungen unterliegen, können, wenn die nachstehend bezeichneten Voraussetzungen vorliegen, nach § 80 EStDV statt mit dem sich aus § 6 Abs. 1 Nr. 2 EStG ergebenden Wert mit einem Wert angesetzt werden, der bis zu 10 vom Hundert unter den Anschaffungskosten oder dem niedrigeren Wiederbeschaffungspreis des Bilanzstichtags liegt (sog. **Importwarenabschlag**). Unter den Begriff „Importwaren, deren Preis auf dem Weltmarkt wesentlichen Schwankungen unterliegt", fallen nur diejenigen Importwaren, die in der Anlage 3 zur EStDV bezeichnet sind. Bei den Voraussetzungen, die vorliegen müssen, handelt es sich um folgende: 465

- Der Steuerpflichtige muß sein Betriebsergebnis nach § 5 EStG ermitteln (§ 80 Abs. 1 EStDV).
- Es müssen Wirtschaftsgüter des Umlaufvermögens gegeben sein (§ 80 Abs. 1 EStDV), die im Ausland erzeugt oder hergestellt worden sind (§ 80 Abs. 2 Nr. 1 EStDV).
- Aus der Buchführung muß der Tag der Anschaffung des Wirtschaftsguts und müssen seine Anschaffungskosten ersichtlich sein (§ 80 Abs. 2 Nr. 5 EStDV).

- Das begünstigte Wirtschaftsgut darf nach seiner Anschaffung weder bearbeitet noch verarbeitet worden sein (§ 80 Abs. 2 Nr. 2 EStDV).
- Das Land Berlin darf für das begünstigte Wirtschaftsgut nicht vertraglich das mit der Einlagerung verbundene Preisrisiko übernommen haben (§ 80 Abs. 2 Nr. 3 EStDV).
- Das begünstigte Wirtschaftsgut muß sich am Bilanzstichtag im Inland befunden haben oder nachweislich zur Einfuhr ins Inland bestimmt gewesen sein.
- Das begünstigte Wirtschaftsgut muß am Bilanzstichtag dem Steuerpflichtigen zuzurechnen sein (BFH-Urteil vom 9.2.1972, BStBl II 1972, 563).
- Der Wertansatz eines nach § 80 EStDV mit einem Importwarenabschlag angesetzten Wirtschaftsgut darf den Wertansatz dieses Wirtschaftsguts in der Handelsbilanz nicht unterschreiten (Abschn. 233 a Abs. 8 EStR).
- Die tatsächlichen Bestände der Wirtschaftsgüter, bei denen ein Importwarenabschlag vorgenommen wird, müssen durch körperliche Bestandsaufnahme am Bilanzstichtag oder durch permanente Inventur nachgewiesen werden (Abschn. 30 Abs. 3 Satz 10 EStR).

c) Forderungen

466 Begrifflich versteht man unter einer **Forderung** das Recht auf eine Leistung, wobei Gegenstand dieses Rechts jede mögliche Leistung (Tun oder Unterlassen, § 241 BGB) sein kann. Forderungen können durch Abtretung (§ 398 BGB) erworben oder durch Vertrag oder durch Gesetz (z.B. unerlaubte Handlung, § 823 BGB) begründet werden. Forderungen unterliegen keiner Abnutzung. Sie sind daher gemäß § 6 Abs. 1 Nr. 2 EStG grundsätzlich mit den Anschaffungskosten oder dem niedrigeren Teilwert zu bewerten, gleichgültig, ob sie zum Anlage- oder Umlaufvermögen gehören. Der Unterschied, ob eine Forderung zum Anlagevermögen oder zum Umlaufvermögen gehört, ist für die Beantwortung der Frage von Bedeutung, wann der niedrigere Teilwert einer Forderung angesetzt werden muß und wann nicht. Bei zum Anlagevermögen gehörenden Forderungen (z.B. langfristigen durch Hypotheken gesicherten Forderungen) besteht ein Zwang zum Ansatz des niedrigeren Teilwerts erst dann, wenn eine voraussichtlich dauernde Wertminderung der Forderung eingetreten ist (§ 253 Abs. 2 HGB). Bei Forderungen, die zum Umlaufvermögen gehören, muß hingegen schon dann eine Teilwertabschreibung vorgenommen werden, wenn der Wert der Forderung am Bilanzstichtag effektiv niedriger als ihre Anschaffungskosten ist (§ 253 Abs. 3 HGB).

XIII. Bewertung

Wird eine bereits bestehende Forderung von einem Dritten gegen Entgelt erworben, so bestehen die **Anschaffungskosten** aus der Gegenleistung einschließlich etwaiger Nebenleistungen. Bei einem Erwerb gegen Sachleistung bestimmen sich die Anschaffungskosten nach dem gemeinen Wert der Sachleistung. In den anderen Fällen, in denen die Forderung erst in der Person des Steuerpflichtigen begründet wird, ist grundsätzlich der Nennbetrag der Forderung als „Anschaffungskosten" anzusetzen (BFH-Urteil vom 9.7.1981, BStBl II 1981, 734). Liegt der Auszahlungsbetrag unter dem Nennbetrag, so sind zwar die Anschaffungskosten im üblichen Sinn nur in Höhe des Auszahlungsbetrags entstanden. Trotzdem ist auch hier der Nennbetrag der Forderung als Anschaffungskosten auszuweisen, und es ist in Höhe des Unterschiedsbetrag zwischen Nennbetrag und Auszahlungsbetrag (Disagio, Damnum) ein passiver Rechnungsabgrenzungsposten zu bilden.

467

Der **Teilwert** einer Forderung wird durch subjektive in der Person des Schuldners liegende Umstände, wie z.b. Zahlungsfähig- und Zahlungsunfähigkeit, und durch objektive der Forderung unmittelbar anhaftende Umstände, wie z.b. Ausfallrisiko, Skonti, Kosten für Einziehung und Beitreibung, Provisionen und insbesondere Unverzinslichkeit beeinflußt. Diese wertmindernden Umstände sind nach der Rechtsprechung jedoch dann nicht zu berücksichtigen, wenn ihnen andere Umstände gegenüberstehen, die die Wertminderung ganz oder teilweise kompensieren. Zu denken wäre an die Möglichkeit einer vollständigen anderweitigen Befriedigung des Gläubigers z.b. durch Verwertung von Sicherheiten. Das gleiche gilt, solange der Steuerpflichtige eine Aufrechnungsmöglichkeit hat. Ist jedoch auch die Realisierung der Sicherungsrechte zweifelhaft, schließen sie eine Teilwertabschreibung nicht aus.

468

Die Durchführung der Teilwertabschreibung kann auf zweierlei Arten erfolgen: Einmal kann auf der Aktivseite der Bilanz statt der Anschaffungskosten der niedrigere Teilwert angesetzt werden **(aktivische Wertberichtigung)**. Üblich ist jedoch die **passivische Wertberichtigung**. Die Forderung wird auf der Aktivseite weiterhin mit den Anschaffungskosten ausgewiesen. Die Wertminderung wird durch die Einstellung eines Wertberichtigungsposten (Delkredere) auf der Passivseite zum Ausdruck gebracht.

Grundsätzlich sind Forderungen einzeln zu bewerten. Als zulässig erachtet wird aber auch eine pauschal Bewertung **(Pauschaldelkredere)**. Die Höhe des Delkredere ergibt sich aus dem Differenzbetrag zwischen Anschaffungskosten und Teilwert der Forderung. Dabei ist von den Nettoforderungsbeträgen, also ausschließ-

469

lich der Umsatzsteuer, auszugehen. Bei einer **Einzelwertberichtigung** ist zu fordern, daß die den Teilwert bestimmenden wertmindernden Umstände bekannt sind oder daß ihr Vorliegen ernsthaft zu befürchten ist. Wählt der Steuerpflichtige eine Pauschalwertberichtigung, so ist der pauschale Wertabschlag regelmäßig aufgrund der in der Vergangenheit gewonnenen Erfahrungen im jeweiligen Betrieb durch ein Vomhundertsatz zu bemessen (zu schätzen), der den Ausfall im allgemeinen deckt, mit dem bei sachlicher Beurteilung zu rechnen ist.

10. Bewertung von Verbindlichkeiten

470 Eine **Verbindlichkeit** liegt vor, wenn eine rechtliche oder wirtschaftliche, erzwingbare, nach Grund und Höhe feststehende Verpflichtung zu einer Leistung besteht. Sie ist unter sinngemäßer Anwendung der Vorschriften des § 6 Abs. 1 Nr. 2 EStG anzusetzen (§ 6 Abs. 1 Nr. 3 EStG). Das bedeutet, daß Verbindlichkeiten grundsätzlich mit den Anschaffungskosten oder dem höheren Teilwert anzusetzen sind, wobei zu berücksichtigen ist, daß wegen des Gebots des Ausweises von Verlusten, auch wenn sie noch nicht realisiert sind (Imparitätsprinzip, § 252 Abs. 1 Nr. 4 HGB), der höhere Teilwert einer Verbindlichkeit ausgewiesen werden muß. Der niedrigere Teilwert einer Verbindlichkeit darf ebenso wie der höhere Teilwert eines aktiven Wirtschaftsguts nicht ausgewiesen werden, weil dann ein nicht realisierter Gewinn ausgewiesen werden würde, was nach den Grundsätzen ordnungsmäßiger Buchführung nicht zulässig ist.

471 Die **Anschaffungskosten** einer Verbindlichkeit sind gleich dem Nennbetrag (BFH-Urteil vom 7.7.1983, BStBl II 1983, 753 und s. auch Abschn. 37 Abs. 1 EStR). Der **Nennbetrag** — auch als Rückzahlungsbetrag oder als Erfüllungsbetrag bezeichnet — ist der Betrag, den der Darlehnsschuldner als Kapital aufgrund des Darlehnsverhältnisses zurückzahlen muß. Hingegen ist unter **Verfügungsbetrag** der Betrag zu verstehen, der dem Schuldner infolge der Eingehung der Verbindlichkeit nach Abzug aller Beschaffungskosten (Damnum, Agio, Zuteilungsgebühren, Provisionen usw.) der Verbindlichkeit zur Verfügung steht. Liegt der Verfügungsbetrag (=Auszahlungsbetrag) wertmäßig unter dem Rückzahlungsbetrag, so ist der Unterschiedsbetrag, der ja den Beschaffungskosten entspricht, mittels eines aktiven Rechnungsabgrenzungsposten auf die Laufzeit des Darlehens zu verteilen. Auch bei zinslosen Darlehen sind als Anschaffungskosten nicht der abgezinste Betrag, sondern der Darlehnsnennbetrag als Verbindlichkeit auszuweisen, da dieser Betrag dem Schuldner zugeflossen ist.

Teilwert einer Verbindlichkeit ist der Betrag, den ein Erwerber des Betriebs mehr bezahlen würde, wenn die Verbindlichkeit nicht bestünde. Das ist der **Bar-** oder **Zeitwert** der Verbindlichkeit. Er deckt sich bei üblichen Verzinsungs- und Rückzahlungsbedingungen im allgemeinen mit dem Nennbetrag. Ist der Barwert niedriger als der Nennbetrag, denkbar etwa bei Zinslosigkeit der Schuld, so ist dennoch die Verbindlichkeit mit dem Nennbetrag zu passivieren. Dies folgt aus dem Verbot des Ausweises nicht realisierter Gewinne. Der Teilwert einer Verbindlichkeit ist (bzw. kann) nur dann anzusetzen, wenn er höher als die Anschaffungskosten ist. 472

Ist **Nichtigkeit** des der Verbindlichkeit zugrundeliegenden Rechtsgeschäfts gegeben, so ist die Schuld dennoch auszuweisen, wenn das Rechtsgeschäft von den Beteiligten als gültig behandelt wird (§ 40 AO). Grundsätzlich ist die Verbindlichkeit beim Schuldner zu passivieren, unabhängig davon, ob der Gläubiger eine entsprechende Forderung aktiviert hat. Ist eine Verbindlichkeit **verjährt** und hat der Steuerpflichtige beschlossen, von der Verjährungseinrede Gebrauch zu machen, so ist die Verbindlichkeit auszubuchen. Trotz Verjährung muß hingegen die Verbindlichkeit weiter ausgewiesen werden, wenn der Steuerpflichtige mit der Geltendmachung der Forderung rechnen muß und sich nicht auf die Verjährungseinrede berufen will. 473

11. Bewertung von Entnahmen

Entnahmen sind nicht betrieblich veranlaßte Wertabgaben. Sie liegen vor, wenn der Steuerpflichtige aufgrund privater Veranlassung ein Wirtschaftsgut aus seinem Betriebsvermögen in sein Privatvermögen überführt (s. auch § 4 Abs. 1 Satz 2 EStG). Wie der Gewinndefinition des § 4 Abs. 1 Satz 1 EStG zu entnehmen ist, sollen Entnahmen den Gewinn nicht mindern. 474

Wie Entnahmen zu bewerten sind bestimmt § 6 Abs. 1 Nr. 4 EStG. Nach Satz 1 dieser Vorschrift sind Entnahmen mit dem Teilwert anzusetzen. Es ist also jeweils der Gegenstand der Entnahme zu ermitteln und sodann der entsprechende Teilwert, wobei die allgemeinen Regeln für die Teilwertermittlung gelten. Werden mithin Wirtschaftsgüter des Umlaufvermögens entnommen, so ist die Entnahme mit dem Teilwert dieser Umlaufgüter zu bewerten. Der Entnahmewert ist nach den Verhältnissen im Zeitpunkt der Entnahme zu bestimmen und nicht etwa nach den Verhältnissen am Bilanzstichtag. 475

476 Von der Grundsatzregelung, daß eine Entnahme mit dem Teilwert anzusetzen ist, läßt § 6 Abs. 1 Nr. 4 EStG zwei Ausnahmen zu: Und zwar können unter den Voraussetzungen des § 6 Abs. 1 Nr. 4 Satz 2 EStG **Sachspenden** anstelle mit dem Teilwert mit dem Buchwert bewertet werden. Es besteht ein Wahlrecht. Durch die Bewertung mit dem Buchwert wird eine Gewinnrealisierung vermieden. Ferner können gemäß § 6 Abs. 1 Nr. 4 Satz 4 EStG **Gebäude** und der dazu gehörige Grund und Boden zum Buchwert entnommen werden, wenn durch diese Entnahme zusätzlicher zweckgebundener Wohnraum geschaffen wird. Diese erfolgsneutrale Entnahme ist jedoch nur unter engen Voraussetzungen und zeitlich befristet möglich.

12. Bewertung von Einlagen

477 Wie § 4 Abs. 1 Satz 1 EStG zu entnehmen ist, ist der Gewinn um den Wert der Einlagen zu vermindern. Daraus folgt, daß Wertzuflüsse, die nicht im Betrieb erwirtschaftet worden sind **(Einlagen)**, den Gewinn nicht mindern dürfen. Einlagen, wegen des Begriffs s. auch Tz. 54, sind gemäß § 6 Abs. 1 Nr. 5 Satz 1 EStG grundsätzlich mit dem Teilwert zu bewerten. Von diesem Grundsatz sieht § 6 Abs. 1 Nr. 5 Satz 1 Ausnahmen vor. Nicht der Teilwert, sondern höchstens die Anschaffungs- oder Herstellungskosten sind Bewertungsmaßstab, wenn das eingelegt Wirtschaftsgut

- innerhalb der letzten drei Jahre vor dem Zeitpunkt der Zuführung angeschafft oder hergestellt worden oder
- ein wesentlicher Anteil an einer Kapitalgesellschaft ist.

Ist dabei das zugeführte Wirtschaftsgut ein abnutzbares, so sind die Anschaffungs- oder Herstellungskosten um Absetzungen zu kürzen (§ 6 Abs. 1 Nr. 5 Satz 2 EStG; Abschn. 39 Abs. 1 EStR). Ist das zugeführte Wirtschaftsgut nicht angeschafft oder hergestellt, sondern zuvor entnommen worden, so tritt an die Stelle der Anschaffungs- oder Herstellungskosten der Entnahmewert (§ 6 Abs. 1 Nr. 5 Satz 3 EStG).

478 Einen besonderen Tatbestand im Rahmen der Einlagenbewertung behandelt § 6 Abs. 1 Nr. 6 EStG und zwar sind Wirtschaftsgüter, die bei einer **Betriebseröffnung** dem Betriebsvermögen zugeführt werden, nach den Grundsätzen des § 6 Abs. 1 Nr. 5 EStG, also nach den Grundsätzen die für die Einlagenbewertung gelten, zu bewerten. Für Zwecke der Gewinnermittlung durch Betriebsvermögensvergleich tritt im Jahr der Betriebseröffnung an die Stelle der Schlußbilanz des

XIII. Bewertung

vorangegangenen Wirtschaftsjahrs die Eröffnungsbilanz (§ 6 Abs. 1 EStDV). Eine Schlußbilanz des vorangegangenen Wirtschaftsjahrs kann es nämlich nicht geben, da der Betrieb ja erst eröffnet worden ist.

Wegen weiterer Einzelheiten zur Einlagenbewertung wird auf Abschn. 39 Abs. 2 EStR hingewiesen.   479

13. Bewertung bei entgeltlichem Betriebserwerb

Wird nicht ein einzelnes Wirtschaftsgut, sondern ein ganzer Betrieb entgeltlich erworben, so sind die Wirtschaftsgüter mit dem Teilwert, höchstens jedoch mit den Anschaffungs- oder Herstellungskosten anzusetzen (§ 6 Abs. 1 Nr. 7 EStG). Bei einem unentgeltlichen **Betriebserwerb** findet nicht § 6 Abs. 1 Nr. 7 EStG, sondern § 7 Abs. 1 EStDV Anwendung.   480

Sind die Anschaffungskosten höher als die Summe der Teilwerte aller Wirtschaftsgüter, so ist der überschießende Betrag in aller Regel ein Entgelt für einen **Geschäftswert,** der sodann mit diesem überschießenden Betrag zu aktivieren ist.   481

Liegen die Anschaffungskosten unter der Summe der Teilwerte aller Wirtschaftsgüter, liegt also ein **negativer Geschäftswert** vor, so ist dieser nicht zu passivieren bei gleichzeitiger Aktivierung der Wirtschaftsgüter mit dem Teilwert. Der Steuerpflichtige muß vielmehr den negativen Unterschiedsbetrag gleichmäßig auf die Wirtschaftsgüter verteilen und sie mit diesen niedrigeren Werten bilanzieren.   482

XIV. Absetzung für Abnutzung und Substanzverringerung, Abschreibungsvergünstigungen

1. Einführung

483 Aufwendungen für die Anschaffung oder Herstellung von Wirtschaftsgütern des **Anlagevermögens (Anschaffungs- oder Herstellungskosten)** dürfen nicht sofort als Betriebsausgaben abgezogen werden.

484 Handelt es sich um **nicht abnutzbare Wirtschaftsgüter** des Anlagevermögens, kommt ein Abzug der Anschaffungs- oder Herstellungskosten erst in Betracht, wenn

- das Wirtschaftsgut durch **Veräußerung, Entnahme** oder **Untergang** aus dem Betriebsvermögen ausscheidet,
- wenn eine **Teilwertabschreibung** (§ 6 Abs. 1 Nr. 2 EStG) in Betracht kommt oder
- wenn die Voraussetzungen für die Vornahme einer **Absetzung für Substanzverringerung** (AfS) nach § 7 Abs. 6 EStG vorliegen.

485 Handelt es sich um **abnutzbare Wirtschaftsgüter,** so ist eine Berücksichtigung der Anschaffungs- oder Herstellungskosten als Betriebsausgabe darüberhinaus nur im Rahmen der zulässigen **Absetzungen für Abnutzung** (AfA) gemäß § 7 Abs. 1 bis Abs. 5a EStG, **Absetzungen für außergewöhnliche technische oder wirtschaftliche Abnutzung** (AfaA) nach § 7 Abs.1 Satz 5 EStG, **erhöhten Absetzungen, Sonderabschreibungen** oder **Teilwertabschreibungen** (§ 6 Abs. 1 Nr. 1 Sätze 2 und 3 EStG) möglich.

2. Absetzung für Abnutzung

a) Überblick

486 Neben den Grundsatzregelungen für die AfA in § 7 Abs. 1 Satz 1 bis 3 EStG, die eine nach der betriebsgewöhnlichen Nutzungsdauer zu bemessende **lineare AfA** vorsehen, gibt es

XIV. Absetzung für Abnutzung und Substanzverringerung

- für bewegliche Wirtschaftsgüter und unbewegliche Wirtschaftsgüter, die keine Gebäude sind, noch die **degressive AfA** nach § 7 Abs. 2 EStG und
- für bewegliche Wirtschaftsgüter noch die Absetzung nach **Maßgabe der Leistung** (§ 7 Abs. 1 Satz 6 EStG).

Für die Gebäude-AfA sind Sonderregelungen in § 7 Abs. 4 bis 5a EStG enthalten. 487

b) Bemessungsgrundlage für die AfA

aa) Grundsatz

Bei der Bemessung der AfA ist grundsätzlich von den **Anschaffungs- oder Her- 488 stellungskosten** des betreffenden Wirtschaftsguts auszugehen (§ 7 Abs. 1 Satz 1, Abs. 4 Satz 1, Abs. 5 Satz 1 EStG).

bb) Unentgeltlicher Erwerb

Hat ein Steuerpflichtiger ein Wirtschaftsgut **unentgeltlich erworben,** so hat er 489 keine Anschaffungs- oder Herstellungskosten. Ein solcher Fall liegt z.B. vor, wenn ein Steuerpflichtiger einen Gewerbebetrieb erbt. Für diese Fälle sind in § 7 EStDV folgende Vorschriften enthalten:

(1) Erwirbt ein Steuerpflichtiger einen Betrieb, Teilbetrieb oder Mitunter- 490 nehmeranteil unentgeltlich, so hat er die Buchwerte seines Rechtsvorgängers fortzuführen (§ 7 Abs. 1 EStDV). D.h. im Hinblick auf die AfA, die für seinen Rechtsvorgänger maßgebende AfA-Bemessungsgrundlagen für die zu dem erworbenen Betriebsvermögen gehörenden Wirtschaftsgüter sind auch für den Steuerpflichtigen maßgebend.

(2) Erwirbt ein Steuerpflichtiger in seinem Betrieb einzelne Wirtschaftsgüter un- 491 entgeltlich aus dem Betrieb eines anderen, so wird fingiert, daß er Anschaffungskosten in Höhe des Verkehrswertes des betreffenden Wirtschaftsguts hat („gilt für den Erwerb der Betrag als Anschaffungskosten, den er für das einzelne Wirtschaftsgut im Zeitpunkt des Erwerbs hätte aufwenden müssen" — § 7 Abs. 2 EStDV —).

cc) Zuschüsse zu den Anschaffungs- oder Herstellungskosten

Erhält ein Steuerpflichtiger für die Anschaffung oder Herstellung eines Wirt- 492 schaftsguts des Anlagevermögens aus öffentlichen oder privaten Mitteln einen Zuschuß, so hat er ein Wahlrecht, ob er den Zuschuß gewinnerhöhend als Betriebseinnahme ansetzen oder erfolgsneutral behandeln will (Abschn. 34 Abs. 3 EStR). Im letzteren Fall sind die Anschaffungs- oder Herstellungskosten für die Bemessung der AfA um den betreffenden Zuschuß zu mindern (Abschn. 34 Abs. 3, Abschn. 43 Abs. 3 S. EStR).

dd) Übertragung stiller Reserven

493 Das gleiche gilt, wenn auf ein angeschafftes oder hergestelltes Wirtschaftsgut stille Reserven nach § 6b Abs. 1 oder Abs. 3 EStG oder nach Abschn. 35 EStR (Ersatzwirtschaftsgüter) übertragen werden sollen (Abschn. 43 Abs. 3 Satz 1 EStR).

ee) Nachträgliche Anschaffungs- oder Herstellungskosten

494 Werden für ein Wirtschaftsgut nachträgliche Anschaffungs- oder Herstellungskosten aufgewendet, so ist hinsichtlich der Bemessung der AfA vom Zeitpunkt des Anfalls der nachträglichen Anschaffungs- oder Herstellungskosten an zu unterscheiden, ob es sich um **Gebäude** oder **Gebäudeteile** oder **sonstige abnutzbare Wirtschaftsgüter** handelt.

495 Im ersteren Falle ist, wenn das Gebäude nach einem festen, vom Gesetz vorgeschriebenen Hundertsatz abgeschrieben wird, also wenn kein Fall des § 7 Abs. 4 Satz 2 EStG (kürzere Nutzungsdauer) vorliegt, die bisherige Bemessungsgrundlage um die nachträglichen Anschaffungs- oder Herstellungskosten zu erhöhen (BFH-Urteil vom 20.2.1975, BStBl II 1975, 412). In allen anderen Fällen ist die AfA nach dem Buchwert im Zeitpunkt des Anfalls der nachträglichen Anschaffungs- oder Herstellungskosten vermehrt um diese Kosten zu bemessen (BFH-Urteil vom 25. 11.1970, BStBl II 1971, 142).

496 Gleichgültig in welchem Teil des Wirtschaftsjahrs nachträgliche Anschaffungs- oder Herstellungskosten entstehen, sie können aus Vereinfachungsgründen im Wirtschaftsjahr ihrer Entstehung bei der Bemessung der AfA so berücksichtigt werden, als wären sie zu Beginn des Wirtschaftsjahrs aufgewendet worden (Abschn. 44 Abs.11 Satz 6 EStR).

ff) Einlage eines Wirtschaftsguts

497 Wird ein Wirtschaftsgut in ein Betriebsvermögen eingelegt, so bemißt sich die AfA von diesem Zeitpunkt an grundsätzlich nach dem **Teilwert** des Wirtschaftsguts im Einlagezeitpunkt (§ 6 Abs.1 Nr. 5 Satz 1 Teilsatz 1 EStG).

XIV. Absetzung für Abnutzung und Substanzverringerung

Ausnahmen gelten nur in den Fällen, in denen das eingelegte Wirtschaftsgut 498
- innerhalb der letzten drei Jahre vor der Einlage angeschafft oder hergestellt worden ist (§ 6 Abs. 1 Nr. 5 Buchst. a EStG oder
- ein Anteil an einer Kapitalgesellschaft ist und der Steuerpflichtige an der Kapitalgesellschaft wesentlich beteiligt ist (§ 6 Abs. 1 Nr. 5 Buchst. b EStG).

c) AfA bei beweglichen Wirtschaftsgütern und unbeweglichen Wirtschaftsgütern, die keine Gebäude oder Gebäudeteile sind

aa) Die lineare AfA nach § 7 Abs. 1 Sätze 1 bis 3 EStG

(1) Grundsätzliches

In § 7 Abs. 1 Satz 1 EStG wird bestimmt, daß bei Wirtschaftsgütern, deren Verwendung oder Nutzung durch den Steuerpflichtigen zur Erzielung von Einkünften sich erfahrungsgemäß auf einen Zeitraum von mehr als einem Jahr erstreckt, jeweils für ein Jahr der Teil der **Anschaffungs-** oder **Herstellungskosten** abzusetzen ist, der bei gleichmäßiger Verteilung dieser Kosten auf die Gesamtdauer der Verwendung oder Nutzung auf ein Jahr entfällt. Diese AfA-Methode wird als **lineare AfA** (Absetzung für Abnutzung in gleichen Jahresbeträgen) bezeichnet. Ergänzend zu § 7 Abs. 1 Satz 1 EStG wird in § 7 Abs. 1 Satz 2 EStG bestimmt, daß sich die lineare AfA grundsätzlich nach der **betriebsgewöhnlichen Nutzungsdauer** bestimmt. 499

(2) Anwendungsbereich

Nach seinem Wortlaut gilt § 7 Abs. 1 Satz 1 EStG für alle abnutzbaren Wirtschaftsgüter. Durch die Sonderregelungen für die AfA bei **Gebäuden** und **Gebäudeteilen** in § 7 Abs. 4 bis 5 EStG wird jedoch der **Anwendungsbereich des § 7 Abs. 1 Satz 1 EStG** grundsätzlich auf abnutzbare bewegliche Wirtschaftsgüter und solche abnutzbaren unbeweglichen Wirtschaftsgüter eingeschränkt, die keine Gebäude oder Gebäudeteile sind. 500

Bewegliche Wirtschaftsgüter sind nur Sachen i.S. des § 90 BGB, also nur körperliche Gegenstände (BFH-Urteil vom 6.8.1964, BStBl III 1964, 575). Zu ihnen gehören z.B. Maschinen, maschinelle Anlagen, Werkzeuge, Einrichtungsgegenstände wie Schreibmaschinen, Computer, Büromöbel. Auch **Schiffe** sind bewegliche Wirtschaftsgüter und zwar unabhängig davon, ob sie in einem Schiffsregister eingetragen sind oder nicht (Abschn. 42 Abs. 2 EStR). 501

XIV. Absetzung für Abnutzung und Substanzverringerung

502 Zu den **abnutzbaren unbeweglichen Wirtschaftsgütern,** die keine Gebäude oder Gebäudeteile sind, gehören Außenanlagen wie Einfriedigungen, Straßenzufahrten, Hof- und Bodenbefestigungen (Abschn. 42 Abs. 6 EStR) und abnutzbare **immaterielle Wirtschaftsgüter,** wie der Geschäfts- oder Firmenwert oder bei Freiberuflern der Praxiswert (Abschn. 42 Abs. 5 EStR).

503 § 7 Abs. 1 Satz 1 EStG gilt — wie alle in § 7 EStG enthaltenen Regelungen — für alle Einkunftsarten. Sein Hauptanwendungsbereich liegt aber im Bereich der betrieblichen Einkunftsarten. Hier findet die Vorschrift auf alle zum Anlagevermögen eines Betriebs gehörenden abnutzbaren Wirtschaftsgüter (außer Gebäuden und Gebäudeteilen) Anwendung.

(3) Betriebsgewöhnliche Nutzungsdauer

504 Die betriebsgewöhnliche Nutzungsdauer eines Wirtschaftsguts ist unter Berücksichtigung der betrieblichen Verhältnisse zu schätzen. Die aufgestellten **AfA-Tabellen** können dabei als Hilfsmittel dienen.

505 Eine Besonderheit gilt für den **Geschäfts- oder Firmenwert.** Für diese Wirtschaftsgüter wird eine betriebsgewöhnliche Nutzungsdauer von 15 Jahren fingiert (§ 7 Abs. 1 Satz 3 EStG). Für einen **Praxiswert** (z.B. Arzt, Rechtsanwalt, Steuerberater) gilt diese Einschränkung nicht.

(4) Zwang zur Vornahme der linearen AfA

506 Die lineare AfA nach § 7 Abs. 1 Satz 1 muß vom Steuerpflichtigen vorgenommen werden.

bb) Die degressive AfA nach § 7 Abs. 2 EStG

507 Bei **beweglichen Wirtschaftsgütern** des Anlagevermögens (nicht bei abnutzbaren unbeweglichen Wirtschaftsgütern, die keine Gebäude oder Gebäudeteile sind) kann der Steuerpflichtige statt der linearen AfA die AfA nach fallenden Jahresbeträgen **(degressive AfA)** bemessen.

Die AfA ist in diesen Fällen nach einem unveränderten Hundersatz vom jeweiligen Buchwert vorzunehmen. Der dabei anzuwendende Hundertsatz darf höchsten das Dreifache des bei der linearen AfA in Betracht kommenden Hundertsatzes betragen und 30 v.H. nicht übersteigen (§ 7 Abs. 2 Satz 2 EStG).

XIV. Absetzung für Abnutzung und Substanzverringerung 165

Beispiel:
A erwirbt eine Maschine für 100.000 DM. Die Maschine hat eine betriebsgewöhnliche Nutzungsdauer von 12 Jahren.

Würde A die lineare AfA in Anspruch nehmen, so würde er jährlich 8 1/3 v.H. von 100.000 DM absetzen müssen. Das Dreifache dieses Hundertsatzes beträgt 25 v.H. Demzufolge kann A statt der linearen AfA auch folgende degressive AfA vornehmen:

Im Jahr 1: 25 von 100.000 DM = 25.000 DM, so daß ein Buchwert von 75.000 DM verbleibt.

Im Jahr 2: 25 v.H. von 75.000 DM = 18.750 DM, so daß ein Buchwert von 56.250 DM verbleibt

Im Jahr 3: 25 v.H. von 56.250 DM = 14.062,50 DM usw. usw.

cc) AfA im Wirtschaftsjahr der Anschaffung oder Herstellung und im Wirtschaftsjahr des Ausscheidens eines Wirtschaftsguts

Bei abnutzbaren Wirtschaftsgütern, die im Laufe eines Wirtschaftsjahrs angeschafft oder hergestellt werden, kann für das **Wirtschaftsjahr der Anschaffung oder Herstellung** grundsätzlich nur der Teil des auf ein Jahr entfallenden AfA-Betrages abgesetzt werden, der dem Zeitraum zwischen der Anschaffung oder Herstellung des Wirtschaftsguts und dem Ende des Jahres entspricht (Abschn. 44 Abs. 2 Satz 1 EStR). 508

Bei **beweglichen Wirtschaftsgütern** des Anlagevermögens ist es abweichend hiervon aus Vereinfachungsgründen jedoch zulässig, wenn für die in der zweiten Hälfte eines Wirtschaftsjahrs angeschafften oder hergestellten Wirtschaftsgüter der für das gesamte Wirtschaftsjahr in Betracht kommende AfA-Betrag und für die in der ersten Hälfte des Wirtschaftsjahrs angeschafften oder hergestellten Wirtschaftsgüter die Hälfte des Jahres-AfA-Betrags abgesetzt wird (Abschn. 44 Abs. 2 Satz 2 EStG). 509

Ein Wirtschaftsgut ist im **Zeitpunkt** seiner **Lieferung angeschafft** (§ 9a EStDV). Ein Wirtschaftsgut ist in dem Zeitpunkt **hergestellt,** in dem es fertiggestellt ist (§ 9a EStDV), d.h. wenn es seiner Zweckbestimmung entsprechend genutzt werden kann (Abschn. 44 Abs. 1 Satz 3 EStR). 510

511 Die in Abschn. 44 Abs. 2 Satz 2 EStR zugelassene Vereinfachungsregelung gilt auch dann, wenn während eines Wirtschaftsjahrs ein Wirtschaftsgut aus dem Privatvermögen ins Betriebsvermögen **eingelegt** wird (Abschn. 44 Abs. 2 Satz 5 EStR).

512 Eine dem Abschn. 44 Abs. 2 Satz 2 EStR entsprechende Vereinfachungsregelung gibt es für den Fall des **Ausscheidens** eines Wirtschaftsguts aus einem Betriebsvermögen im Laufe eines Wirtschaftsjahrs nicht. Hier kann nur die auf die Zeit bis zur Veräußerung oder Entnahme entfallende anteilige Jahres-AfA als Betriebsausgabe abgesetzt werden (Abschn. 44 Abs. 9 EStR).

dd) Unterlassene AfA

513 Ist bei abnutzbaren beweglichen Wirtschaftsgütern des Anlagevermögens in einem Wirtschaftsjahr keine AfA vorgenommen worden, so kann diese — unabhängig davon, ob das Wirtschaftsgut linear oder degressiv abgeschrieben wird — nach der Verwaltungsanweisung in Abschn. 44 Abs. 10 Satz 1 EStR in der Weise nachgeholt werden, daß die noch nicht abgesetzten Anschaffungs- oder Herstellungskosten (Buchwert) entsprechend der angewandten Absetzungsmethode auf die verbleibende **Restnutzungsdauer** verteilt werden.

Beispiel:
A hat im Jahre 1 eine Maschine für 100.000 angeschafft. Die Maschine hat eine betriebsgewöhnliche Nutzungsdauer von 10 Jahren. Im Wirtschaftsjahr 6 ist bei der Gewinnermittlung versehentlich keine AfA berücksichtigt worden.

A hat bis zum Ende des fünften Wirtschaftsjahrs jährlich 1.000 abgeschrieben, so daß die Maschine am Ende des fünften — und wegen der vergessenen AfA auch am Ende des sechsten — Wirtschaftsjahrs einen Buchwert von 5.000 hatte. Dieser ist auf die Restnutzungsdauer von vier Jahren zu verteilen, so daß die jährliche lineare AfA ab dem sechsten Jahr 1.250 beträgt.

514 Nach dem BFH-Urteil vom 21.2.1967 (BStBl III 1967, 386) ist eine Nachholung **bewußt unterlassener AfA** nicht zulässig. Demzufolge darf A, wenn er die AfA im sechsten Jahr bewußt nicht berücksichtigt hat, in den Wirtschaftsjahren sieben bis zehn jeweils nur 1.000 als AfA absetzen. Der am Ende des 10. Jahres verbleibende Buchwert entspricht der unterlassenen AfA und darf nicht abgesetzt werden.

ee) Leistungs-AfA

Bei beweglichen Wirtschaftsgütern des Anlagevermögens kann nach § 7 Abs. 1 Satz 4 die AfA auch nach Maßgabe der Leistung des Wirtschaftsguts vorgenommen werden, wenn dies wirtschaftlich begründet ist. Das ist bei einem Wirtschaftsgut der Fall, dessen Leistung regelmäßig erheblich schwankt und dessen Verschleiß dementsprechend wesentliche Unterschiede aufweist (Abschn. 44 Abs. 5 Satz 2 EStR). Die Anwendung der Leistungs-AfA setzt voraus, daß der auf ein Wirtschaftsjahr entfallende Umfang der Leistung nachgewiesen wird. Das kann z.b. bei einer Maschine durch ein die Anzahl der Arbeitsvorgänge registrierendes Zählwerk oder bei einem Kfz durch den Kilometerzähler geschehen (Abschn. 44 Abs. 5 Sätze 3 und 4 EStR).

515

ff) Wahl und Wechsel der AfA-Methode

Der Steuerpflichtige kann bei **beweglichen Wirtschaftsgütern** des Anlagevermögens zwischen der linearen (§ 7 Abs. 1 Satz 1 EStG), der degressiven AfA (§ 7 Abs. 2 EStG) und — soweit die Voraussetzungen vorliegen — der Leistungs-AfA wählen.

516

Hat sich der Steuerpflichtige für die **lineare AfA** entschieden, so ist ein Wechsel zur degressiven AfA nicht möglich (§ 7 Abs.3 Satz 3 EStG). Hingegen ist ein Übergang von der **degressiven AfA** zur linearen AfA jederzeit möglich (§ 7 Abs. 3 Satz 1 EStG). In einem solchen Fall bemißt sich die AfA vom Übergangszeitpunkt an nach dem dann noch vorhandenen Restwert und der Restnutzungsdauer (§ 7 Abs. 3 Satz 2 EStG).

517

Beispiel:
A schreibt die für 10.000 angeschaffte Maschine, die eine betriebsgewöhnliche Nutzungsdauer von 10 Jahren hat, degressiv ab.

518

Am Ende des 8. Wirtschaftsjahres beträgt der Buchwert 360. Würde A bei der degressiven AfA verbleiben, könnte er im Wirtschaftsjahr 9 eine AfA von 108 (30 v.H. von 360) und im Wirtschaftsjahr 10 eine AfA von 76 vornehmen. Geht er hingegen mit Beginn des 9. Wirtschaftsjahres zur linearen AfA über, kann er in den Wirtschaftsjahren 9 und 10 (Restnutzungsdauer) jeweils 1/2 von 360 = 180 AfA geltend machen.

d) AfA bei Gebäuden und Gebäudeteilen

aa) Die lineare Gebäude-AfA nach § 7 Abs. 4 EStG

(1) Grundsätzliches

519 Abweichend von der in § 7 Abs. 1 Satz 1 EStG enthaltenen Regelung, wonach sich die AfA nach der tatsächlichen Nutzungsdauer des jeweiligen Wirtschaftsguts richtet, gehen die in § 7 Abs. 4 EStG für die lineare Gebäude-AfA enthaltenen Vorschriften im Grundsatz typisierend von **fiktiven Nutzungszeiträumen** aus (40 Jahre, 50 Jahre oder 25 Jahre) und schreiben demzufolge feste Hundertsätze (2 v.H., 2,5 v.H. oder 4 v.H.) vor, nach denen die AfA zu bemessen sind. Da diese **festen AfA-Sätze** jeweils auf die Anschaffungs- oder Herstellungskosten des betreffenden Gebäudes anzuwenden sind, **beginnt** mithin die fiktive **Nutzungsdauer** des Gebäudes (50, 40 oder 25 Jahre) mit dem Zeitpunkt in dem es angeschafft oder hergestellt worden ist. Dabei ist unter Herstellung der Zeitpunkt zu verstehen, in dem das Gebäude fertiggestellt ist (§ 9a EStDV).

520 Hinsichtlich der Frage, welcher von den drei vorgeschriebenen festen AfA-Sätzen bei einem Gebäude in Betracht kommt, sind bei einem zu einem **Betriebsvermögen** gehörenden Gebäude drei Fälle zu unterscheiden:

- Das Gebäude ist **vor dem 1.1.1925 fertiggestellt** worden. Der feste lineare AfA-Satz beträgt 2,5 v.H. der Anschaffungs- oder Herstellungskosten (§ 7 Abs. 4 Satz 1 Nr. 2 Buchstabe b EStG).

- Das Gebäude ist **nach dem 31.12.1924 fertiggestellt** worden. Der feste lineare AfA-Satz beträgt 2 v.H. der Anschaffungs- oder Herstellungskosten (§ 7 Abs. 4 Satz 1 Nr. 2 Buchstabe a EStG).

- Der Antrag auf Baugenehmigung (**Bauantrag**) ist **nach dem 31.3.1985** gestellt worden und das Gebäude dient **nicht Wohnzwecken.** Der feste lineare AfA-Satz beträgt 4 v.H. der Anschaffungs- oder Herstellungskosten (§ 7 Abs. 1 Satz 1 Nr. 1 EStG).

521 Lediglich dann, wenn die voraussichtliche tatsächliche **Nutzungsdauer kürzer** ist als die fingierte, also dann, wenn die voraussichtliche tatsächliche Nutzungsdauer

- in den erstgenannten Fällen kürzer ist als 40 Jahre,
- in den zweitgenannten Fällen kürzer ist als 50 Jahre und
- in den letztgenannten Fällen kürzer ist als 25 Jahre

XIV. Absetzung für Abnutzung und Substanzverringerung

kann ein höherer AfA-Satz als der im Gesetz vorgeschriebene angewendet werden (§ 7 Abs. 4 Satz 2 EStG). Ein Zwang zur Anwendung eines solchen höheren AfA-Satzes besteht jedoch nicht.

Beispiel:
B hat 1989 ein Gebäude errichtet, für das er den Bauantrag nach dem 31. 3. 1985 gestellt hat. Das Gebäude dient nicht Wohnzwecken. Die Herstellungskosten haben 1,2 Mio DM betragen.
Es liegt ein Fall des § 7 Abs. 4 Satz 1 Nr. 1 EStG vor. B muß jährlich 4 v.H. von 1,2 Mio DM = 48.000 DM absetzen. Ist jedoch die voraussichtliche tatsächliche Nutzungsdauer des Gebäudes kürzer als 25 Jahre, dann kann B statt des AfA-Satzes von 4 v.H. einen höheren AfA-Satz anwenden.

(2) Zwang zur Vornahme der linearen Gebäude-AfA

Die Anwendung **niedrigerer AfA-Beträge** als der, die sich aus § 7 Abs. 4 Satz 1 EStG ergeben, (2 v.H., 2,5 v.H. oder 4 v.H.) ist nicht zulässig. Sind **AfA** nach § 7 Abs. 4 Satz 1 EStG **unterblieben,** so sind in den Folgejahren weiterhin die gesetzlich vorgeschriebenen Vomhundertsätze anzusetzen, auch wenn sich hierdurch der Abschreibungszeitraum über 25, 40 oder 50 Jahre hinaus verlängert (BFH-Urteile vom 3.7.1984, BStBl II 1984, 709; vom 20.1.1987, BStBl II 1987, 491). 522

(3) AfA bis zur vollen Absetzung

Die lineare Gebäude-AfA ist „bis zur vollen Absetzung" der Anschaffungs- oder Herstellungskosten (§ 7 Abs. 4 Satz 1 vor Nr. 1 EStG) vorzunehmen. Die volle Absetzung ist erreicht, sobald die Summe der insgesamt vorgenommenen AfA einschließlich der Absetzungen für außergewöhnliche technische oder wirtschaftliche Abnutzung die Anschaffungs- oder Herstellungskosten oder den an deren Stelle getretenen Wert erreicht hat. 523

(4) Bauantrag

Die 4 %ige lineare AfA nach § 7 Abs. 4 Satz 1 Nr. 1 EStG ist nur bei solchen Gebäuden zulässig, bei denen u.a. der Bauantrag nach dem 31.3.1985 gestellt worden ist. 524

Bauantrag ist der nach landesrechtlichen Vorschriften vorgesehene Antrag auf Erteilung einer Baugenehmigung. Der Bauantrag wird in dem **Zeitpunkt gestellt,** in dem er bei der nach Landesrecht zuständigen Behörde eingereicht wird. Ist ein 525

Bauantrag abgelehnt worden und wird die Baugenehmigung aufgrund eines neu gestellten Bauantrags erteilt, so ist der Zeitpunkt maßgebend, in dem der neue Antrag bei der zuständigen Behörde eingeht. Das gleiche gilt, wenn die Bauplanung nach Antragstellung so grundlegend geändert werden muß, daß ein neuer Bauantrag erforderlich ist.

Anträge, die die **Finanzierung** eines geplanten Baues betreffen und **Bauvoranfragen** bei den Baubehörden sind keine Bauanträge.

(5) Kein Wohngebäude

526 Die 4%ige lineare AfA nach § 7 Abs. 4 Satz 1 Nr. 1 EStG hat ferner zur Voraussetzung, daß das zu einem Betriebsvermögen gehörende Gebäude nicht Wohnzwecken dient.

527 Ein Gebäude dient Wohnzwecken, wenn es dazu bestimmt und geeignet ist, Menschen auf Dauer Aufenthalt und Unterkunft zur privaten Nutzung zu ermöglichen und wenn das Gebäude auch zu diesem Zweck genutzt wird. Gebäude dienen nicht Wohnzwecken, soweit sie zur vorübergehenden Beherbergung von Personen bestimmt sind, wie z.B. **Hotels** und **Pensionen.** Wohnzwecken dienen auch Wohnungen, die aus betrieblichen Gründen (z.B. **Werkswohnungen**) an Betriebsangehörige überlassen werden (vgl. Abschn. 42a Abs. 2 EStR).

528 Dient ein Gebäude nicht Wohnzwecken, so spielt es für die Anwendung des § 7 Abs. 4 Satz 1 Nr. 1 EStG keine Rolle, ob das Gebäude zu eigenbetrieblichen Zwecken genutzt wird oder zu einer fremdbetrieblichen Nutzung vermietet worden ist.

bb) Die degressive Gebäude-AfA nach § 7 Abs. 5 EStG

(1) Grundsätzliches

529 Ebenso wie bei der linearen Gebäude-AfA gibt es nach dem EStG auch bei der degressiven Gebäude-AfA nur feste, vom Gesetz vorgeschriebene Hundertsätze. Im Gegensatz zur linearen Gebäude-AfA, wo ein gleichbleibender Hundertsatz anzuwenden ist, fallen bei der degressiven Gebäude-AfA die Hundertsätze stufenweise ab.

(2) Besondere Voraussetzungen für die degressive Gebäude-AfA

530 Die Inanspruchnahme der degressiven Gebäude-AfA ist nur zulässig, wenn die folgenden Voraussetzungen vorliegen:

XIV. Absetzung für Abnutzung und Substanzverringerung 171

- Das Gebäude muß im **Inland** belegen sein (§ 7 Abs.5 Satz 1 und 2 EStG).
- Das Gebäude muß vom Steuerpflichtigen **hergestellt** oder bis zum Ende des Jahres der Fertigstellung des Gebäudes **angeschafft** worden sein (§ 7 Abs. 5 Satz 1 und 2 EStG).
- Bei **angeschafften Gebäuden** darf der Hersteller für das veräußerte Gebäude weder degressive AfA noch erhöhte Absetzungen noch Sonderabschreibungen in Anspruch genommen haben (§ 7 Abs. 5 Satz 3 EStG).

(3) Die verschiedenen Arten der degressiven Gebäude-AfA

Für zu einem Betriebsvermögen gehörenden Gebäude kennt das EStG drei verschiedene degressive AfA-Arten, die zum Teil unterschiedliche Voraussetzungen haben.   531

- Unabhängig davon, wann das Gebäude errichtet worden ist, wann der Bauantrag gestellt worden ist, welchem Zweck das Gebäude dient und ob es zu einem Betriebsvermögen oder zum Privatvermögen gehört, kann der Steuerpflichtige, der das Gebäude hergestellt oder im Jahr der Gebäudefertigstellung angeschafft hat, als degressive AfA im Jahr der Fertigstellung des Gebäudes und in den folgenden 7 Jahren jeweils 5 v.H., anschließend 6 Jahre lang 2,5 v.H. und in den dann folgenden 36 Jahren jeweils 1,25 v.H. der Anschaffungs- oder Herstellungskosten absetzen (§ 7 Abs. 5 Satz 1 Nr. 2 EStG). Die fiktive Nutzungsdauer beträgt hier 50 Jahre.
- Ist für ein Gebäude der **Bauantrag nach dem 31.3.1985** gestellt worden, gehört das Gebäude zu einem **Betriebsvermögen** und dient das Gebäude **nicht Wohnzwecken** so kann der Steuerpflichtige, der das Gebäude hergestellt oder im Jahr der Gebäudefertigstellung angeschafft hat, als degressive AfA im Jahr der Fertigstellung des Gebäudes und in den folgenden 3 Jahren jeweils 10 v.H., anschließend 3 Jahre lang 5 v.H. und in den dann folgenden 18 Jahren jeweils 2,5 v.H. der Anschaffungs- oder Herstellungskosten absetzen (§ 7 Abs. 5 Satz 1 Nr. 1 EStG). Die fiktive Nutzungsdauer beträgt hier also 25 Jahre.
- Unabhängig davon, ob das Gebäude zu einem Betriebsvermögen oder zum Privatvermögen gehört, kann der Steuerpflichtige, der ein **Wohnzwecken dienendes Gebäude** hergestellt hat, für das der **Bauantrag nach dem 28.2.1989** gestellt worden ist, oder der ein Wohnzwecken dienendes Gebäude nach dem 28.2.1989 im Jahr seiner Fertigstellung aufgrund eines nach dem 28.2.1989 rechtswirksam abgeschlossenen obligatorischen Vertrags angeschafft hat,

als degressive AfA auch absetzen im Jahr der Fertigstellung des Gebäudes und in den folgenden 3 Jahren jeweils 7 v.H., anschließend 6 Jahre lang 5 v.H., dann anschließend 6 Jahre jeweils 2 v.H. und in den dann folgenden 24 Jahren jeweils 1,25 v.H. der Anschaffungs- oder Herstellungskosten (§ 7 Abs. 5 Satz 2 EStG). Die fiktive Nutzungsdauer beträgt hier also 40 Jahre.

(4) Im Inland belegenes Gebäude

532 Ein Gebäude ist im Inland belegen, wenn es in der **Bundesrepublik Deutschland** einschließlich **Westberlin** errichtet worden ist. Die **DDR** ist zwar kein Ausland, wird vom einkommensteuerrechtlichen Inlandsbegriff zur Zeit der Drucklegung aber noch nicht erfaßt.

(5) Anschaffung bis Ende des Jahres der Fertigstellung

533 Für ein Gebäude, das der Steuerpflichtige selbst nicht hergestellt hat, sondern von einem Dritten erworben hat, kommt die degressive AfA u.a. nur dann in Betracht, wenn der Steuerpflichtige das Gebäude bis zum Ende des Jahres der Fertigstellung erworben hat.

534 Der Erwerb muß nicht vom Hersteller, sondern er kann auch von einem **Zwischenerwerber** erfolgen.

Zeitpunkt der **Fertigstellung** ist der Zeitpunkt der **Bezugsfertigkeit** des Gebäudes. Das ist der Zeitpunkt, von dem an das Gebäude seiner Zweckbestimmung gemäß genutzt werden kann. Wohngebäude sind demzufolge bezugsfertig, sobald sie bewohnbar sind. Ob und gegebenenfalls wie lange das Gebäude im Jahr der Fertigstellung tatsächlich genutzt worden ist, spielt keine Rolle.

cc) **AfA im Wirtschaftsjahr der Anschaffung oder Herstellung und im Wirtschaftsjahr des Ausscheidens des Wirtschaftsguts**

(1) Lineare Gebäude-AfA

535 Wird ein Gebäude im Laufe eines Jahres angeschafft oder hergestellt, so kann die lineare AfA für das Anschaffungs- oder Herstellungsjahr nur mit dem Teil des auf ein Jahr entfallenden Betrags angesetzt werden, der dem Zeitraum zwischen der Anschaffung oder Herstellung des Gebäudes und dem Ende des Jahres entspricht **(AfA pro rata temporis)**. Für das Jahr der Veräußerung des Gebäudes gilt Entsprechendes (Abschn. 44 Abs. 2 Satz 1 und Abs. 9 EStR 1990).

XIV. Absetzung für Abnutzung und Substanzverringerung

Beispiel:
A erwirbt am 30. 9. 1989 ein Gebäude für 800.000 DM Die Voraussetzungen des § 7 Abs. 4 Nr. 1 EStG (4 %ige AfA) liegen vor.

Die Jahres-AfA beträgt 4 v.H. von 800.000 DM = 32.000 DM. Auf die Zeit vom 1.10.1989 bis zum 31.12.1989 entfallen 1/4 der Jahres-AfA. Mithin kann A im Jahr 1989 nur 1/4 von 32.000 DM = 8.000 DM AfA absetzen.

(2) Degressive Gebäude-AfA

Im Jahr der Fertigstellung des Gebäudes sind die degressive AfA in Höhe des vollen Jahresbetrags abzuschreiben (BFH-Urteil vom 19.2.1974, BStBl II 1974, 704). Für das Jahr der Veräußerung des Gebäudes hingegen dürfen die degressiven AfA nach § 7 Abs. 5 EStG nur **zeitanteilig** (pro rata temporis) vorgenommen werden (BFH-Urteil vom 18.8.1977, BStBl II 1977, 835).

536

dd) Wahlrecht hinsichtlich der AfA-Methode

Die degressive Gebäude-AfA **kann** anstelle der linearen Gebäude-AfA (§ 7 Abs. 4 EStG) vorgenommen werden. Der Steuerpflichtige hat also ein Wahlrecht, ob er die lineare oder die degressive Gebäude-AfA vornehmen will.

537

Liegen die Voraussetzungen des § 7 Abs. 4 Satz 1 Nr. 1 EStG vor, also gehört das Gebäude zu einem Betriebsvermögen und dient es **nicht Wohnzwecken** und ist der Bauantrag nach dem 31.3.1985 gestellt worden, so kann der Steuerpflichtige außerdem wählen, ob er die degressive AfA nach § 7 Abs. 5 Satz 1 Nr. 1 EStG (4 x 10 v.H. + 3 x 5 v.H. + 18 x 2,5 V.H.) in Anspruch nehmen will. Der Steuerpflichtige ist hier also bei der Inanspruchnahme der degressiven AfA nicht gezwungen, diejenige nach § 7 Abs. 5 Satz 1 Nr. 1 EStG zu wählen.

538

Liegen die besonderen Voraussetzungen des § 7 Abs. 5 Satz 2 EStG vor, also dient das Gebäude **Wohnzwecken** und ist der Bauantrag nach dem 28.2.1989 gestellt worden und hat der Steuerpflichtige das Gebäude selbst hergestellt oder aufgrund eines nach dem 28.2.1989 abgeschlossenen Vertrags im Kalenderjahr der Fertigstellung angeschafft, so kann der Steuerpflichtige statt der linearen AfA auch die degressive Gebäude-AfA nach § 7 Abs. 5 Satz 1 EStG (4 x 10 v.H. + 3 x 5 v.H. + 18 x 2,5 v.H.) in Anspruch nehmen.

539

Ein Wahlrecht zwischen den degressiven AfA-Arten nach § 7 Abs. 5 Satz 1 Nr. 1 und § 7 Abs. 5 Satz 2 EStG gibt es nicht, da sich beide AfA-Arten durch ihre

540

unterschiedlichen Voraussetzungen (nicht Wohnzwecken dienend/ Wohnzwecken dienend) gegenseitig ausschließen.

ee) Wechsel der AfA-Methoden

541 (1) Nimmt ein Steuerpflichtiger die **lineare Gebäude-AfA** in Anspruch, so kann er später nicht zur degressiven Gebäude-AfA übergehen.

542 (2) Ein Wechsel von der linearen AfA nach § 7 Abs. 4 Satz 1 Nr. 2 EStG zur linearen AfA nach § 7 Abs. 4 Satz 1 Nr. 1 EStG kommt ausnahmsweise in folgenden Fällen in Betracht (Abschn. 44 Abs. 8 Satz 2 EStR): Ein Gebäude, hinsichtlich dessen der Bauantrag nach dem 31.3.1985 gestellt worden ist, erfüllt bei dem Steuerpflichtigen, der das Gebäude hergestellt hat, im Jahr der Herstellung oder Anschaffung nicht die Voraussetzungen des § 7 Abs. 4 Satz 1 Nr. 1 EStG, weil es nicht zu einem Betriebsvermögen gehört oder zwar zu einem Betriebsvermögen gehört aber Wohnzwecken dient. Werden in einem späteren Jahr die Voraussetzungen des § 7 Abs. 4 Satz 1 Nr. 1 EStG erfüllt (Zugehörigkeit zu einem Betriebsvermögen und nicht Wohnzwecken dienend), dann muß der Steuerpflichtige zur linearen Gebäude-AfA nach § 7 Abs. 4 Satz 1 Nr. 1 EStG übergehen.

Beispiel:

A hat 1987 ein Gebäude errichtet, für das der Bauantrag nach dem 31.3.1985 gestellt worden ist. Das Gebäude dient zunächst Wohnzwecken und gehört zum Privatvermögen des A. 1990 kündigt A allen Mietern. Nachdem diese ausgezogen sind, vermietet A in 1990 das Gebäude für Bürozwecke an die X-OHG, an der er beteiligt ist.

Das Gebäude wird infolge der Vermietung an die X-OHG Sonderbetriebsvermögen des A bei dieser OHG (§ 15 Abs. 1 Nr. 2 EStG). Es dient außerdem nicht mehr Wohnzwecken, so daß es ab der Vermietung an die X-OHG jährlich mit 4 v.H. der Anschaffungs- oder Herstellungskosten gem § 7 Abs. 4 Satz 1 Nr. 1 EStG abzuschreiben ist. Bis zum Wechsel der AfA-Art war das Gebäude nach § 7 Abs. 4 Satz 1 Nr. 2 Buchstabe a EStG mit jährlich 2 v.H. der Anschaffungs- oder Herstellungskosten abzusetzen.

543 (3) Ein Wechsel von der linearen AfA nach § 7 Abs. 4 Satz 1 Nr. 1 EStG zur linearen AfA nach § 7 Abs. 4 Satz 1 Nr. 2 EStG kommt dann in Betracht, wenn eine der Voraussetzungen des § 7 Abs. 4 Satz 1 Nr. 1 EStG wegfällt, also wenn das Gebäude durch Entnahme oder Betriebsaufgabe vom Betriebsvermögen ins Privatvermögen überführt wird oder wenn es zu Wohnzwecken verwendet wird

XIV. Absetzung für Abnutzung und Substanzverringerung

(Abschn. 44 Abs. 8 Satz 4 EStR). In einem solchen Fall muß zur linearen Gebäude-AfA nach § 7 Abs. 4 Satz 1 Nr. 2 EStG übergegangen werden.

(4) Nimmt ein Steuerpflichtiger die **degressive Gebäude-AfA** in Anspruch, so kann er später grundsätzlich nicht mehr zur linearen Gebäude-AfA übergehen (Abschn,. 44 Abs. 8 Satz 1 EStR). 544

(5) Unzulässig ist grundsätzlich ebenfalls ein Wechsel von der degressiven Gebäude-AfA nach § 7 Abs. 5 Satz 1 Nr. 2 EStG zur degressiven Gebäude-AfA nach § 7 Abs. 5 Satz 1 Nr. 1 EStG oder umgekehrt. 545

(6) Eine **Ausnahme** von den unter (4) und (5) dargestellten Grundsätzen gilt dann, wenn der Steuerpflichtige ein **Wirtschaftsgebäude** i.S. des § 7 Abs. 4 Satz 1 Nr. 1 EStG degressiv abschreibt und eine Voraussetzung des § 7 Abs. 4 Satz 1 Nr. 1 EStG (Zugehörigkeit zum Betriebsvermögen und Nichtbenutzung zu Wohnzwecken) während des Abschreibungszeitraums wegfällt. Nach Abschn. 44 Abs. 8 Sätze 4 und 5 EStR muß der Steuerpflichtige in einem solchen Fall zur linearen AfA nach § 7 Abs. 4 Satz 1 Nr. 2 EStG übergehen. Zwingend ist diese von der Finanzverwaltung vertretene Auffassung m.E. insoweit nicht, weil bei Wegfall einer Voraussetzung des § 7 Abs. 4 Satz 1 Nr. 1 EStG auch ein Übergang von der degressiven Gebäude-AfA nach § 7 Abs. 5 Satz 1 Nr. 1 EStG (4 x 10 v.H. + 3 x 5 v.H. + 18 x 2,5 v.H.) zur degressiven Gebäude-AfA nach § 7 Abs. 5 Satz 1 Nr. 2 EStG (8 x 5 v.H. + 6 x 2,5 v.H. + 36 x 1,25 v.H.) nicht absolut ausgeschlossen erscheint. 546

e) **Selbständige Gebäudeteile, Eigentumswohnungen und im Teileigentum stehende Räume**

aa) **Allgemeines**

Die Abschreibungsregelungen in § 7 Abs. 4 und Abs. 5 EStG beziehen sich auf ein Gebäude, wobei der Gesetzgeber davon ausgegangen ist, daß ein Gebäude grundsätzlich auch ein Wirtschaftsgut ist. 547

Von diesem Grundsatz gibt es jedoch Ausnahmen: Ein Gebäude kann auch aus mehreren Wirtschaftsgütern bestehen, nämlich dann,

- wenn es rechtlich in **Eigentumswohnungen** oder in im **Teileigentum** stehende Räume aufgeteilt worden ist oder
- wenn einzelne Gebäudeteile selbständige Wirtschaftsgüter sind, weil sie mit dem Gebäude nicht in einem **einheitlichen Nutzungs- und Funktionszusammenhang** stehen (BFH-Beschluß vom 26.11.973, BStBl III 1974, 132).

bb) Eigentumswohnungen und im Teileigentum stehende Räume

548 Was eine Eigentumswohnung (Wohneigentum) ist und was im Teileigentum stehende Räume sind, ergibt sich aus § 1 des Wohnungseigentumsgesetzes vom 15.3.1951 (BGBl I 1951, 175), das mehrfach geändert worden ist.

549 Ist ein Gebäude in Eigentumswohnungen und/oder Teileigentum aufgeteilt worden, so finden nach § 7 Abs. 5a EStG die vorstehend dargestellten Regelungen des § 7 Abs. 4 und 5 EStG über die Gebäude-AfA entsprechend auf jede Eigentumswohnung und jedes Teileigentum Anwendung.

cc) Selbständige Gebäudeteile, die keine Eigentumswohnungen oder im Teileigentum stehende Räume sind

(1) Grundsätzliches

550 Ein Gebäudeteil ist — ohne daß eine rechtliche Aufteilung des Gebäudes vorliegt — ein selbständiges Wirtschaftsgut, steht also nicht mit dem Gebäude in einem einheitlichen **Nutzungs- und Funktionszusammenhang,** wenn er besonderen Zwecken dient (Abschn. 13b Abs. 1 und 2 EStR).

Selbständige Gebäudeteile in diesem Sinn sind:

- Betriebsvorrichtungen,
- Einbauten für vorübergehende Zwecke (Scheinbestandteile),
- Ladeneinbauten, Schaufensteranlagen, Gaststätteneinbauten, Schalterhallen von Kreditinstituten sowie ähnliche Einbauten, die einem schnellen Wandel des modischen Geschmacks unterliegen,
- Mietereinbauten und
- sonstige selbständige Gebäudeteile (Abschn. 13b Abs.1 Satz 3 EStR).

551 Soweit selbständige Gebäudeteile i.d.S. unbewegliche Wirtschaftsgüter sind, finden auch auf sie die Gebäude-AfA-Vorschriften des § 7 Abs. 4 und 5 EStG entsprechende Anwendung (§ 7 Abs. 5a EStG).

(2) Betriebsvorrichtungen

552 Betriebsvorrichtungen sind z.B. Aufzüge in Parkhäusern, Förderbänder, Klimaanlagen in Tabakfabriken, Verkaufsautomaten, Abladevorrichtungen usw., also alle Vorrichtungen, die in einem unmittelbaren Zusammenhang mit einem Betrieb und damit einem anderen Nutzungs- und Funktionszusammenhang als dem des Gebäudes stehen.

XIV. Absetzung für Abnutzung und Substanzverringerung

Betriebsvorrichtungen sind stets **bewegliche Wirtschaftsgüter**. Dies gilt selbst dann, wenn sie wesentliche Bestandteile eines Gebäudes i.S.d. § 93 BGB sind.   553

Bei der Abgrenzung der Betriebsvorrichtungen von den Betriebsgrundstücken sind die allgemeinen Grundsätze des Bewertungsrechts (§ 68 Abs. 6 Nr. 2, § 99 Abs. 1 Nr. 1 BewG) anzuwenden und die übereinstimmenden Ländererlasse betreffend Richtlinien für die Abgrenzung der Betriebsvorrichtungen von Grundvermögen (BStBl II 1967, 127 ff.) zu beachten (Abschn. 42 Abs. 3 Sätze 3 und 4 EStR).   554

(3) Einbauten zu vorübergehenden Zwecken

Nach der Rechtsprechung des BFH (vgl. Urt. vom 4.12.1970, BStBl II 1971, 165) liegt ein Einbau zu einem vorübergehenden Zweck (sog. **Scheinbestandteile —** § 95 BGB) vor, wenn die eingefügten beweglichen Wirtschaftsgüter auch nach ihrem Ausbau noch einen beachtlichen Wiederverwendungswert haben und nach den Umständen, insbesondere nach Art und Zweck der Verwendung, damit gerechnet werden kann, daß die eingebauten Wirtschaftsgüter später wieder entfernt werden.   555

Nach Abschn. 42 Abs. 4 Satz 3 EStR gehören zu den Einbauten zu vorübergehenden Zwecken   556

- die vom Steuerpflichtigen für seinen eigenen Zweck vorübergehend eingebauten Anlagen und

- die vom Vermieter oder Verpächter zur Erfüllung der besonderen Bedürfnisse des Mieters oder Pächters eingefügten Anlagen deren Nutzungszeit nicht länger als die Laufzeit des Vertragsverhältnisses ist.

Scheinbestandteile sind regelmäßig **bewegliche Wirtschaftsgüter** (Abschn. 42 Abs. 4 Satz 2 EStR). Sie sind demzufolge nach § 7 Abs. 1 oder Abs. 2 EStG abzuschreiben.   557

(4) Ladeneinbauten usw.

Ladeneinbauten, Schaufensteranlagen, Gaststätteneinbauten, Schalterhallen für Kreditinstitute, sowie ähnliche Einbauten, die einem **schnellen Wandel des modischen Geschmacks** unterliegen, sind selbst dann selbständige Wirtschaftsgüter, wenn sie in Neubauten eingefügt werden (BFH-Urteil vom 29.3.1965, BStBl III 1965, 291).   558

(5) Sonstige selbständige Gebäudeteile

559 Ähnlich wie bei der rechtlichen Aufteilung eines Gebäudes zerfällt ein Gebäude in mehrere selbständige Wirtschaftsgüter, wenn es unterschiedlichen Zwecken dient. Die folgenden unterschiedlichen Zwecke sind in diesem Zusammenhang relevant:
- **eigenbetriebliche Nutzung,**
- **fremdbetriebliche Nutzung,**
- Nutzung zu **fremden Wohnzwecken** und
- Nutzung zu **eigenen Wohnzwecken.**

560 Je nachdem für wieviele dieser Zwecke ein Gebäude genutzt wird, besteht es aus einem, zwei, drei oder vier Wirtschaftsgütern.

Jeder dieser Gebäudeteile ist ein selbständiges unbewegliches Wirtschaftsgut (Abschn., 42 Abs. 8 Satz 3 EStR). Auf ihn sind die Absätze 4 und 5 des § 7 EStG entsprechend anzuwenden (§ 7 Abs. 5a EStG). Das hat zur Folge, daß die **Anschaffungs-** oder **Herstellungskosten** des gesamten Gebäudes auf die einzelnen Gebäudeteile **aufzuteilen** sind (Abschn. 13b Abs. 4 Satz 13 EStR).

561 Die **AfA bemessen** sich für jeden Gebäudeteil nach dem Teil der Anschaffungs- oder Herstellungskosten des Gebäudes, der anteilig auf diesen Gebäudeteil entfällt. Für jeden einzelnen Gebäudeteil kann eine andere **AfA-Methode** und können andere **AfA-Sätze** angewendet werden (Abschn. 44 Abs. 6 Satz 4 EStR).

(6) Mietereinbauten

562 Mietereinbauten sind solche Baumaßnahmen, die der Mieter eines Gebäudes oder eines Teils eines Gebäudes auf seine Rechnung an dem Gebäude oder Gebäudeteil vornehmen läßt, wenn die Aufwendungen sich nicht als Erhaltungsaufwand darstellen (Nr. 1 des BMF-Schreibens vom 15.1.1976, BStBl I 1976, 66). Mietereinbauten sind z.B. der Umbau eines Gebäudes oder die Anbringung von Einrichtungen in Gebäuden durch den Mieter.

563 Je nach der zwischen Mieter und Vermieter getroffenen Vereinbarung ist das Geschaffene bei Beendigung des Mietverhältnisses zu entfernen oder dem Vermieter ohne oder gegen Zahlung einer Entschädigung zu überlassen. Mietereinbauten können sein:
- Scheinbestandteile,
- Betriebsvorrichtungen oder
- sonstige Mietereinbauten.

3. Absetzungen für außergewöhnliche technische und wirtschaftliche Abnutzung

a) Begriff

Außergewöhnliche technische und wirtschaftliche Abnutzung — AfaA — (§ 7 Abs. 1 Satz 5 EStG) sind Absetzungen, die dadurch bedingt sind, daß das Wirtschaftsgut in seiner **Nutzungsfähigkeit** durch den Eintritt **außergewöhnlicher Umstände** beeinträchtigt wird. Eine bloße Wertminderung des Wirtschaftsguts rechtfertigt keine AfaA. Eine AfaA ist nur gerechtfertigt, wenn die Abnutzung über das Maß der normalen Abnutzung hinausgeht. 564

Eine **außergewöhnliche technische Abnutzung** ist gegeben, wenn die Nutzungsfähigkeit eines Wirtschaftsguts durch Beeinträchtigung der Substanz des Wirtschaftsguts eingeschränkt wird z.b. durch Beschädigung oder Zerstörung infolge von Brand, Wasserschaden, mangelnder Pflege oder irgend eines anderen Ereignisses. 565

Eine **außergewöhnliche wirtschaftliche Abnutzung** liegt z.b. vor, wenn eine Maschine durch eine neue Erfindung nicht mehr verwendbar ist. 566

b) Bemessung der Höhe der Absetzungen für außergewöhnliche Abnutzung

Die AfaA ergänzt die normale AfA (vgl. BFH-Urteil vom 27.6. 1978, BStBl II 1979, 8), so daß in dem Jahr, in dem eine AfaA in Betracht kommt, zunächst die normale AfA vorzunehmen und erst dann die Frage zu beantworten ist, ob eine AfaA in Betracht kommt. 567

Hinsichtlich der Höhe der AfaA wird es darauf ankommen, wie sich die verminderte Nutzbarkeit des Wirtschaftsguts zu der ohne die außergewöhnliche Absetzung bestehende normale Nutzbarkeit verhält. 568

Beispiel:
A hat im Jahr 1 ein Mietwohngebäude für 3 Mio DM errichtet. Das Gebäude ist mit 2 v.H. pro Jahr abgeschrieben worden. Im Jahre 11 brennt die Hälfte des Hauses ab. Die andere Hälfte des Gebäudes ist noch voll nutzbar.

Am Ende des Jahres 10 hatte das Gebäude einen Buchwert von 3 Mio DM ./. 10 x 60.000 DM AfA für 10 Jahre = 2,4 Mio DM. Von diesem Restwert ist für das Brandjahr zunächst die volle normale AfA von 60.000 DM vorzunehmen, so daß ein Restwert von 2,34 Mio DM verbleibt. Hiervon entfallen 1,17 Mio DM auf die durch Brand zerstörte Gebäudehälfte. Dieser Betrag ist als AfaA abzusetzen.

c) Zwang zur Absetzung und Zeitpunkt der Absetzung

569 Die Frage, ob AfaA vorgenommen werden muß, hat der BFH (Urteil vom 7.5.1969, BStBl II 1969, 464) für den Fall bejaht, daß ein Gebäude durch Abbruch, Brand o.ä. aus dem Betriebsvermögen ausscheidet. In allen anderen Fällen wird in der Literatur überwiegend ein **Wahlrecht** angenommen, d.h. der Steuerpflichtige kann AfaA vornehmen, muß es aber nicht.

570 Die AfaA kann nur im Jahr der Entdeckung der außergewöhnlichen Abnutzung ausgeübt werden (BFH-Urteil vom 24.3.1987, BStBl II 1987, 694).

d) AfA-Bemessung nach Vornahme einer Absetzung für außergewöhnliche Abnutzung

571 Nach Vornahme von AfaA bei einem Gebäude bemessen sich die AfA von dem folgenden Wirtschaftsjahr oder Kalenderjahr an nach den Anschaffungs- oder Herstellungskosten des Gebäudes abzüglich des Betrags der AfaA (§ 11c Abs. 2 Satz 1 EStDV).

4. Absetzungen für Substanzverringerung

572 Absetzungen für Substanzverringerung sind nur bei **Bergbauunternehmen, Steinbrüchen** und anderen Unternehmen zulässig, die einen Verbrauch der Substanz mit sich bringen (§ 7 Abs. 6 EStG). Die Absetzungen sind in gleichmäßigen nach der voraussichtlichen betriebsgewöhnlichen Nutzungsdauer bemessenen Jahresbeträgen oder nach Maßgabe des Substanzverzehrs zulässig.

5. Abschreibungsvergünstigungen

573 Von der AfA zu unterscheiden sind die sog. Abschreibungsvergünstigungen, die eine schnellere Abschreibung der Anschaffungs- oder Herstellungskosten als nach der normalen AfA zulassen.

574 Kann eine solche Abschreibungsvergünstigung neben der normalen AfA vorgenommen werden, dann spricht man von **Sonderabschreibungen** oder **Bewertungsfreiheit**. Kann eine Abschreibungsvergünstigung anstelle der normalen AfA vorgenommen werden, spricht man von **erhöhten Absetzungen**.

575 Das deutsche Einkommensteuerrecht enthält eine Vielzahl von Abschreibungsvergünstigungen für zu einem Betriebsvermögen gehörende Wirtschaftsgüter, die im Rahmen der Gewinnermittlung bedeutsam sind.

XIV. Absetzung für Abnutzung und Substanzverringerung 181

Es ist unmöglich, diese Vielzahl von Abschreibungsvergünstigungen in diesem kurzen Leitfaden eingehend zu behandeln. Die Darstellung muß daher auf eine bloße Auflistung beschränkt werden:

§ 7b EStG: Erhöhte Absetzungen für **Einfamilienhäuser, Zweifamilienhäuser** und **Eigentumswohnungen** (8 x 5 v.H. der Anschaffungs- oder Herstellungskosten). Die Vorschrift läuft aus.

§ 7c EStG: Erhöhte Absetzungen für Baumaßnahmen an Gebäuden, zur **Schaffung neuer Mietwohnungen** (5 x 20 v.H. der pro Wohnung 60.000 DM nicht übersteigenden Herstellungskosten).

§ 7d EStG: Erhöhte Absetzungen für Wirtschaftsgüter, die dem **Umweltschutz** dienen (1 x 60 v.H. + 4 x 10 v.H. der Anschaffungs- oder Herstellungskosten). Befristet bis 31. 12.1990.

§ 7e EStG: Bewertungsfreiheit für **Fabrikgebäude, Lagerhäuser** und **land- und forstwirtschaftliche Betriebsgebäude** von **Vertriebenen** und **Verfolgten** (2 x 10 v.H. der Herstellungskosten). Die Vorschrift läuft aus.

§ 7f EStG: Bewertungsfreiheit für Wirtschaftsgüter des Anlagevermögens bei **privaten Krankenanstalten** (im Wirtschaftsjahr der Anschaffung oder Herstellung und in den folgenden vier Wirtschaftsjahren insgesamt 30 v.H. der Anschaffungs- oder Herstellungskosten).

§ 7g EStG: Sonderabschreibung zur Förderung **kleiner** und **mittlerer Betriebe** (im Jahr der Anschaffung oder Herstellung und in den folgenden vier Jahren insgesamt 20 v.H. der Anschaffungs- oder Herstellungskosten).

§ 7h EStG: Erhöhte Absetzungen bei Gebäuden in **Sanierungsgebieten** und **städtebaulichen Entwicklungsbereichen** (10 x 10 v.H. der begünstigten Aufwendungen, vermindert um Zuschüsse aus Sanierungs- und Entwicklungsförderungsmitteln).

§ 7i EStG: Erhöhte Absetzungen bei **Baudenkmälern** (10 x 10 v.H. der begünstigten Aufwendungen vermindert um Zuschüsse aus öffentlichen Kassen).

§ 7k EStG: Erhöhte Absetzungen bei **Sozialwohnungen** (5 x 10 v.H. + 5 x 7 v.H. der Anschaffungs- oder Herstellungskosten).

§§ 76, 78 EStDV: Begünstigung der Anschaffung oder Herstellung bestimmter unbeweglicher Wirtschaftsgüter und der Vornahme bestimmter Baumaßnahmen durch **Land- und Forstwirte** (im Jahr der Anschaffung oder Herstellung und in den beiden folgenden Jahren bis zu 30 v.H. (15 v.H.) der Anschaffungs- oder Herstellungskosten.

§ 82a EStDV: Erhöhte Absetzungen von Herstellungskosten für bestimmte **Anlagen und Einrichtungen bei Gebäuden** (10 x 10 v.H. der Herstellungsaufwendungen) Befristet bis 31. 12.1991.

§ 82f EStDV: Bewertungsfreiheit für **Handelsschiffe, Seefischerei- und Luftfahrzeuge** (im Jahr der Anschaffung oder Herstellung und in den folgenden vier Jahren bis zu insgesamt 40 v.H. — bzw. 30 v.H. — der Anschaffungs- oder Herstellungskosten). Befristet bis 31. 12.1994.

§ 14 BerlinFG: Erhöhte Absetzungen für **abnutzbare Wirtschaftsgüter des Anlagevermögens in Westberlin** (im Wirtschaftsjahr der Anschaffung oder Herstellung und in den folgenden vier Wirtschaftsjahren bis zu 75 v.H. der Anschaffungs- oder Herstellungskosten).

§ 14a BerlinFG: Erhöhte Absetzungen für die Anschaffung oder Herstellung von **Westberliner Mehrfamilienhäusern** (2 x 14 v.H. + 10 x 4 v.H. — bzw. in den ersten drei Jahren bis zu 50 v.H. — der Anschaffungs- oder Herstellungskosten).

§ 14b BerlinFG: Erhöhte Absetzungen für **Modernisierungsaufwendungen** bei **Westberliner Mehrfamilienhäusern** (in den ersten drei Jahren bis zu 50 v.H.).

§ 14c BerlinFG: Erhöhte Absetzungen für Baumaßnahmen an Gebäuden in **Westberlin zur Schaffung neuer Mietwohnungen** (3 x 33 1/3 v.H. der pro Wohnung 75.000 DM — bzw. 100 v.H. der 100.000 DM nicht übersteigenden — Herstellungskosten).

§ 14d BerlinFG: Erhöhte Absetzungen für **Wohnungen mit Sozialbindung in Westberlin** (2 x 20 v.H. + 10 x 5,5 v.H. — bzw. in den ersten fünf Jahren bis zu insgesamt 50 v.H. — der Anschaffungs- oder Herstellungskosten). Die Regelung läuft aus.

§ 3 ZRFG: Sonderabschreibungen für Investitionen im ehemaligen **Zonengrenzland** (nach besonderer Bewilligung bis zur Höhe von insgesamt 50 v.H. der Anschaffungs- oder Herstellungskosten im Wirtschaftsjahr der Anschaffung oder Herstellung und in den vier folgenden Wirtschaftsjahren).

Schutzbaugesetz: Erhöhte Absetzungen für die Schaffung von **Schutzräumen** (im Jahr der Fertigstellung und in den folgenden 11 Jahren bis zur vollen Absetzung jeweils 10 v.H. der Herstellungskosten).

XV. Die Durchschnittsgewinnermittlung nach § 13a EStG Ermittlung des Gewinns aus Land- und Forstwirtschaft nach Durchschnittssätzen

576 Für einen Betrieb der Land- und Forstwirtschaft kann der Steuerpflichtige den Gewinn gem. § 13a EStG nach Durchschnittssätzen ermitteln,

- wenn er nicht aufgrund gesetzlicher Vorschriften verpflichtet ist, Bücher zu führen und regelmäßig Abschlüsse zu machen,

- der Ausgangswert nach § 13a Abs. 4 EStG mehr als 0 DM aber nicht mehr als 32.000 DM beträgt und

- die Tierbestände drei Vieheinheiten je Hektar regelmäßig landwirtschaftlich genutzter Fläche oder insgesamt 30 Vieheinheiten nicht übersteigen. Bestehen die Tierbestände zu mehr als 75 v.H. aus Schweinen und Geflügel, so erhöht sich die Grenze für die ersten 15 Hektar auf vier Vieheinheiten

(§ 13a Abs. 1 Satz 1 EStG).

577 Der **Durchschnittssatzgewinn** ist die Summe aus dem Grundbetrag, dem Wert der Arbeitsleistung des Betriebsinhabers und seiner im Betrieb beschäftigten Angehörigen, den vereinnahmenden Pachtzinsen, dem Nutzungswert der Wohnung des Betriebsinhabers und bestimmten gesondert zu ermittelnden Gewinnteilen (§ 13a Abs. 3 EStG).

578 Als **Grundbetrag** ist bei einem Ausgangswert bis 25.000 DM 1/6 bei einem Ausgangswert über 25.000 DM 1/5 des Ausgangswerts anzusetzen (§ 13a Abs. 4 Satz 1 EStG).

579 Über die Ermittlung des **Ausgangswerts** sind in § 13a Abs. 4 Satz 2 Nrn. 1 bis 5 EStG detaillierte Regelungen enthalten.

580 Der Wert der **Arbeitsleistung** des Betriebsinhabers und seiner Angehörigen wird — gestaffelt nach der Höhe des Ausgangswerts — in § 13a Abs. 5 EStG bestimmt.

XVI. Gewinnschätzung

In § 162 Abs. 1 Satz 1 AO wird bestimmt, daß die Finanzbehörde (nicht auch das Finanzgericht) die Besteuerungsgrundlage zu schätzen hat, wenn sie nicht in der Lage ist, diese zu ermitteln oder zu berechnen. 581

Besteuerungsgrundlage in diesem Sinn ist auch der Gewinn aus einem Betrieb oder der Teile eines solchen Gewinn. 582

Eine Schätzung des Gewinns oder eines Teils davon kommt insbesondere dann in Betracht, wenn der Steuerpflichtige **Bücher** oder **Aufzeichnungen** nicht vorlegen kann, die er nach den Steuergesetzen führen muß oder wenn seine Buchführung oder seine Aufzeichnungen der Besteuerung deshalb nicht zugrunde gelegt werden, weil ihre sachliche Richtigkeit **(Ordnungsmäßigkeit)** zu beanstanden ist (§ 162 Abs, 2 Satz 2 AO). 583

Hinsichtlich der Ordnungsmäßigkeit der Buchführung werden **formelle Mängel** und **materielle Mängel** unterschieden. 584

Formelle Mängel liegen insbesondere vor, wenn gegen die in § 146 AO enthaltenen Regelungen verstoßen wird, also wenn z.b. die Buchungen und sonstigen erforderlichen Aufzeichnungen nicht vollständig, nicht richtig oder nicht geordnet vorgenommen werden. Grundsätzlich sind formelle Mängel nur insoweit von Bedeutung, als sie Anlaß zu Bedenken gegen die sachliche Richtigkeit der Buchführung geben.

Sachliche Mängel liegen vor, wenn Geschäftsvorfälle überhaupt nicht oder unzutreffend verbucht werden oder wenn sie verschleiert werden, so daß sie sich im Ergebnis der Buchführung nicht als das Auswirken, was sie tatsächlich sind.

Ziel der Gewinnschätzung ist es, den Gewinn, soweit er sich nicht ermitteln oder berechnen läßt, möglichst zutreffend oder wenigstens so festzustellen, daß das Ergebnis „die größte Wahrscheinlichkeit der Richtigkeit für sich hat" (RFH-Urteil vom 19.7.1939, RStBl 1939, 906; BFH-Urteil vom 9.11.1978, BStBl II 1979, 149). Demzufolge muß jede Gewinnschätzung in sich schlüssig und ihr Ergebnis wirtschaftlich vernünftig und möglich sein (BFH-Urteil vom 18.12.1984, BStBl II 1986, 226). 585

586 Es ist nicht unmittelbar der Gewinn zu schätzen, sondern es sind vorher die Grundlagen, insbesondere die Umsätze, die Betriebseinnahmen, die Betriebsausgaben, die Bestände usw. zu ermitteln und ggf. zu schätzen und in die Schätzung des Gewinns einzubauen (BFH-Urteil vom 26.1.1961, HFR 1962, 239).

587 Bei der Gewinnschätzung müssen alle Umstände berücksichtigt werden, die für die Ermittlung des Gewinns von Bedeutung sind. Vorhandene Unterlagen müssen verwertet werden, soweit sie Beweiskraft haben (vgl. BFH-Urteil vom 29.11.1960, BStBl III 1961, 154).

588 Sind für eine Gewinnermittlung weder ausreichende Unterlagen noch geeignete Erfahrungssätze (z.B. Roh- oder Reingewinnsätze) vorhanden, kommt eine **„griffweise Schätzung"** in Betracht (BFH-Urteil vom 28.11.1961, BStBl III 1962, 73). Auch hierbei sind alle Umstände zu berücksichtigen, die für die Gewinnermittlung relevant sind (BFH-Urteil vom 12.10.1916, HFR 1962, 235).

Stichwortverzeichnis
Die Zahlen verweisen auf die Textziffern.

Abbruchkosten 421, 444
Abnutzung
— außergewöhnliche technische
 564—571
— außergewöhnliche wirtschaftliche
 564—571
Abraumbeseitigung, Rückstellung für
 260—262
Abschluß der Buchführung
 106—120
Abschluß der Konten, s. Kontenabschluß
Abschlußbuchungen 135—138
— vorbereitende 139—142
Abschnittsbesteuerung 38
Abschreibungen 140
Abschreibungsvergünstigungen
 575—575
Absetzung, erhöhte 310, 485, 574
Absetzung für Abnutzung 288, 302,
 483—575
— Bemessungsgrundlage, s. Bemessungsgrundlage für die AfA
— beweglichen Wirtschaftsgütern
 499—518
— degressive 486, 507, 517
— Gebäuden, s. Gebäude-AfA
— im Jahr der Anschaffung 508—512
— im Jahr der Herstellung 508—512
— im Jahr des Ausscheidens des
 Wirtschaftsguts 508—512
— lineare 486, 506, 517
— Methode, s. AfA-Methode
— Sätze, s. Afa-Sätze
— Tabelle, s. AfA-Tabellen
— unterlassene 513
— Zwang zur Vornahme 506

Absetzung für außergewöhnliche
 Abnutzung 485, 564—571
— Höhe 567, 568
— Wahlrecht 569
— Zwang zur Vornahme 569, 570
Absetzung für Substanzverringerung
 288, 302, 484, 572
Absetzung nach Maßgabe der Leistung,
 s. Leistungsabsetzung
Absetzung, volle 523
Abstandszahlungen 422, 444
Adressenkartei 436
AfA s. Absetzung für Abnutzung
AfA-Methode
— unterschiedliche 561
— Wahl 516—518
— Wechsel 516—518, 541—546
AfA-Sätze, feste 519
AfA-Tabellen 504
AfaA, s. Absetzung für
 außergewöhnliche Abnutzung
AfS, s. Absetzung für
 Substanzverringerung
Aktiengesellschaft,
 Buchführungspflicht 18
Aktivierung 211—237
— Begriff 211
— Maßgeblichkeitsgrundsatz 212
— Umsatzsteuer, s. Umsatzsteuer auf
 Anzahlungen
— Verbrauchsteuern,
 s. Verbrauchsteuern
— Voraussetzung 214
— Wirkung 213
— Zölle, s. Zölle

Aktivierungsverbot 224
Aktivkonto 83
Altersentlastungsbetrag 8
Anlagen und Einrichtungen bei Gebäuden 575
Anlagevermögen 220, 309
Anschaffung 375, 530
— bis zum Ende des Jahrs der Fertigstellung 533, 534
— Zeitpunkt 376
Anschaffungskosten 302—304, 373—386, 483, 488, 499
— Aufteilung der 560
— Begriff 377
— Einzelwertfeststellung 355
— Gebäude 418
— Geschäftswert 425
— nachträgliche 383, 494—496
— Umfang 378
anschaffungsnaher Aufwand 400
Anschaffungsnebenkosten 380
Anschaffungspreis 379
— Minderung 384
Anwendungsbereich des § 7 Abs.1 EStG 500—503
Anzahlungen, s. Umsatzsteuer auf Anzahlungen
Apothekenrealrechte 436
Arbeitsleistung, Wert der 580
Auftragsbestand 436
Aufwandsrückstellung 258
Aufzeichnungen 583
Aufzeichnungspflicht 316, 317
Ausbildungsplatz-Abzugsbetrag 8
Ausgangswert 579
Außenverpackung 396
außergewöhnliche Belastungen 8

Bauantrag 524, 525
— nach dem 28.2.1989 531
— nach dem 31.3.1985 520, 531
Baudenkmal 575
Baumschule 42
Bauplan 436
Bausparvorratsvertrag 436
Bauvoranfrage 525
Belege 94—96
Bemessungsgrundlage für die AfA 488—498
Bergbauunternehmen 572
Bestände, tatsächliche 106
Bestandskonto 109, 131
Bestandskraft 155
Bestandsverzeichnis 151
Besteuerungsgrundlage 582
Beteiligung 445
Betrieb 6
— kleine und mittlere 575
Betriebs- und Geschäftsausstattung, Bewertung 413, 414
Betriebsaufgabe 292
Betriebsausgaben 59—62, 288
— in Geld bestehende 298—300
— nicht abziehbare 62, 314, 316
Betriebsbereitschaftskosten 282
Betriebseinnahmen 59—62, 288
— in Geld bestehende 298—300
Betriebsergebnis 6, 8
Betriebseröffnung, Bewertung 478
Betriebserwerb, Bewertung 480—482
Betriebsschuld 244
Betriebsstoff 363
Betriebsveräußerung 292
Betriebsvermögen 6, 27—37, 297, 520
— i. S. von § 4 Abs. 1 EStG 36, 37
— gewillkürtes 32, 318, 319
— notwendiges 31

Betriebsvermögensvergleich 11, 24
Betriebsvorrichtung 552—554
bewegliche Wirtschaftsgüter,
 s. Wirtschaftsgüter, bewegliche
Bewertung 323—482
— Begriff 323
— Geldrechnung 325
— Methoden 351—372
— Stichtag 342—345
— Wertobergrenze 336
— Zeitpunkt 342—350
Bewertungsfreiheit 574
Bewertungsgegenstand 339, 340
Bewertungsgrundsätze 329—338
Bewertungsmaßstab 373—409
Bewertungsmethoden 351—372
Bewertungsstetigkeit 202, 333, 334
— Abgrenzung 334
— Rechtsgrundlage 333
Bewertungsstichtag
— Einlagezeitpunkt 343
— Entnahmezeitpunkt 343
— Erwerbszeitpunkt 343
Bewertungsvorbehalt 163, 324
Bewirtungsspesen 316
Bezugsfertigkeit 534
Bezugsrecht 457
Bilanz 34, 70, 71, 76
— Aufstellungszeitpunkt 349
Bilanzänderung 159
Bilanzberichtigung 153—156
Bilanzbuch 149, 150
Bilanzenzusammenhang 157—158, 334
— formeller 158
— materieller 158
Bilanzidentität 157
Bilanzierung, ordnungsmäßige,
 s. Grundsätze der ordnungsmäßigen
 Bilanzierung
Bilanzierungshilfe 237

Bilanzklarheit,
 s. Grundsatz der Klarheit
Bilanzkontinuität, s. Grundsatz der
 Bilanzkontinuität
Bilanzkonto 82, 120
Bilanzwahrheit, s. Grundsatz der
 Bilanzwahrheit
Bücher 583
Buchführung 68, 77—88
— doppelte 24
— einfache 289
— formeller Mangel 584
— materieller Mangel 584
— ordnungsmäßige, s. Grundsätze
 ordnungsmäßiger Buchführung
— Ort der 190, 191
Buchführungsbeispiel 121
Buchführungspflicht 15—23, 288, 294
— Beginn 20, 23
— Ende 21, 23
— handelsrechtliche 16—12
— steuerrechtliche 22, 23
Buchführungssystem 171
Buchführungstechnik 172
Buchungssatz 100—103
Buchwert 35, 353, 374
Bundesrepublik Deutschland 532

Damnum 300
Darlehen 305, 306
Darlehnsforderung, Ausfall 306
Darlehnshingabe 305
Darlehnsrückzahlung 305
Datenträger 89
Dauerschuldverhältnis 257
DDR 532
Debitorenbuch 143
degressive AfA, s. Absetzung für
 Abnutzung, degressive

doppelte Buchführung, s. Buchführung, doppelte
durchlaufender Posten 288, 301
Durchschnittsbewertung 365—368
— Begriff 365
— Rechtsfolge 368
— Sinn und Zweck 366
— Voraussetzungen 367
Durchschnittssatzgewinnermittlung 11, 294, 576—580

Eigenkapital 37, 273—276
Eigentumswohnung 547—549, 575
Einbauten zu vorrübergehenden Zwecken 555—557
Einfamilienhaus 575
Einheitsbilanz 160
Einkommen 8
— zu versteuerndes 8
Einkommensteuer-Durchführungsverordnung (EStDV) 1
Einkommensteuer-Richtlinien (EStR) 1
Einkommensteuergesetz (EStG) 1
Einkünfte
— Gesamtbetrag der 8
— Summe aller 8
Einkunftsarten 4—7
Einkunftsquelle 8
Einlage 54—58, 141, 297, 311—313, 497—498, 511
— Bewertung 477—479
Einlagekonto 86, 117—120
Einzelbewertung, s. Grundsatz der Einzelbewertung
Einzelveräußerungspreis 408
Einzelwertberichtigung 469
Einzelwertfeststellung 352—355
Endbestand 83

Entnahme 54—58, 141, 286, 287, 297, 303, 311—319, 484
— Begriff 474
— Bewertung 474—476
Entnahmekonto 86, 117—120
Entwicklungsbereich, städtebaulicher 575
Erfolgskonto 114—116, 132
Erfolgsrechnung 130—134
Erhaltungsaufwand 399
erhöhte Absetzung, s. Absetzung, erhöhte
Ermittlung der tatsächlichen Bestände 106
Eröffnungsbilanz 77—78
— Auflösung 79—82
Eröffnungsbilanzkonto 104, 105
Erschließungskosten 444
Erwerb, unentgeltlicher 489
Erwerbskosten, zusätzliche, s. zusätzliche Erwerbskosten
EStG § 6c 316
EStG § 13a 576
EStG 13a Abs. 2 Nr. 2 316

Fehlbuchung, Korrektur 187
Fehlerquelle 154, 157
Fehlmaßnahme 405
Fernbuchführung 179
Fertigstellung
— nach dem 31.12.1924 520
— vor dem 1.1.1925 520
— Zeitpunkt der 534
Fertigungsgemeinkosten 393
Fertigungskosten 391
Festwertverfahren 360—364
— Begriff 360
— körperliche Bestandsaufnahme 363
— Rechtsgrundlage 362
— Sinn und Zweck 361

Finanzamt, Zustimmung zur Umstellung des Wirtschafsjahrs 50
Firmenwert, s. Geschäftswert
Flüchtlinge 575
Forderung 291, 294, 299, 466—469
— Anschaffungskosten 467
— Teilwert 468
Forstwirtschaft, reine 42
Fremdkapital 37

Gartenbaubetrieb 42
Gaststätteneinbau 558
Gebäude 29, 494, 500
— Anschaffungskosten 418
— Begriff 416
— Bewertung 415—422
— Entnahme, steuerfreie 475
— Herstellungskosten 419
— im Inland belegenes 530, 532
— Teilwert 420
— Wohnzwecken dienendes 531, 539
Gebäude-AfA 519—546
— degressive 529—534, 536, 544—546
— im Jahr der Anschaffung 535, 536
— im Jahr der Herstellung 535, 536
— im Jahr des Ausscheidens eines Wirtschaftsguts 535, 536
— lineare 519—528, 535, 541—543
— verschiedene Arten der degressiven 531
— Wahl der Afa-Methode 537—540
Gebäudeteile 494, 500, 547, 550, 551, 559—561
— selbständige 417
— unselbständige 417
Geldbeschaffungskosten 300
Geldrechnung 297
gemischtes Konto 88

Genossenschaften, Buchführungspflicht 18
geringwertige Wirtschaftsgüter 221, 316, 437—441
— Aufzeichnungspflicht 440
— Rechtsfolge 441
— Wertgrenze 439
Gesamtbetrag der Einkünfte 8
Gesamtkaufpreis 385
Geschäft, schwebende, s. schwebendes Geschäft
Geschäftsfreundebuch 145
Geschäftsvorfälle 63—68
— Verbuchung 83—85
Geschäftswert 424—435, 481, 505
— Anschaffungskosten 425
— direkte Methode 433
— Ermittlung 429
— indirekte Methode 430
— Mittelwertmethode 432
— modifizierte indirekte Methode 431
— negativer 424, 482
— Teilwert 428
— Teilwertabschreibung 428
Geschenkaufwendungen 316
Gesellschaft mit beschränkter Haftung, s. GmbH
Gewerbetreibende 43—45, 53
Gewinn 6, 8
Gewinn- und Verlustkonto 86, 119
Gewinn- und Verlustrechnung 70, 71
Gewinneinkünfte 5
Gewinnermittlungsart 11—14
— Wechsel der 292, 320—322
Gewinnschätzung 581—588
— Ziel der 585
Gewinnverwirklichung 277—287
— Schuldenerlaß 285
— Zeitpunkt 279

GmbH, Buchführungspflicht 18
GoB, s. Grundsätze ordnungsmäßiger Buchführung
Grund und Boden 443, 444
Grundbetrag 578
Grundbuch 90—93
Grundlagen der deutschen Einkommensteuer 1
Grundsatz der Bilanzkontinuität
— formeller 200
— materieller 201, 202
Grundsatz der Einzelbewertung 329—332
— Ausnahmen 332
Grundsatz der fortlaufenden Verbuchung 178—181
Grundsatz der Klarheit 182, 183, 196, 197
Grundsatz der Periodenabgrenzung 208, 209
Grundsatz der Stichtagsbewertung 344
— Ausnahmen 345
Grundsatz der subjektiven Richtigkeit der Bilanz 348
Grundsatz der Unveränderbarkeit der Buchführung 184—187
Grundsatz der Vollständigkeit 177, 198
Grundsatz der Vorsicht 199
Grundsatz der Wahrheit 173—176, 195
— formelle Richtigkeit 175
— relativer 176
— sachliche Richtigkeit 174
Grundsatz der Wirtschaftlichkeit 188, 189
Grundsätze ordnungsmäßiger Bilanzierung 192—210
Grundsätze ordnungsmäßiger Buchführung 12, 168—191, 583
— Fernbuchführung 179
— Umfang 170
— unbestimmter Rechtsbegriff 168

Gruppenbewertung 356—359
— Anwendungsbereich 358
— Rechtsfolge 359
— Sinn und Zweck 357

Haben 80, 81
Habensaldo 107
Handelsschiffe 575
Hauptabschlußübersicht 122—134
Haushaltsfreibetrag 8
Herstellung 530
— Beginn 388
— Begriff 387
— Ende 382
— Zeitpunkt der 519
Herstellungskosten 302—304, 387—400, 483, 488, 499
— Aufteilung der 560
— Einzelwertfeststellung 355
— Gebäude 419
— nachträgliche 494—496
— nachträgliche Erhöhung 398
— nachträgliche Minderung 398
— Umfang 389
Herstellungszeitpunkt, s. Herstellung, Zeitpunkt der
Hilfsbücher 143—152
Hilfsstoff 364
Hotel 527

Imparitätsprinzip 205—207
Importwarenabschlag 465
Inland 530, 532
Innenverpackung 390
Instandhaltungsaufwendungen, s. Rückstellung für unterlassene Instandhaltungsaufwendungen
Inventar 69, 72—75, 106
Inventarbuch 149, 150
Inventur 69, 72—75, 106, 341
Inventurbilanz 129

Stichwortverzeichnis 193

Journal 90
Jubiläumsrückstellung 268, 269
Junge Aktie 458
Juristische Personen des öffentlichen Rechts, Buchführungspflicht 19
Juristische Personen des Privatrechts, Buchführungspflicht 19

Kapital 34
Kapitalgesellschaft, Beteiligung 446—449
Kapitalkonto 34, 37, 86, 87, 111, 118
Karteiform 89
Kassebuch 143
Kassenbuchführung 180
Kassensturzfähigkeit 180
Kinderfreibetrag 8
KG, s. Kommanditgesellschaft
Kladde 90
Kommanditgesellschaft, Buchführungspflicht 18
Konkurs, Buchführungspflicht 21
Kontenabschluß 107—120
Kontieren 97
Konto 79
— gemischtes 88, 110—113, 133, 134
Kontokorrent 140
Krankenanstalten, private 575
Kreditorenbuch 143
Kulanzleistung, Rückstellung 263

Ladeneinbauten 558
Land- und Forstwirte 42, 52, 575
— buchführende 45
Land- und Forstwirtschaft 576—580

Leistungsabsetzung 486, 515
Leistungsentnahme 56
Lifo-Methode 369—372
— Begriff 369
— periodische 372
— permanente 372
— Rechtsgrundlage 370
— Voraussetzungen 371
Lizenzen 436
Lohnliste 151
Lohnsteuer-Durchführungsverordung (LStDV) 1
Luftfahrzeuge 575

Maschinelle Anlagen
— Begriff 411
— Bewertung 411, 412
— Festwertverfahren 412
— Teilwertabschreibung 411, 412
Maschinen
— Begriff 411
— Bewertung 411, 412
— Festwertverfahren 412
— Teilwertabschreibung 412
Materialgemeinkosten 393
Materialkosten 390
Maßgeblichkeitsgrundsatz 13, 160—167, 242, 248, 324
— Anwendungsbereich 162
— Bewertungsvorbehalt, s. Bewertungsvorbehalt
— umgekehrter 160—167
Mehrfamilienhäuser, s. Modernisierungsmaßnahmen
Memorial 90
Mietereinbauten 562, 563
Mietwohnungen, Schaffung neuer 575
— in Westberlin 575
Modernisierungsmaßnahmen bei Westberliner Mehrfamilienhäusern 575

natürliche Personen, Buchführungspflicht 17
Nebenbücher 143—152
Nennbetrag 471
Niederstwertprinzip, strenges 459
Nominalwertprinzip 326
Nutzung
— betriebliche 313
— eigenbetriebliche 559
— fremdbetriebliche 559
— zu eigenen Wohnzwecken 559
— zu fremden Wohnzwecken 559
Nutzungs- und Funktionszusammenhang 550
Nutzungsdauer
— betriebsgewöhnliche 499, 504, 505
— fiktive 519
— kürzere 521
Nutzungsentnahme 56
Nutzungsfähigkeit 564
Nutzungsrecht 436
Nutzungszeitraum, fiktiver 519

offene Handelsgesellschaft, Buchführungspflicht 18
OGH, s. offene Handelsgesellschaft
Ordnungsmäßigkeit der Buchführung, s. Grundsätze ordnungsmäßiger Buchführung

Passivierung 238—276
— Eigenkapital 273
— Maßgeblichkeitsgrundsatz 242
— Rücklagen 274
— Voraussetzungen 240
— Wirkung 239
Passivierungsgebot 249
Passivierungsverbot 245, 250
Passivkonto 83
Patentrecht, Begriff 267

Patentverletzung, Rückstellung 264—267
Pauschaldelkredere 469
Pension 527
Periodenabgrenzung, s. Grundsatz der Periodenabgrenzung
Periodengewinn 290
Personenbücher 144—147
Personengesellschaft, Beteiligung 450, 451
Praxiswert 434, 435, 505
Preissteigerungsrücklage 463
Primanota 90
Privatvermögen 29
— notwendiges 33
Privatvermögensgegenstände 313
pro rata temporis 535
progressive Methode 355

Realisationsprinzip 203, 204
— Sinn und Zweck
Rechnungsabgrenzungsposten 142, 297
— aktiver 225—228
— Auflösung 228
— Höhe 228
— passiver 270—272
— Voraussetzungen 226
— Wirkung 227
Reproduktionskosten 407
Restnutzungsdauer 513
retrograde Methode 355
Rohstoff 364
Rohvermögen 37
Rücklagen 273—276
— offene 274
Rückstellung 247—269, 297
— Abraumbeseitigung 260—262
— Auflösung 251
— Begriff 247
— Dauerschuldverhältnis 257

Stichwortverzeichnis 195

— drohende Verluste aus schwebenden Geschäften 254—257
— Gewährleistungen ohne rechtliche Verpflichtung 263
— Jubiläumszusage 268, 269
— Kulanzleistung 263
— Maßgeblichkeitsgrundsatz 248
— Patentverletzung 264—267
— ungewisse Verbindlichkeiten 252, 253
— unterlassene Instandhaltungsaufwendungen 258, 259
Rumpfwirtschaftsjahr 40

Sachkontenhauptbuch 89
Sachspenden, Entnahme 476
Sachzuwendungen, unentgeltliche 307
Saldenbilanz 127, 128
Saldierungsverbot, s. Verrechnungsverbot
Sammelbewertung 356—359
— Anwendungsbereich 358
— Rechtsfolge 359
— Sinn und Zweck 357
Sammeljournal 148
Sanierungsgebiet 575
Schalterhalle 558
Schätzung, s. Gewinnschätzung
Schätzung, griffweise 588
Schaufensteranlagen 558
Scheinbestandteil 555—557
Scheingewinne 326
Scheinverluste 326
Schiff 501
Schlußbilanz 77, 78
Schulden 37, 291, 297, 299
— Begriff 238
Schuldenerlaß, Gewinnrealisierung 285
Schutzbaugesetz 575
Schutzraum 575

Schutzrechte, ähnliche wie Patente 267
schwebendes Geschäft 203
— Passivierung 245
— Rückstellung 254—257
Seefischereifahrzeuge 575
selbständige Tätigkeit 46
Skontren 151
Software 436
Soll 80, 81
Sollsaldo 107
Sonderabschreibungen 316, 485, 574
Sonderausgaben 8
Sonderkosten der Fertigung 392
Sozialwohnung 575
— in Westberlin 575
Spesenbuch 151
Steinbruch 572
Steuerfestsetzung, bestandskräftige, s. Bestandskraft
Stichtagsbewertung, s. Grundsatz der Stichtagsbewertung
Stichtagsprinzip 210
Stille Gesellschaft 452, 453
— atypische 453
— typische 452
stille Reserven 35, 297
— Übertragung 493
Substanzwertsteigerung 7
Summe aller Einkünfte 8
Summenbilanz 126
System des EStG 2, 3
Systembücher 143

Tagebuch 90
Tausch 280—284, 308—310
— Gewinnrealisierung, Zeitpunkt 281
tauschähnliche Geschäfte, Gewinnrealisierung 284

Teileigentum 547—549
Teilherstellungskosten 397
Teilwert 401—408, 497
— Anwendungsbereich 401
— Begriff 402
— Beteiligung, Kapitalgesellschaft 446—449
— Ermittlung 403
— Gebäude 420
— Geschäftswert 428
— Grenzwerte 406
— Obergrenze 406, 407
— Untergrenze 408
Teilwertabschreibung 297, 485
Teilwertvermutung 404
— Widerlegung 405
Totalgewinn 200, 208, 290, 320

Überschuß der Einnahmen über die Werbungskosten 8
Überschußeinkünfte 5
Überschußrechnung nach § 4 Abs. 3 EStG 11, 288—319
Übertragung stiller Reserven, s. stille Reserven, Übertragung
umgekehrter Maßgeblichkeitsgrundsatz, s. Maßgeblichkeitgrundsatz, umgekehrter
Umlaufvermögen 220, 309
Umrechnung des Gewinns bei abweichendem Wirtschaftsjahr 51—53
Umsatzsteuer auf Anzahlungen 233—236, 298
Umstände, außergewöhnliche 564
Umweltschutz 575
unentgeltlicher Erwerb, s. Erwerb, unentgeltlicher
Untergang eines Wirtschaftsguts 484
Unterkonto 82
Urheberrecht, Begriff 267

Veranlagungszeitraum 8, 38
Veräußerung 303
— eines Wirtschaftsguts 484
Veräußerungsgewinn 52
Verbindlichkeiten 243—246
— Anschaffungskosten 471
— Begriff 243
— Bewertung 470—473
— betriebliche 244
— nichtige 473
— Rückstellung für ungewisse 252, 253
— Teilwert 472
— verjährte 473
Verbrauchsteuern 229—232
Verbuchung, fortlaufende, s. Grundsatz fortlaufender Verbuchung
verdeckte Einlage 447
Verfolgte 575
Verfügungsbetrag 471
Verlagswert 436
Verlust 6, 8
— eines Wirtschaftsguts 303
Verpflegungsmehraufwand 316
Verrechnungsverbot 197, 330
— Ausnahmen 332
Vertriebene 575
Vertriebskosten 396
Vollständigkeit, s. Grundsatz der Vollständigkeit
Vorratsvermögen 460—465
— Bewertungsmethode 462
— Teilwertermittlung 461
Vorschuß 298
Vorsicht, s. Grundsatz der Vorsicht

Wahlrecht 47, 159
Währungsumstellung 78

Stichwortverzeichnis

Wechsel der AfA-Methode,
  s. AfA-Methode, Wechsel der
Werkswohnung 527
Werkzeug, Bewertung 413, 414
wertaufhellende Umstände 346—349
Wertaufholung, Wirkung 338
Wertaufholungsgebot 337
Wertaufholungsverbot 202, 335
Wertberichtigung 297
— aktivische 468
— passivische 468
Wertberichtigungsposten 241
Wertpapiere 454—458
Wertstetigkeit 202, 334, 335
wertverändernde Umstände 350
Wertveränderungen der Wirtschaftsgüter 69
Wertverzehr des Anlagevermögen, Herstellungskosten 394
Wertzusammenhang 334, 336
— eingeschränkter 336, 459
Westberlin 532
Wettbewerbsverbot 436
Wiederbeschaffungskosten 327, 407
Wiederherstellungskosten 407
Wirtschaftlichkeit, s. Grundsatz der Wirtschaftlichkeit
Wirtschaftsgebäude 520, 526—528, 538, 546
Wirtschaftsgut 28, 215—221, 339
— abnutzbares 219, 302, 303, 410—441, 485
— Begriff 215
— bewegliches 218, 499—518, 501, 509, 516, 553, 557

— Bewertung 410—441
— des Anlagevermögens 316, 483
— Entnahme 484
— geringwertiges, s. geringwertiges Wirtschaftsgut
— gleichartiges 358
— gleichwertiges 358
— immaterielles 217, 423—436, 502
— kurzlebiges 221
— materielles 217
— nicht abnutzbares 219, 304, 442—458, 484
— selbständig nutzungsfähiges 438
— selbständige Bewertbarkeit 216
— unbewegliches 218
— Untergang 484
— Veräußerung 484
— Westberliner Betriebsstätte 575
— Zeitpunkt der Anschaffung 510
— Zeitpunkt der Herstellung 510
— Zurechnung 222, 223
Wirtschaftsjahr 6, 38—53
— abweichendes 41
— Umstellung 47—50
Wohngebäude 527

Zersplitterungsverbot 331
Zölle 229—232
Zonengrenzland 575
Zusätzliche Erwerbskosten 381
Zuschuß 386, 492
Zustimmung des FA 159
Zweifamilienhaus 575
Zweischneidigkeit der Bilanz 157
Zwischenerwerber 534
Zwischenwert 409